U0603579

新时代衢州人文精神面面观

张爱萍　主编

创新争先　开放自信　崇贤有礼

ZHEJIANG UNIVERSITY PRESS
浙江大学出版社
·杭州·

图书在版编目（CIP）数据

崇贤有礼 开放自信 创新争先：新时代衢州人文精神面面观 / 张爱萍主编. —杭州：浙江大学出版社，2023.6

ISBN 978-7-308-23909-7

Ⅰ．①崇… Ⅱ．①张… Ⅲ．①文化精神－研究－衢州 Ⅳ．①G127.553

中国国家版本馆CIP数据核字（2023）第105025号

崇贤有礼 开放自信 创新争先

新时代衢州人文精神面面观

张爱萍 主编

责任编辑	谢　焕	
责任校对	陈　欣	
封面设计	云水文化	
出版发行	浙江大学出版社	
	（杭州市天目山路148号　　邮政编码　310007）	
	（网址：http://www.zjupress.com）	
排　　版	杭州林智广告有限公司	
印　　刷	浙江省邮电印刷股份有限公司	
开　　本	710mm×1000mm　1/16	
印　　张	19.75	
字　　数	239千	
版 印 次	2023年6月第1版　2023年6月第1次印刷	
书　　号	ISBN 978-7-308-23909-7	
定　　价	58.00元	

序

一部饱含人文精神的著作

让人文精神成为人们建设美好家园持久的时代精神，这既是时代的要求，也是时代的责任。素有"东南阙里、南孔圣地"美誉的衢州孕育了仁义礼让、兼收并蓄的儒家文化。建设四省边际中心城市，推动衢州市跨越式发展，离不开精神力量的强大支撑。中国共产党衢州市第八次代表大会以来，衢州吹响了"高质量发展建设四省边际共同富裕示范区"的精神号角，一部饱含人文精神的著作《崇贤有礼 开放自信 创新争先——新时代衢州人文精神面面观》应势而作。四省边际的区位环境，南孔文化的人文基因与改革开放的社会实践相互激荡，孕育出"崇贤有礼、开放自信、创新争先"的新时代衢州人文精神，为凝聚衢州人共同奋斗的磅礴伟力，建设美好新衢州，提供源源不断的精神动力。

这是一本为时代赋能的书。人无精神不立，国无精神不强。新时代衢州人文精神，有着广泛而深刻的内涵，"崇贤有礼""开放自信""创新争先"相辅相成、密不可分，三者共同构成的价值内核是衢州经济社会高质量发展的根本遵循；短短十二个字，高度凝练，也将衢州人感国运之昌盛、立时代之潮头、发思想之先声、创历史之伟业的精神风貌展现得淋漓尽致，具有历史的传承性、生动的实践性、鲜明的时代性和强大的引领性。

"崇贤"，是对高尚品德、杰出才能的向往和崇敬，既体现了"见贤思齐"、坚守精神追求的品德修养，也体现了"求贤若渴"、聚天下英才的美好期待。"有礼"，是衢州最具辨识度和知名度的文化符号：对外体现的是倡导遵从文明秩序，实现社会和谐；对内体现的是涵养个人品格，提升自我层次。崇贤有礼，就是要持续厚植具有衢州特色的人文土壤，在全市上下形成"尊重知识、尊重人才""人人讲礼、处处见礼"的浓厚氛围，切实增强老百姓对衢州这座城市的认同感和归属感，不断提升区域软实力和吸引力。

"开放"，是思想，也是方法；是海纳百川、有容乃大的格局，也是互学互鉴、互利共赢的智慧。"自信"，是一种态度，更是一种气质；是一种力量，更是一种动力。开放自信，就是要坚持观大势、谋全局，善于在危机中育先机、于变局中开新局，跳出衢州发展衢州，以"衢通四省、衢通长三角、衢通全国、衢通全世界"的气魄，更大力度推进全方位高水平的对外开放，以舍我其谁的雄心和敢教日月换新天的壮志，撸起袖子、迈开步子，努力在激烈的区域竞争中突出重围，闯出一片新天地，干出一番新事业。

"创新"，是打破常规、突破现状、勇于创造、敢为人先，是制胜未来的关键变量。"争先"，是保持定力、敢于担当、善于破难、勇争一流，是追求卓越的应有姿态。创新争先，就是要把锐意进取、实干争先作为座右铭，对"新赛道""无人区"，要想别人之不敢想、做别人之不敢为；对认准的事情、定下的目标，咬定青山不放松、一锤一锤钉钉子；对遇到的困难、面临的挑战，坚持"困难面前有我们，我们手下无困难"，以一往无前的决心、果敢坚毅的行动，加压奋进、不懈奋斗，在攻坚克难中夺取一个又一个胜利。

这是一本为时代画像的书。一个时代有一个时代的使命，一个时代造就一个时代的英雄。《崇贤有礼 开放自信 创新争先——新时代衢州人文精神面面观》从历史到当代，以充沛的激情、细腻的笔触、动人的表达，从时代之变、衢州之进、人民之呼中提炼主题、萃取题材，全方位、全景式地展现了衢州新时代精神气象，真实生动地描绘了当代衢州的精神图景。以良心为秤的"早餐奶奶"毛师花，如同我们隔壁邻居家的老奶奶，用爱心坚守着对几代人的温暖呵护。赓续红色基因的"义务讲解员"林翠娥，信仰如铁，她深深扎根于中共浙皖特委旧址，寒来暑往，数十年如一日向每一位到访者讲述曾经发生在这片热土上的红色革命故事。这些人物就在我们身边，既平凡，又崇高，正是他们，共同抒写了时代奋进的精神谱系。

本书立足于时代之基，从精神纬度发掘，秉持"古为今用，洋为中用"的价值取向，采用"去粗取精、去伪存真、由此及彼、由表及里"的研究方法，挑选出从古至今衢州政治、经济、文化、科技、医学、艺术等各个领域的杰出人物，萃取他们与当今时代同频共振的价值内核，赋予其时代特色，让优秀传统文化焕发新的生机和活力。

这是一本为时代立传的书。耕读传家久，诗书继世长。尽管《崇贤有礼 开放自信 创新争先——新时代衢州人文精神面面观》中的每个人物都单独成节，但这本书并不是严格意义上的人物传记，这些人物生活在不同历史时期，有着不同的时代背景，来自不同行业领域。时间跨度长，专业水平要求高，这些都给编写组收集资料、考证历史带来一定难度。编写组的同仁们，不辞辛苦，奔走于衢州地方各史志部门，查找古代、近现代衢州人物的原始资料，精心编写，为历史存真。对于当代衢州人物，编写组采取访谈、调查研究的方法，避免做"二传手"，用真情实感撰文，使文章更接地气，更有烟火味。从而让读者觉得文中人物可触、可亲、可感，真切感受到英雄也是人，而且是平凡的人，只不过他们坚守信仰，把亲情、友情、爱情融入崇高的为人民服务的一点一滴小事中去了。正是如此，只要我们严于律己，从小事做起，坚持做小事，坚持做好事，"艰难困苦，玉汝于成"，我们也能成为英雄，成为"最美衢州人"。

《崇贤有礼 开放自信 创新争先——新时代衢州人文精神面面观》中的众多衢州人物，他们书写着历史，也正创造着历史。从历史维度和行文风格来看，本书由"历史之思""现实之境""语言之象"几个重要组成部分构成，为读者呈现了衢州儿女是如何传承历史、关注现实、憧憬未来的。关于衢州历史人物、典故的讲述主要集中在"历史之思"板块，该板块突出了衢州辉煌灿烂的历史文化，凝聚了衢州人民的历史意识、历史情结和优良的革命文化传统，"吾衍：中国印学史上的篆刻大师""杨继洲：一代'针圣'治顽疾""衢州六烈士：血洒黎明前"等作品在对历史事件和历史人物进行生动写实的同时，融入了作者对历史的深思，使厚重的人文精神和历史熠熠生辉。

一些反映当下现实、关注当代生活、蕴藏时代之思的作品主要集中在"现实之境"板块，如描绘最美衢州人的作品"孔祥楷：当代南孔祭典的开创者""廖美娣：大山里的'120'""万少华'细菌战受害者'救助团队：为了抚慰民族的伤痛"，传承革命文化的作品"林翠娥：赓续红色基因的'义务讲解员'"，他们把这种高尚的时代精神定格在当代，传播于未来。"衢州：一座最有礼的全国文明城市""金星村：奋力实现'人人有事做，家家有收入'的新农村""吉利'三电'系列项目：奏响衢州发展新乐章""衢黄南饶'联盟花园'"等作品则展现了衢州在新时代的奋斗画卷和开放自信、创新争先的精神品格。"语言之象"，表现为行文忠于史实、忠于事实，史论结合，在流畅的行文中穿越时空，勾勒出一幅充满时代韵味的生动图景，在简朴的语言中生动诠释了精微与磅礴、过去与当下的平衡之美。

这是一本为时代而歌的书。在这个承前启后、继往开来的伟大时代里，新时代的人文精神无疑是中华民族自立自强、永续发展的支撑和动力。对衢州重要历史人物、时代楷模、感人事迹的撰写，不仅表达了衢州人民对历史的美好记忆、对现在的美好珍视、对未来的美好期许，对人文精神的认知记录，更是他们对投身时代洪流的情感表达和现实回应。《崇贤有礼 开放自信 创新争先——新时代衢州人文精神面面观》中的众多衢州人物涵盖多个领域，这些人物扎根人民，回归生活，折射关注当下、展望未来的时代情怀。

站在新起点，扛起新使命。今天的衢州，比历史上任何时候都有自信、有底气、有责任、有使命站得更高、望得更远。没有等出来的辉煌，只有拼出来的精彩。任何目标的实现，都需要付出奋斗的汗水。回望来时路，展望新征程。每到关键时期都有一种精神力量在指引前进，随着时代的变化，新时代衢州人文精神在继承中创新，在迭代中跃升。唯有牢记习近平总书记的殷殷嘱托，根据时代发展赋予衢州人文精神新的内涵，在建设四省边际中心城市、争当"两个先行"示范窗口，奋力推进中国式现代化的衢州实践中彰显新担当、展现新作为。

新时代衢州人文精神在全员发动、广泛征集、深入研讨、评选论证等基础上，首先通过线上征集，获得涉及人文精神的关键词信息4000多条，后经过系统梳理、合理归集，形成了800多条有价值的建议和意见，最终概括和凝练出了内涵丰富的新时代衢州人文精神。这一集体智慧结晶包含着广大的社科专家、机关干部、海外学子、"8090 新时代理论宣讲员"、老干部、企业家、"两代表一委员"、寓外乡贤、社区群众、文化文艺工作者等群体的真知灼见，可谓字字珠玑，意韵深刻。

　　《崇贤有礼　开放自信　创新争先——新时代衢州人文精神面面观》的成书，离不开衢州市委、市政府的高度重视，尤其是中共衢州市委宣传部的组织实施和衢州市社会科学界联合会的大力支持，也离不开衢州学院马克思主义学院骨干教师的辛勤付出，在此一并表示衷心感谢。

　　是以为序

2023 年 6 月 6 日

目　录

一、人杰地灵

江景房：担大义冒死沉籍 / 003

赵　抃：铁面御史名传百代 / 007

孔端友：扈跸南渡 / 011

余　玠：意气豪雄名将镇蜀 / 015

吾　衍：中国印学史上的篆刻大师 / 019

樊　莹：克己奉公化天下 / 022

杨继洲：一代"针圣"治顽疾 / 027

孔庆仪："得风气之先" / 030

徐时云：常山县大革命以来第一位革命烈士 / 034

邱老金：从"绿林好汉"到"浙皖军分区司令" / 037

张　实：红色教授 / 041

吕公良：视死如归的硬汉将军 / 044

衢州六烈士：血洒黎明前 / 047

余绍宋：民国传奇文人 / 051

华月峰：衢州党组织的重要创建者 / 054

华　岗：把监狱变成"革命者的休养所和学校" / 057

徐以新：大山里走出的外交官 / 062

孔祥楷：当代南孔祭典的开创者 / 066

张　进：最美交警 / 071

廖美娣：大山里的"120" / 074

林翠娥：赓续红色基因的"义务讲解员" / 079

毛师花："早餐奶奶" / 083

范匡夫：清正廉洁，一身正气的好干部 / 086

黄荷凤：心系家乡的中科院院士 / 089

柴方光：孝老爱亲好男儿 / 093

徐成正：绝活飞饼舞银光 / 096

田明庆、王芳：2020 年度全国抗疫先进个人 /100

叶德刚、余雄富：2021 年度全国脱贫攻坚先进个人 / 104

徐建雄：车间里的"技能大师" / 108

董红专："走在前列的粮食生产转型者" / 111

徐萌仙：衢州市第一例器官捐献 / 114

占旭刚：两届奥运会举重冠军 / 117

黄宏健："复活"开化纸 / 121

周国花：公交车上的"微笑天使" / 124

王玉林：心系国防的空战先锋 / 129

童淑芳：用心陪伴，用爱唤醒 / 133

余志军：一只手撑起一片创业的天 / 136

黄雅琼：为国争光，为家乡代言的羽毛球世界冠军 / 139

万少华"细菌战受害者"救助团队：为了抚慰民族的伤痛 / 142

国网衢州供电公司援藏帮扶团队：生命禁区的"光明使者" / 146

二、丰饶衢州

衢州：一座最有礼的全国文明城市 / 151

衢州"8090 新时代理论宣讲团" / 155

衢州城市品牌：南孔圣地·衢州有礼 / 160

最多跑一次改革：公积金贷款"不见面"办理 / 164

衢州五水共治：一座金鼎背后的"红色守护" / 168

杭衢高铁：畅通新时代经济发展通道 / 171

"衢州有礼"诗画风光带：打造"富春山居图"的衢州实践　/ 175

碳账户金融：助推共富发展　/ 179

"两山银行"生态资源储蓄单　/ 183

"科创飞地"带动山海协作　/ 186

衢黄南饶"联盟花园"　/ 189

浙江时代锂电：拉开了衢州高质量发展序幕　/ 193

巨化集团：新时代创新引路　/ 197

吉利"三电"系列项目：奏响衢州发展新乐章　/ 201

金星村：奋力实现"人人有事做，家家有收入"的新农村　/ 204

大陈村：在村歌中唱响未来乡村新面貌　/ 210

余东村：从"种文化"到"带共富"　/ 214

非物质文化遗产：龙游宣纸制作技艺　/ 219

三、理论先锋

总结衢州经验，打造新时代实践样本　/ 225

解码衢州文化基因，实现文化破圈生长　/ 229

寻找衢州文化生长，使中华优秀文化基因融入日常生活　/ 233

打造衢州新时代文化高地，

推进中国特色社会主义先进文化发展先行示范　/ 235

争做衢州乡村振兴示范，

为共同富裕示范区建设铸魂塑形赋能　/ 239

提升衢州产业自主创新能力，增强"创新争先"文化软实力　/ 243

以新时代衢州人文精神为引领，塑造衢州产业竞争新优势　/ 246

激发内生动力，推动经济发展效率变革　/ 251

弘扬新时代衢州人文精神，构建衢州产业新发展格局　/ 255

以新时代衢州人文精神润泽城市发展　/ 259

附 录 新时代衢州人文精神研究报告 / 265

一、区域人文精神的内在规定性 / 267

二、提炼新时代衢州人文精神的基本考量 / 274

三、新时代衢州人文精神核心内涵释义 / 281

四、弘扬新时代衢州人文精神的几点建议 / 297

后 记 / 303

一

人杰地灵

崇贤有礼
开放自信
创新争先

江景房：
担大义冒死沉籍

　　江景房（915—987），又名江景防，字汉臣，衢州人，主要跟从吴越忠懿王钱俶，官至侍御史，后随其降宋。入朝后，他不惜得罪宋朝皇帝，为浙江一带的百姓做了许多好事，得到后人的追思与敬仰。此外，江景房的子孙后代人才辈出，在两宋时期就有七十八人考中进士，其中江万里更是南宋时期著名的爱国英雄、政治家、教育家，位居宰辅。

　　五代十国时期，天下大乱，群雄并起，豪杰割据一方。吴越王钱镠占据两浙一带，传国五世，至于钱俶。宋太祖陈桥兵变，建立宋朝，征伐天下，南灭唐汉，西平后蜀，北讨北汉，大有一统天下之势。因此，钱俶审时度势，为保一方百姓安宁，纳土归宋。此举被传为佳话。

　　整个五代十国时期，吴越国偏居于东南。连年的战火以及沉重的赋敛导致百姓生活十分困苦，江景房对此感到痛心疾首，他虽为近臣，但没有实际的权力，对这种现象无可奈何，只得在心里默默埋下了一枚种子。

江景房，五代十国及北宋名臣，元代张枢的《沉籍记》、明代王直的《沉籍后记》中记录他沉籍一事。

宋朝平定各地之后，吴越王钱俶入朝，而江景房作为近臣跟随，一同进入汴京，并被封为殿中侍御史，充镇海、镇东两镇节度使判官，他重新返回吴越地区任官。他到任后，宋太宗让江景房将吴越国征税的籍簿收集整理，随后上交给朝廷。江景房深知若将籍簿上交，朝廷必定按照吴越时期的标准征收赋税，那么吴越之地百姓必定苛税不减。他明白，改变百姓苦难生活境况的时候到了。

他说："吴越的百姓已经被繁重的赋税困苦很久了，如果让大宋的官吏仍然按照以前的赋税籍簿来凌虐百姓，那百姓将永无宁日。我愿意自己一个人来担起这份拯救吴越贫苦百姓的责任！"值此之际，他再也顾不得荣华富贵，顾不得自身安危，愤然将赋税籍簿投入河中，以杜绝宋朝再对吴越百姓加以重税。

江景房随即返回汴京，觐见了宋太宗。他见到太宗后说自己在路上因风浪大翻船导致吴越征税的籍簿全部丢失，并请求太宗责罚他。宋太宗勃然大怒，当时就想直接将江景房诛杀，但被朝中大臣劝了下来，最终太宗将江景房贬至沁水（今山西境内）。江景房到达沁水县后，不再乐于仕宦生活，便称病辞官，回家乡桂岩村隐居起来。

当时有一桩诉讼官司，打了半年多仍没有结案，于是人们请江景房出面帮助。他通过调查案情，辨明真伪是非，寻找人证物证，终于使真相大白。为了感谢江景房，人们还为他建造了一座祠堂，常年供奉香火。他的子孙也在两宋时期成就功名，可谓是福荫后世！

江景房为民减轻负担而"沉籍"之事，直到数百年后的元朝，才有一位名叫张枢的翰林修撰，特作《沉籍记》一文，编入《宋史会要》一书中。

江景房去世后不久，宋太宗任命右补阙王永去勘察原吴越国的田税。在以前吴越地区的每亩田都要上缴三至五斗米的田税，而王永到后，将田税改为每亩征收一斗米，民心大悦。吴越的百姓都认为，此次能够减税，最根本的原因还是江景房把吴越征税的籍簿沉入江中，使朝廷失去了征收重税的依据。

此外，江景房还有诗一首：

保安寺

扰扰尘埃日日忙，偶然来谒赞公房。

行登峻岭蹄攀倦，坐俯清泉笑傲凉。

林静鸟声融客语，风来花气逐人香。

此时已觉凡尘断，分得高僧兴味长。

延伸阅读

1.[清]吴任臣：《十国春秋·卷八十七》，中华书局1983年版。

2.徐德河：《江景房二三事》，《今日常山》2015年6月6日。

执笔人：王穆堃

赵抃：
铁面御史名传百代

赵抃，字阅道，衢州西安县（今衢州柯城区）人，是北宋时期著名的直臣，被时人称为"铁面御史"。他性格仁厚，品行高洁，喜怒不形于色，平生不追求钱财资产，为当时的士人所推崇和敬重，与包拯同列于《宋史》卷三百一十六《列传第七十五》，后世传为佳话。

宋真宗大中祥符元年（1008），赵抃生于一个贫苦家庭，年少时成了孤儿，由长兄赵振抚养长大。宋仁宗景祐元年（1034），赵抃二十六岁时，就考取了进士，随后被任命为武安军节度推官。他首次踏上仕途，便崭露头角，表现出高超的能力与胆魄。有官员在朝廷一次大赦之前伪造了一方印章，又在大赦之后用了这枚印章，司法的官吏判决此人当斩。而赵抃认为：他在大赦前没有使用过这方印章，在大赦后没有私自铸造过印章，按照律法不应当被处死。最终这名官员没有被处斩。

从此之后，赵抃得到朝廷的赏识和重用，接连担任了崇安、海陵和江原三个县的知县，而后又任泗州通判。在通判任上，他又遇到了人生中另一件具有转折意义的大事。在当时与泗州相邻的濠州，士兵们因为待遇不公，心生怨恨，几乎就要发生哗变。淮南转运使急忙传令让赵抃从泗州赶来控制事态发展，他收到命令，立马出发前往濠州。他到州府后，第一时间前去安抚了士兵们的不满情绪，没有问罪于任何人，并像平时一样在府衙中处理事务，使得军心民心都安稳下来，从而平息了一场潜在的大变。由此，赵抃被翰林学士曾公亮举荐给朝廷，第一次于朝中任官，担任殿中侍御史，正式开启了他"铁面御史"的生涯。

赵抃就任殿中侍御史后，弹劾不避权贵，认为朝廷用人最重要的是区别君子和小人，他提出：小人虽然犯了很小的过错，但朝廷也应当对其大力贬斥；君子不小心犯错，朝廷也应当对其多加保全和爱惜。赵抃在任上接连弹劾宰相陈执中、枢密使王德用和翰林学士李淑等不称职，这些人随后分别被罢免，朝堂风气为之一正，时人为其凛然正气所折服，这也是他"铁面御史"称号的由来。

另外，当时朝中大臣吴充、鞠真卿、刁约等人因为裁撤礼仪院官吏而被贬谪，御史马遵、吕景初、吴中复等人因为猛烈攻击当时宰相梁适贪赃枉法而被驱逐到地方任官，赵抃据理力争，辨明真相，最终使得这些人都被朝廷召还。后来清流一党的蔡襄、吴奎、韩绛受小人排挤而出守外郡，欧阳修等人也因此心灰意冷，上疏请求到地方上任职，以避开奸臣的诋毁。赵抃上疏说：今日正人君子纷纷离开朝廷，朝中像欧阳修这些贤能的人已经所剩无几，他们如今之所以也想要离开，正是因为品行端正，不能谄媚地侍奉权贵之人，而被奸臣小人所诋毁。皇帝因此醒悟，欧阳修等人也得以留在朝廷，名臣直士，赖以保全。

此后赵抃出任睦州知州，又历任梓州路转运使、益州路转运使，为地方百姓做了很多好事，澄清了社会风气。朝廷此时又征召赵抃为右司谏，他刚入朝，便上疏极力陈奏副枢密使陈升之品行奸邪，结交宦官，不以正道得位。赵抃连续上了二十几道奏疏，才使得陈升之被贬斥，他则被任命为虔州知州，第三次主政地方。

虔州即现在的江西赣州，在古代民风彪悍，历来就非常难以治理，但其地理位置又十分重要，使北宋朝廷感到非常为难。赵抃上任虔州后，严格管理州治，大力打击各种贪赃枉法的行为，整顿吏治，使得虔州面貌焕然一新。他又令境内各县的官吏放权给县里的世族乡绅，让他们自己治理乡村，使得百姓和士人大悦，各自尽力，连监狱都经常空置无用。

由于这些政绩民声，赵抃随后被升任天章阁待制、河北都转运使，而后又加封龙图阁直学士，任成都知府，其以宽宏大量为治理方略，这一方略被宋英宗称赞为"中和之政"。

宋神宗即位后，他久闻赵抃刚直清正的品行和卓越的政治能力，便征召他入朝廷知谏院，专门负责进谏事宜。朝中有的大臣很疑惑赵抃为什么没有得到重用，朝廷不让他当宰辅，却让他担任谏官。宋神宗就解释说：我最看重的是他直言敢谏的性格，我什么时候想要重用他都可以。不久，他就升赵抃为参知政事，位列宰相。赵抃由此非常感激宋神宗的知遇之恩，朝廷中有不好的事情，他一定会上奏，而皇帝也经常亲自下诏褒奖他。

不久，王安石变法开始，赵抃也迎来了人生中最后一次转折。王安石变法得罪了朝中一大批老臣，触动了很多人的利益，也引发了新一轮的党争。赵抃多次上疏驳斥王安石变法的不便之处，而后因为政治斗争，自己请求罢相。由此他第四次就任地方长官，从此再也没有进入朝廷中枢。

宋神宗熙宁二年（1069），他被任命为资政殿学士、杭州知州，又改任青州知州。后来因为成都驻军不稳，赵抃又曾主政过益州，任成都知府，所在皆有清誉。他离任前最后一任职务，是回家乡越州（今绍兴）任知州。赵抃于宋神宗元丰七年（1084）去世，时年七十七岁，被追赠太子少师，谥号清献。

赵抃一生中三次入朝为官，四次主政地方，都留下了极高的名望和不俗的政绩。在朝堂中，他直言敢谏，不阿权贵，为皇帝和正臣们所信任；在地方上，他宽大爱民，为政有方，为百姓和士人们所倚赖。赵抃，无愧于"铁面御史"的称呼，为时人和后人所学习敬仰！

 考察点

赵抃祠　衢州市柯城区钟楼底 14 号

延伸阅读

[元]脱脱等：《宋史·列传第七十五》，中华书局 1977 年版。

执笔人：王穆堃

孔端友：*
扈跸南渡

孔端友，字子交，孔氏四十七世孔若蒙的长子。宋神宗熙宁元年（1068）孔若蒙袭封衍圣公，哲宗元祐元年（1086）改衍圣公为奉圣公。孔若蒙在监修祖庙时因事被废，失去爵位，而此时孔端友与孔端操两兄弟尚年少又加上受父牵连，无法主持祭祀事宜，因此爵位由孔若蒙弟弟孔若虚承袭。

崇宁三年（1104）十月，孔若虚病故。经孔氏家族众议举荐，吏部奏请，宋徽宗授孔子第四十八世嫡长孙孔端友为承奉郎，袭封衍圣公，主持孔子祭祀。正是到了孔端友这一代，衍圣公成为历代帝王给予孔子嫡长孙的沿袭封号。

因孔端友主持孔庙祭祀恪尽职守、认真负责，宋徽宗便于政和五年(1115)特颁至圣文宣王庙(即曲阜孔庙)朱印一方，印文为"至圣文宣王庙朱记"。

因宋徽宗的昏庸无能及童贯等奸臣误国，北宋在金人的攻击

---

* 本文转载自刘小成、吴锡标：《孔氏南宗》，浙江大学出版社2016年版。载录时对书稿略有改动。

下亡国了，赵佶父子二人被俘虏，史称"靖康之变"。随后，宋徽宗第九子赵构在南京应天府（今河南商丘）改元建炎。宋高宗赵构因任用汪伯彦、黄潜善等宠臣之逃亡主张，放弃中原而逃至扬州。建炎二年（1128）秋，宋高宗在扬州举行登基后的首次祀天大典，孔子第四十八世孙衍圣公孔端友与叔父族长（四十七世孙）孔传，以及孔氏家族中核心人物由山东赴扬州陪祀，祭天结束之后，孔端友与叔父孔传等人又立即返回仙源（今曲阜）。

然而，建炎二年（1128）年底，金兵发动对山东的全面进攻。孔端友深感形势严峻，就和族长孔传一起召集孔氏族人商议对策，最后商定，留孔端友弟弟孔端操守护林庙，孔端友和孔传则带领孔若钧、孔端朝、孔端木等百余名近支族人跟随宋高宗南下。

孔端友和叔父孔传南下时，除了携带祭孔所需祭器和生活用品之外，还带走了孔氏家族祖传的四件镇庙之宝：孔子及亓官夫人楷木像、唐朝画圣吴道子所绘的先圣遗像、孔道辅击蛇笏、"至圣文宣王庙朱记"印。相传这两座楷木像是孔子的弟子子贡雕刻的。孔子去世，他的众多弟子为之守墓三年后，子贡不忍离去，又守墓三年。在守墓的日子里，子贡用林中的楷木雕刻了孔子夫妇的两尊坐像。

衍圣公孔端友同族人追随高宗避敌南下具有重要政治意义，因而不是简单的随从，而是扈从高宗南下，后世将这段历史称为"扈跸南渡"。

建炎三年（1129）二月，赵构几经辗转流离，后又来到临安（今杭州）。孔端友、孔传所率的孔氏族人也到达杭州，却居无定所，此时想回山东已无可能。在高宗皇帝召见百官时，孔端友和孔传率族人觐见高宗，趁机表达了赐地寓居，以主祭祀的愿望，请求朝廷赐以庙宅。宋高宗念孔端友一族"扈从之劳"，就赐他们在当时没有受到战争影响、经济较为发达的衢州建庙宅。建炎三年（1129）春，孔端友率领族人到达衢州，安顿了下来。

孔氏南渡的族人有百余人，他们来到衢州以后，就开始考虑如何在衢州生活与发展。对孔子第四十七世孙、孔氏家族族长孔传，孔子第四十八世孙、衍圣公孔端友来说，更是深深感到肩上责任重大：曲阜孔氏名满天下，现在大宗来到衢州，如何生存，如何发展，如何得到世人的认可与尊重？

徐寿昌先生考证，孔端友生于元丰元年（1078），逝世于绍兴二年（1132），享年五十五岁。如此算来，他南渡时已年过五十，对孔氏家族文化已有深刻的认识，亦深知自身的职责与使命。他和孔传一道，安顿族人，既关心他们的生活，又勉励他们牢记自身的圣裔身份，于困苦中不坠志节，修己安人。建炎三年（1129），也就是孔氏族人抵达衢州当年的年底，孔传出任峡州知州，孔端友便更为努力地操持族务。在他和其他族人的共同努力下，祭祀、会族等活动逐渐开展起来，孔氏家族诗礼相传的传统得以继承，同时孔氏族人与当地士民的交往也逐渐增多，为孔氏族人融入地方，为地方做贡献奠定了基础。

建炎四年（1130），孔氏南宗的家族事务与活动逐渐步入正轨，也正是在这一年，朝廷委任孔端友为郴州知军。孔端友到郴州赴任，在较短的时间内熟悉了当地的经济与社会状况，并努力推动农业生产。然而，当时郴州一带社会问题突出，阶级矛盾尖锐，绍兴元年（1131）三月，郴州宜章发生叛乱，孔端友尽管努力抗敌，但无法平定叛乱。在这种情况下，朝廷派曹伯达任郴州知州，而令孔端友主管洪州玉隆观，主管一职亦称奉祠，是朝廷为安置年老离任或难以任事的官员的职务，领取俸禄，而没有具体事务。

绍兴二年（1132），孔端友去世。这是他到衢州的第四年，在这短短的几年内，还包含了任职郴州的一段经历。然而，他对孔氏南宗基业的开创所发挥的积极作用不容忘却、不容低估。

在孔氏南渡前后，衍圣公孔端友和族长孔传无疑是重要人物。从确定南渡到与留守林庙的族人告别，再到坎坷南行，再到驻足衢州，开创孔氏南宗基业，其间有太多的辛酸与无奈。更何况作为熟读四书五经的孔氏后人，他又时常为国家局势而忧虑，时常希望能够早日为国效力，他内心的焦灼、痛楚、茫然、愁苦自然无以言表。关于这一历经大动荡、作出大抉择的人物，无论是其遭遇还是其情感都可着力书写，只是由于南宋初年孔氏家族事务繁杂，千头万绪，孔氏族人又纷纷为朝廷效力，关于当时家族情形和孔端友本人的文献记载极少，以上只能做一基本的介绍。

对于孔端友的个人情况，明天启年间的《衢州府志·卷之九》中亦有大体的记载："孔端友，四十八代，若蒙子，字子交。徽宗朝袭封衍圣公。宣和间直秘阁。建炎中寓衢。绍兴中知郴州。靖康之变，金虏入犯。端友与从父开国男孔传扈跸南渡，赐家于衢。"

考察点

衢州南宗孔氏家庙　衢州市柯城区新桥街 96 号

延伸阅读

崔铭先编纂、孔祥楷审定：《孔氏南宗志》（上册），中国文史出版社 2018 年版。

余玠：
意气豪雄名将镇蜀

余玠，字义夫，今衢州开化县人，是南宋时期著名的爱国将领。靖康年间，其先祖举家迁至衢州开化。余玠一生的命运跌宕起伏，小时候家贫落魄，而他性情顽劣，因为殴杀他人，甚至逃到襄淮地区避难。后来机缘巧合，他竟成为主政四川地方的国之栋梁，最后又因郁郁寡欢暴卒于蜀中。而这一切，都要从余玠到襄淮后说起。

南宋末年，金朝在北方的统治被当时的蒙古攻击得摇摇欲坠，就连都城也被迫南迁。南宋也越发感受到了这个北方新邻居的恐怖压力，构建淮河、襄阳和四川防线的事务被提上日程，整个南方笼罩在战争将要来临的阴云之中。

时任淮东制置使赵葵，整日在为驻地防务而奔波，此时遇到了当时在淮东的余玠，相与交谈后，非常欣赏他的一腔报国志气，便把他纳入麾下。这也成为余玠改变命运的关键节点。

宋理宗嘉熙元年（1237），蒙古军进攻淮南，余玠奋勇作战，而后升任将作监主簿、权发遣招进军，充制置司参议官。嘉熙三年（1239），余玠又与蒙古军战于河阴县，被授予直华文阁、淮东提点刑狱兼知淮安州兼淮东制置司参谋官。宋理宗淳祐元年（1241），余玠带军队支援安丰，与蒙古军大战四十余日，大败敌军于城下，而后被升任淮东制置副使、大理少卿，并受召入朝面圣。

余玠进入临安后，多次向皇帝上奏阐明他的作战方案，并建议朝廷不要重文轻武，而应当一视同仁。他的话得到宋理宗的赏识，宋理宗亲自褒奖余玠道："你议论的话都很不寻常，是一个可以独当一面的能臣。你稍微在都城留一下，我必当重用你。"于是余玠被任命为兵部侍郎、四川安抚制置使兼知重庆府兼四川总领兼夔州路转运使。出发前，皇帝还亲自召见并慰劳了他。余玠非常感动，决心安定蜀地，以报国家和君上的恩德。

自宋理宗宝庆三年（1227）到淳祐二年（1242），十六年间，四川地方历任宣抚使三人、制置使九人、制置副使四人，他们有的老迈不堪、有的上任时间太短、有的平庸无能、有的贪赃枉法，总而言之，都是一群无能之辈，导致整个四川地区失去了统一的管理，民不聊生，地方军队拥兵自重、不听号令，蜀地日益崩坏。

余玠到四川后，大力改革之前的弊政，精心挑选地方的行政长官，在帅府周边修筑了一座招贤馆，广纳人才，集思广益。有士人来拜访的时候，他都亲自迎接，有才能的人即刻任用，即使没有才能的人也客气地送出去，因此得到了当地人的喜爱和信任。

当时播州（今贵州遵义）有冉琎、冉璞兄弟二人，都是文武全才，能力出众，腹有良策，隐居在荒山之中。之前官府征召他们来做官，全都被他们拒绝；而如今他们听闻了余玠的名声，都认为余玠是可以辅佐的贤臣，便主动去帅府拜见他。余玠早就听说过他们两兄弟的，听到他们来了，赶紧出去迎接，并用非常高的礼节接待了他们，把他们二人纳入了招贤馆中居住。但过了几个月，冉氏兄弟却从未发表过一次看法，也从未给余玠进谏过什么策略。余玠怀疑是自己怠慢了他们，便给他们专门修建了住处，并让人去观察二人，结果还是没有任何发现。余玠感到十分失望，便暂时没有去关注他们了。

那这兄弟二人究竟在做什么呢？原来他们把自己关在屋子里，用沙土堆积成山川城池的形状，在上面不断推演盘算。他们一整天都不说话，起身之后就把地上的图形全部抹去。就这样又过了十几天，他们请求面见余玠，并把旁边的闲杂人等屏退后，对他说道："我们兄弟受到您的礼遇，想要做些和其他人不一样的事情来帮助您。我们认为，如今整个四川地区最关键的事情，就在于将合州城搬迁到钓鱼山上面去。钓鱼山是控扼整个四川地区的门户，如果在这里筑城，选任有能力的将领，并囤积足够的粮食，足以抵挡蒙古十万大军。这样完全可以保全整个巴蜀！"余玠听后大喜，赶紧把二人的方略上报朝廷，并对他们委以重任。令下之后，整个帅府哗然，都认为这个方案不行。余玠愤怒地说道："钓鱼城如果建成，那么整个蜀地都能安全。如果事情出了什么差错，就让我余玠一个人来承担就是了！"最终他修筑了钓鱼、云顶、青居等十余座城池，都依山而建，星罗棋布，囤积了很多粮草，并把附近的泉水引入城中作为水源。此外，他又让人在成都开垦田地，蜀地因此而兵精粮足，为后来蒙古攻入四川遭受重重阻击奠定了基础，最终使蒙哥可汗死于钓鱼城之下。

宋理宗淳祐十年（1250）的冬天，余玠率军直捣兴元府（今汉中），与蒙古军大战；淳祐十二年（1252），又与之大战于嘉定府（今乐山）。利州都统王夔，性格勇猛狠戾，桀骜不驯，仗着自己有军功在身，不听从帅府的号令，于是余玠把他斩杀了，重新任命将官金某去接替利州路都统的职位，但利州路军队想要推举军中统制姚世安来接替都统。余玠早就想革除这种军队中自相推荐统领的积弊，便直接率领三千骑兵到云顶山下，派金某去上任，但被姚世安拒之门外。姚世安与丞相谢方叔关系很好，而谢方叔一直就很反对余玠的治蜀方略，便上疏诋毁余玠。余玠因对姚世安无可奈何，郁郁寡欢。宋理宗宝祐元年（1253），朝廷征召余玠入朝，他心中更是悲伤，当天晚上便暴毙于家中。蜀中之人听说余玠去世了，都非常惋惜悲痛。

余玠在治理四川地区以来，任用贤能，轻徭薄赋，通商宽农，使整个蜀地富庶起来。自宝庆年以后治理蜀地的人，没有能够比得上他的。但可惜他在蜀中权势太大，性格又过于直率，不知道避嫌，以至于最后遭受了谄谀之人的诽谤诬陷。他有个儿子叫余如孙，后改名余师忠，被大奸臣贾似道所杀。

余玠守蜀的英名流传于后世，特别是在他的家乡浙江开化，那里修建了余玠文化广场，还成立了余玠文化研究所，他也在那里为后人学习和敬仰。

延伸阅读

[元]脱脱等：《宋史·列传第一百七十五》，中华书局1977年版。

执笔人：王穆堃

吾衍：
中国印学史上的篆刻大师

　　吾衍（1268—1311），亦名吾丘衍、吾邱衍等，字子行，号竹房、竹素，别署贞白居士、布衣道士，世称贞白先生，元代著名学者、文艺理论家和书法篆刻家。

　　吾衍出生于书香世家，从小读书勤奋，嗜古学、通经史、谙音律、工篆隶、做诗文，其学问渊博。十八岁时随父吾扬祖侨居钱塘（今杭州），隐居于众安桥北埭生花坊，主要以书法应众、授徒维持生计。作为一个才华横溢的青年，吾衍因为左目失明、右脚拐跛等身体残疾，不能像正常人那样可通过读书而求得功名，这也造成了他孤傲、不求荣进、超然忘世的性格。据说，吾衍后因姻家讼累被捕，义不受辱，投水而死。

　　吾衍一生著书颇丰，主要著述有《学古编》《周秦刻石音释》《九歌谱》《十二月乐词》《闲居录》《竹素山房诗集》《续古篆韵》等。特别是体现吾衍印学思想的《学古篇·三十五举》，是我国较早研究篆书与篆刻的印学理论著述。

　　鲁迅先生在《蜕龛印存》序中评价道："元吾丘子行力主汉

法，世稍稍景附，乃复见尔雅之见，至今不绝。"吾衍在中国印学史上堪称一代宗师。吾衍对篆刻艺术发展的贡献主要有以下三个方面：

第一，开启了印学教育活动。吾衍篆书水平极高，达到"当代独步"的水平，"精妙不在秦、唐二李之下"。因身有残疾，吾衍开馆以教"群童"为生，学生常常多达几十甚至上百人，他不仅教授学生具体的篆写和设计印稿的方法，还从学术的高度来研究、充实这一"技艺"，印学教育活动为篆刻艺术的文人化奠定了基础。吾衍近二十年的教学活动，培养了众多弟子，其中以印学名世者有赵期颐、叶森和吴睿三人，他们直接或间接地推动了篆刻艺术的兴起。

第二，编撰了第一部印学理论著作。吾衍对印学篆刻进行了系统整理，编写了《学古编》一书，《学古编》卷一为"三十五举"，是全书的主体。"三十五举"详细列举论述了书体正变及篆写摹刻之法。前十七举是说明如何写好篆刻、研究篆书，后十八举是以汉印为核心，分析汉印风格特征，探讨印章艺术的规律，倡导师法秦汉的篆刻风气。此书被后人誉为印学经典，《四库全书提要》称《学古编》"采他家之说，而附以己意。剖析颇精，所列小学诸书各为评述亦殊有考核"。可谓上承秦汉，下启明清流派之典范。

第三，首创了"印宗秦法"理论。在"三十五举"里，吾衍详细分析了秦法印的创作原理，并极力抵制非秦法思想的篆刻，大力倡导"印宗秦法"的复古思想。

吾衍进行篆刻教学，应该有大量篆刻作品流传于世，但限于时代传播能力及吾衍经济能力，其流传下来的印作非常少，经典作品仅有：《布衣道士》《吾衍私印》《鲁郡吾氏》《贞白》。这些篆刻作品白文印多，朱文印少，最后一方朱文印《贞白》用字风格敦厚朴实，用字篆法也不是纯粹的小篆，汉印对吾衍影响之深由此可见一斑。

吾衍才华横溢，不仅在印学和乐律上取得了卓越成就，而且在诗歌创作方面也有很高的造诣。他所著的《竹素山房诗集》，反映现实，内容丰富，意味深刻。他在五言律诗《丁未岁哀越民》中写道："越壤吴江左，州民泰伯馀。田莱空草莽，井色共萧疏。相食能无忍，传闻信不虚。寒沙满骸骨，掩骼意何如。"此诗描述的便是元大德十一年（1307）一次全国范围内的大饥荒，真实揭示了两浙地区民众受饥荒影响的悲惨生活。而在《戊申嘉稔》中的"南亩晨烟白，西风万宝成。人民减饥色，井陌聚欢声"则反映出吾衍对民间疾苦的关注和对穷苦百姓的深切关心。这样的诗句在吾衍作品中不胜枚举，可见吾衍在诗歌方面的成就同样令后人景仰。清乾隆年间《四库全书》总纂官纪昀，评价吾衍诗云："其诗不屑屑谨守绳墨，而逸气流荡清新，独辟尘客俗骨划扫殆尽，可称一时作手。"

吾衍已故七百多年，他留下的传世著作，无论在中国印学史上，还是在文坛、诗坛上都具有重要影响力，闪烁着耀眼的光辉。

延伸阅读

《衢江篆刻家——吾丘衍》，《今日衢江》2016 年 9 月 13 日。

执笔人：张立平

樊莹：
克己奉公化天下

樊莹(1434—1508)，字廷璧，衢州常山县人，明代著名的清官能臣。他为官清正廉洁，一生不畏强权，疾恶如仇，后来官至刑部尚书，谥号"清简"，赠太子少保。在如今的常山县樊家村，这里建立起了樊莹展示馆，还新修了廉吏广场，这些都生动地彰显了他流传后世的清风遗泽。

明英宗天顺末年（1464），樊莹考取进士功名，本该是大展宏图的人生得意时刻，他却因生了一场大病，被迫归家休养。樊莹在家中休养了很久，才逐渐恢复身体健康，随后被朝廷任命为行人（明代负责传旨册封等事务的官员）前往四川。樊莹到达四川后，当地的官员想要向他行贿，却被他严词拒绝，他严厉批评了这种收受贿赂的风气。当地的官员被他廉洁高尚的品行所折服，专门为他修建了一座亭子，名曰"却金亭"，以此作为对他高尚节操的推崇和纪念。

明宪宗成化八年（1472），樊莹因为素有清名，被朝廷拔擢为御史，他尽忠职守，屡进忠言。当时山东地区有很多盗贼，樊

　　樊莹，出使西川（今四川中部）时，谢绝地方馈赠，百姓修建"却金亭"以表彰他为官清正廉明。

莹受命前往搜捕，很快便肃清了盗贼，百姓得以安定。随后他又被派到云南地区。云南与交趾国（现在的越南）接壤，又地处偏远，远离中央政府，历来难以治理。樊莹到任不久，交趾国企图引诱边陲地区的居民叛乱，他立即派人前往交涉，进行了警告，从而使得交趾国的图谋失败。

朝廷因此对樊莹非常赏识，将他拔擢为松江府知府。当时松江府地区因为担负着大运河的一部分漕运工作，当地百姓常常被征召为漕工，这也使得他们的生活极其困苦。樊莹下令禁止使用百姓民工，要求漕运要有专门的团队负责，并且放宽了相应的要求，使得民力恢复，百姓得以安居乐业。不久樊莹的父母去世，他归家丁忧，三年后又被起复为平阳府知府。

明孝宗弘治初年（1488），皇帝锐意进取，想要改革，下诏让朝廷大臣推举地方上贤能的官员，以拔擢有能力的和廉洁的人士。南京工部右侍郎黄孔昭和朝中重臣吏部尚书王恕都向朝廷举荐了樊莹，朝廷因而将他任命为河南按察使。

河南地处中原，历来为河患所苦，百姓经常因为黄河发大水而流离失所。樊莹就任河南后，大力赈济灾民，拯救了很多百姓。此外，河南地区的田税制度也一直积弊丛生，但之前从来没有人试着去改革过。当时，巡抚都御史徐恪也新上任河南，心系百姓，想要革除田赋上的问题，但是被各方所阻扰。樊莹决心帮助徐恪行动，他把自己的属吏分给徐恪，让其放手施为。徐恪不负樊莹的信任，每日辛勤工作，改定制度，澄清吏治，在短短十多天的时间内，就把河南田赋税收中的积弊基本上肃清了。

弘治七年（1494），樊莹被升迁为南京工部右侍郎，不久又改命为右副都御史并巡抚湖广。他到任后，立刻对湖广地区的贼寇进行剿灭，诛杀了首恶十八人，余者不问，稳定了湖广的社会安定。一年后，樊莹因为身体不适辞官归家，授徒讲学达七年之久。因为他卓越的名望和清誉，朝廷和地方的各官员都不断请求重新任用他，最终朝廷又任命他为南京刑部右侍郎。

弘治十六年（1503），云南和贵州地方发生了不少天灾，人情汹汹，百姓不安，朝廷急忙让樊莹前去抚慰。他多方走访，了解百姓疾苦，安慰人心，修补损坏的建筑，使得云贵地区的民情很快平稳下来。随后，樊莹又察访政治利弊、着手整顿吏治，甚至接连罢黜了不称职地方文武官员一千七百余人，震动了整个西南。朝廷为褒奖他的功劳，还将他晋升为南京刑部尚书。

明武宗即位后，宠幸大宦官刘瑾，朝堂纲纪日益败坏。刘瑾早就对樊莹的清名非常忌惮，得势之后立即找机会陷害中伤他，把他贬为庶民。不久刘瑾又诬陷樊莹在任松江府知府时减少了布匹的税收，罚他五百石米。樊莹本就是一个清官，平时少有积蓄，这下更是走投无路。他的余生三年便在这穷困潦倒中度过，于明武宗正德三年（1508）十一月病故。直到刘瑾死后，樊莹才恢复清白，被追赠为太子少保，谥号"清简"。

樊莹性情耿直，品行高洁，常常在农忙的时候带着子孙辈们一起去田间体察民情，他说道："这样做不仅是让孩子们看看庄稼怎么样，更是要让他们知道做事的辛劳！"因而樊莹的后人也多继承了他这种艰苦朴素的作风和高洁不凡的节操，他廉洁奉公的美名也随之流传后世，成为衢州和浙江，乃至整个中国的骄傲。

衢州市常山县何家乡樊家村尚书坊

延伸阅读

[清]张廷玉等:《明史·列传第七十四》,中华书局1974年版。

执笔人：王穆堃

杨继洲：
一代"针圣"治顽疾

　　杨继洲，名济时，衢州人，梁家园杨氏第十三世裔孙，是杨茂三子杨恂后裔，明代著名针灸医家。明万历版《常山县志》"太医院"条目记载："杨阍，前坊人，嘉靖间太医院吏目；杨济时，阍之子。隆庆间太医院吏目。"杨继洲出生于世医之家，世代从医，家中收藏秘方、验方与医学典籍甚多，杨继洲自幼耳濡目染。他在科举考试受挫后，弃文从医，潜心攻读医书，钻研医术，尤其擅长针灸，他主张针、灸、药三者并用，坚持"病以人殊，治以疾异""变通随乎症，不随乎法"，体现了辨证施治，重视循经取穴的治疗思想。

　　杨继洲的祖父曾任太医院御医，杨继洲的父亲也曾担任明嘉靖年间的太医院吏目。杨继洲凭借精湛的医术，继祖父、父亲之后，也进入太医院任职。杨继洲在任职期间以针灸之术三针治好了山西监察御史赵文炳数年难愈的痹痪，声名大噪。为更好地钻研针灸，提高医术，杨继洲研究铸造了铜人像，详细刻画穴位，并绘图立论。正是这些开创性的成就，奠定了杨继洲医学史上

"针圣"的地位。

杨继洲于明万历二十九年（1601）著《针灸大成》一书，该书以他家传《卫生针灸玄机秘要》为基础，汇集了明朝以前历代重要的针灸文献精髓，并记载了其家传针灸技艺及杨继洲在继承前人针灸技法基础上结合自身从医经验的创新操作技法，对继承和弘扬针灸学作出了重要贡献。《针灸大成》现已传播到100多个国家和地区，被国内外医学界尊为针灸经典。

在针灸治疗实践中，杨继洲留下许多传奇故事。一次，工部官员许鸿宇受腿风之痛卧床一个多月，服用很多药病情也未见好转，他的下属向他推荐了当时还没有很大名气的杨继洲。许鸿宇问杨继洲："你有何妙法治我的病？"经过诊断后，杨继洲认为许鸿宇是风寒侵袭、经脉受阻、气血瘀滞导致腿痛，通过针灸疏通经络便可治愈，因此便说："许大人的病，扎上几针后就可以行走了。"许鸿宇自然不信，他疼痛已久，久治不愈，怎会区区几针就能扎好？他皱皱眉头说："我的一双腿脚，从上到下没有一处不痛，多少名医都治不好，岂是你一两针就能治好的？"杨继洲见他不信，便作罢了。十多天后，许鸿宇的腿痛日益严重，别无他法，便让下属去请杨继洲来为其治疗。杨继洲根据"痛则不通"的辨证之法，在许鸿宇双侧下肢取环跳和绝骨两个穴位下针，使用其独特针灸技法，针感沿着胆经传导，一直胀麻到足部。当针取出后，许鸿宇觉得疼痛突然消失了，至此他才相信杨继洲所言非虚。经过杨继洲的针灸治疗，不到半个月，许鸿宇腿痛之病便被治愈了。

如今，发源于衢州的杨继洲针灸之术在衢州得到保护、传承、发展与创新。目前，杨继洲针灸主要有两种传承途径：一是衢州地区民间针灸师承式或私塾式传承；二是以《针灸大成》为基础传承。为进一步保护和传承"杨继洲针灸"传统技艺，1993

年经衢州市人民政府批准，衢州市中医医院增挂"杨继洲医院"牌子，针灸推拿是其中医特色，2008 年衢州市中医医院被确定为市级非物质文化遗产项目"杨继洲针灸"保护单位。2009 年"杨继洲针灸"被列入浙江省第三批非遗项目目录，2014 年"杨继洲针灸"作为传统医药类型入选第四批国家级非物质文化遗产项目名录。

2022 年 12 月 7 日，衢州市中医医院（杨继洲医院）举行杨继洲诞辰 500 周年祭拜仪式。国家级非物质文化遗产项目针灸（杨继洲针灸）的代表性传承人，同时也是杨继洲针灸第五代传承人，衢州市中医医院针灸推拿科主任中医师金瑛说，"今天，我们祭拜先贤、思慕古人，是一件非常有意义的事情。杨继洲一生成就颇丰，其中，《针灸大成》中的理论、针方、技艺，对后世有着极大的影响"。他表示："针灸是中医瑰宝，我们要立足于今天的科技发展，吸纳现代科技成就，在针灸发展的过程中，继往开来，有所创新，更好地造福百姓。"

考察点

衢州市中医医院（杨继洲医院）

延伸阅读

金瑛，周明琪：《杨继洲针灸的源流和特色》，《中国中医药报》2017 年 10 月 16 日。

杨晓光，赵春媛：《杨继洲拒施针灸》，《中国中医药报》2019 年 5 月 29 日。

执笔人：张立平

孔庆仪：
"得风气之先"*

晚清时期，政局动荡，百姓生活困难，而孔氏南宗一方面推动宗族的发展，一方面推动地方的维新与进步，这种努力对衢州经济、教育、文化的近代化都起到了积极的作用。晚清至民国时期，孔氏南宗族人中多有思想进步、锐意维新之士，如孔昭晙、孔昭焜等，而孔庆仪无疑是其中的杰出代表。

孔庆仪（1864—1924），字寿钱，号肖铿，孔子第七十三世孙，翰林院五经博士。确定由孔庆仪袭爵之时，他才出生五个月，他袭爵之前，孔氏南宗多位待袭爵族人早逝，此实属不幸，而孔庆仪袭爵之前也发生了不小的周折。

关于孔庆仪的袭爵始末，崔铭先中《孔夫子的嫡长孙们》中有详尽的叙述，在此仅作一概述。孔庆仪之前，袭封翰林院五经博士的孔子第七十二世孙为孔宪坤。孔宪坤于道光十九年（1839）八月正式担任五经博士，却不幸于当月去世。孔宪坤无

---

* 本文转载自刘小成、吴锡标：《孔氏南宗》，浙江大学出版社2016年版。载录时对书稿略有改动。

子，由其胞弟孔宪堂代袭，等孔宪堂有子后将儿子过继给孔宪坤。咸丰五年（1855）孔宪堂去世，亦无子。两年后，在曲阜衍圣公孔繁灏的指示下，由孔宪型之子孔庆镛袭爵，然而孔庆镛竟于两年后夭折。此后确定的承袭人选孔庆寿又于同治三年（1864）夭折。

孔庆寿夭折后，孔氏家族内产生两种意见：其一，认为应由孔庆元承袭；其二，认为应由当年出生的孔宪型之子孔庆仪承袭。当时，浙闽总督左宗棠正指挥清军镇压太平天国军队，路经衢州。左宗棠为晚清名臣，《清史稿》称"宗棠事功著矣，其志行忠介，亦有过人"。左宗棠闻知孔氏南宗选嫡的情况之后，亲自介入了选嫡事宜，并于同治三年（1864）十一月初十，做了两个签，分别写上"庆元""庆仪"，率领同僚来到孔庙，召集孔氏族人，向孔子祷告，希望指明袭爵之人。左宗棠抽签，结果为孔庆仪。由此，孔庆仪成为翰林院五经博士的继承人。其中情形，衢州知府陈鲁在次年十月十三日向曲阜衍圣公孔祥珂呈送的报告中有详细的叙述。

孔庆仪少年时即表现出出众的才情与气度，受到族内长者和当地士人的推崇。郑永禧（1866—1931），字渭川，衢州人，著有《衢县志》《西安怀旧录》《烂柯山志》《竹隐庐随笔》等。他对孔庆仪的才学十分称赏，赞其"君性蚤慧，气象英伟"，"少长，善读书，小试辄冠其曹"。浙江学政也以孔庆仪为大器。

作为孔氏南宗宗子，孔庆仪十分关注宗族事务和宗族的发展。他主持修葺家庙和五经博士公署，用心经营祀产，积极开展祭祀、会族等宗族活动，族内体现出"百废具举"（郑永禧语）的气象。面对朝政的黑暗，社会的凋敝，他深感痛心，有志于救世图强。在他看来，推动教育是图强的重要途径，而旧学不足以救世，于是他和族内同仁孔昭晙等人一道倡兴族学。光绪二十八年（1902），他将孔氏家塾改为孔氏中学校，后来先后改为两等小学堂、孔氏完全小学校等，该校是现在的尼山小学的前身。尼山小学至今仍保持着弘扬儒家文化，注重道德培育的良好传统，在以孔子思想熏陶培育学生方面卓有成效。不难看出，孔庆仪对衢州教育的近代化起到了重要作用，刘禺生《世载堂杂忆》称孔庆仪"对文教颇有兴革"。

孔庆仪不但留意宗族事务，而且关注地方发展，并且在推动衢州经济、教育、社会文化的近代化方面作出了积极贡献。

衢州为交通要地，四省通衢，这种地理优势在古代社会尤为明显，推动了衢州商业的发展与兴盛。光绪三十二年（1906），衢州成立商会，孔庆仪为商会总理，他在商会成立过程中起到了重要作用。商会成立后，他和商会副总理钱业之、潘文典一道积极开展工作，推动商业的发展。

宣统三年（1911）九月十五日，杭州光复。消息至衢，革命人士积极行动于九月十七日，借助商会会所召集衢州民众，宣传共和，推选陈怀玉任军政长，李龙元任参谋长，孔庆仪任民事长，紧接着顺应省城，宣布光复。当时，衢州知府崇兴为满族人，衢州士民担心光复中发生民族冲突，推举素有威望的孔庆仪为民事长，希望他能避免过多的冲突，维持秩序。孔庆仪不负众望，"处理井然，闾里藉之安堵"。不久，他奉浙江省委之名到江山清乡，"多所保全"。

在衢州近代工业的发展中，孔庆仪也作出了自己的贡献。《孔夫子的嫡长孙们》一书写道，民国八年（1919），"包括叶恪章、孔庆仪在内的53人集资700股，建立了衢州近代工业——商办衢县电灯股份有限公司，采用以燃烧木炭为能源的火力发电……开了衢州近代工业的先河，使衢州地区告别了煤油灯、青油灯时代"。

孔庆仪对衢州发展的贡献并不局限于教育、商业、工业、治安等方面，他在水利、运输等方面也作出了贡献，体现了宽广的视野和实干的精神。郑永禧对孔庆仪的才干与贡献作出了这样的评价："（孔庆仪）乃推绪余创商会，以平市政；督堰工，以兴水利，董率巡察，编查船舶，整理公租，厉行烟禁，谘议局开，始筹办初选事宜，凡此种种，莫不得风气之先。"

徐时云：
常山县大革命以来第一位革命烈士

常山，是一块红色的土地。1924年1月至1927年7月是第一次国内革命战争时期，中国人民在中国共产党和中国国民党合作领导下进行了反对帝国主义、北洋军阀的战争，史称大革命。自大革命以来，全县共牺牲了108名烈士。徐时云便是常山第一位革命烈士。他的革命故事经老人们口耳相传，在常山广为流传。"燕山起义"这一革命历史事件也因此被后人知晓。燕山，在常山县城南约十公里处，现存有燕山红色革命根据地遗址。静卧在这山高地僻处的革命遗址见证了那段烽火岁月，亦向世人诉说着这位对党无限忠诚的革命烈士徐时云的故事。他的革命精神不断激励着奋进中的常山人。

徐时云（1905—1932），衢州常山县天马镇人。1926年2月，北伐东路军22师政治部进驻常山，徐时云积极参加支前活动。是年底，徐时云加入北伐军，任少尉宣传科员，随军一路北伐，作战十分英勇。1927年蒋介石发动"四一二"反革命政变，徐时云回到家乡常山，继续从事革命工作。"九一八"事变后，全国要求抗日的呼声越来越高涨，常山也成立了抗日救国会，徐时云任检查股检察员。由于他的铁面无私，群众称赞他为铁面检察员。

1932年7月，中共决定在燕山（现天马街道龙潭村）一带建立根据点开展革命活动，并组织起义。徐时云利用其堂兄徐时钟的关系在常山县警察局谋得警察职位，利用其便利的身份在警察局内部进行策反活动，并成功策反了一部分保安警察加入武装起义。不幸的是，徐时云的策反活动被声教乡乡长封立芳所察觉，并将此事报告给当时的县政府。于是，国民党当局抽调两个旅的兵力进行围剿。由于警察局也参与此次围剿，所以徐时云在第一时间知道围剿之事后立即向来常山发展地方武装的中共党员姜仁光报告。由于及时通报，革命队伍得以及时转移，挽回了一定损失。姜仁光等人让徐时云跟着大家一起走，然而徐时云并未随他们一起离开，他深信自己是国民党党员，警察局科长，同时堂哥还是少将参议，这些特殊身份，使他不会引起国民党当局的怀疑。殊不知，此时的封立芳早已把他给盯上了。

围剿燕山的扑空，使国民党当局气急败坏，由于封立芳不断告密，徐时云被锁定为泄露机密之人。徐时云是在警察局自己的办公室被带走的，当时，他正在镇定自若地抄写着警察局的文件。紧接着反动派去徐时云家中进行查抄，发现了几封常山籍北伐军退伍军人郑斌写给他接应燕山起义的信件。审讯室里，气氛森严，徐时云坦然说出自己是共产党员的身份，并承认参加了燕山起义。但当他被问及还有哪些人参与起义时，徐时云闭口不谈一个名字，即使被敌人拔光了十个手指甲，仍不为所动。随后的严刑拷打也没有让徐时云开口。为了防止徐时云逃跑，保卫团用铁丝穿过他的锁骨，将他拴在柱子上。1932年10月28日，徐时云被押赴刑场处决。时年27岁。

考察点

衢州市常山县燕山红色革命根据地遗址

延伸阅读

马朝虎:《燕山暴动》,《今日常山》2021年8月4日、10日、20日。

执笔人:梅记周

邱老金：
从"绿林好汉"到"浙皖军分区司令"

邱老金（1894—1937），衢州市开化人，原名邱金炳。自幼父母双亡，因家境贫寒，未曾入学，十多岁便早早开始给地主做长工。稍长后，曾拜外乡村中一位武艺高强的老人为师。因勤学苦练，终习得一身好武艺。随后，他集合了20多位志同道合的难兄难弟，在开化、婺源、休宁（安徽黄山）一带山区活动，劫富济贫。从此，方圆百里的土豪劣绅担惊受怕，咒骂邱老金为"贼金"，而当地穷苦百姓却亲热地称他为"金伯"。

1933年9月17日，红十军一举攻克开化县城。红军每到一处，便张贴"铲除贪官污吏""打倒土豪劣绅"等标语。红军帮助穷人翻身求解放的事迹，深深感动了邱老金。仿照红军的做法，邱老金组织了一支数十人的游击队，在开化库坑村一带活动。

1934年2月20日，活跃在开化、婺源、德兴一带的一支红军游击队在开化长虹乡被国民党反动派的保安团所包围，敌众

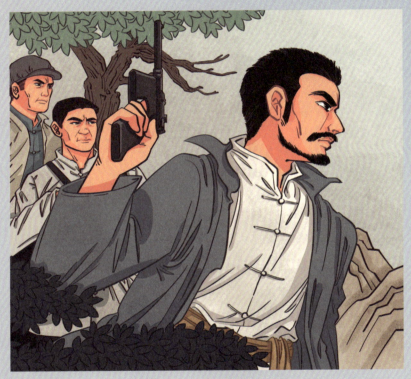

　　邱老金，原名邱金炳，组建"邱老金游击队"，带领数十人的农民武装在开化县与国民党反动派展开斗争。

我寡，情况十分危急。闻讯后的邱老金率领自己的队伍与敌人周旋，有效牵制敌军，带领受困红军冲出包围圈，使之安全转移到莲花塘。3月，邱老金结束绿林生涯，加入了红军队伍，投身于革命事业的滚滚洪流中。同年秋，在赵礼生的引领下，邱老金光荣地加入了中国共产党。

在党的引领下，邱老金的斗争艺术得到很大提高。以往的邱老金对待地主豪绅和有钱人采用"一刀切"的办法：劫富济贫。虽能得到贫困群众的大力支持，但也导致树敌过多，行动难免陷入被动。现在的邱老金学会了区别对待。除了对少数与红军为敌的地主恶霸坚决予以严厉打击外，对那些能为红军筹粮筹款的中小地主，就努力争取团结他们。从此，邱老金的队伍得到了更多群众的支持。甚至有几次当邱老金的队伍在强敌紧逼难以脱身的情况下，当地的保甲长也出面解困，帮助队员分散到百姓家中，躲过了敌人的围剿。在他入党不到一年的时间里，开婺休地区（开化、婺源、休宁）的党团事业和红军队伍得到了长足的发展。

1936年7月初，皖浙赣红军独立团从皖南抵达开化，同邱老金和宋泉清领导的两支游击队会合。此时开化县城虽有保安团的3个中队，但战斗力很差。8日，在邱老金、宋泉清等领导的游击队的配合下，独立团在一小时内攻克全城，捣毁县衙，释放囚犯。同年8月13日，邱老金被任命为浙皖军分区特委常委兼浙皖军分区司令。

由于革命根据地的不断扩大，革命队伍越来越壮大，引起了国民党当局的恐慌。蒋介石令四个师的部队对根据地进行围剿。在1937年6月的战斗中，邱老金及20多名游击队员被国民党军队围困在山林中。经过一段时间的鏖战，邱老金等人已弹尽粮绝。由于无法得到外面援助，邱老金等人只能靠挖竹笋、采野果充饥，喝山泉解渴。就是在这样极其艰苦的条件下，他们一行人坚持斗争到了 7 月。气急败坏的敌人没有抓到邱老金，便把附近的群众全部集中起来，以此来要挟他。邱老金闻讯后心如刀割，心想着跟着红军闹革命本就是为了解救穷人，现在岂能因我一人而害得乡亲们性命难保。于是，他便独自下山，对敌人说："你们要抓邱老金，我就是。把百姓放了，我跟你们走。"邱老金被捕后，敌人连夜将他押解至衢州。

1937 年 12 月 7 日，邱老金被国民党当局残忍地杀害于开化城东郊水碓边河滩上，时年 43 岁。

延伸阅读

刘高汉编著：《开化先贤录》，文汇出版社 2017 年版。

执笔人：梅记周

张实：
红色教授

张实（1892—1941），浙江江山人，谱名张兆甲，原名张元鼎，毕业于北京大学。1937年加入中国共产党，从事教育工作多年，曾任厦门大学等校的教授。后在江山等地从事抗日救亡工作。因叛徒出卖，被国民党宪兵逮捕，押解至上饶集中营。在狱中他屡遭酷刑，因重伤致疾，病逝于狱中。

张实1912年考入北京大学预科，后入北京大学文学院，1917年毕业。五四运动期间，在各种思潮碰撞下，张实最终接受了马克思主义思想，探索救国救民的真理，走上革命道路。大学毕业后，张实先后在厦门大学、中州大学等高校任教，其间认识了中共党员戴习南。后在其介绍推荐下，张实光荣地加入中国共产党。1927年"四一二"反革命政变后，白色恐怖笼罩全中国。张实根据上级的指示返回衢州江山从事文教事业，借此将革命斗争从城市转移到农村。张实回到家乡致力于当地文化教育事业，积极创办各类学校，如"清湖中山小学""何家山初级农科所职业学校"等，帮助民众破除封建迷信思想，树立科学思想，推动了当地民众的思想解放。张实在办好教育的同时也将革命火种播撒在家乡，在他的影响下，一批批爱国青年加入了革命队伍。

1936年，张实受聘于金陵女子文理学院，短暂地离开家乡一段时间。1937年，抗日战争全面爆发。因革命工作需要，张实再次回到家乡江山，积极投入抗日救亡运动。由于叛徒告密，1941年1月22日，张实被国民党宪兵第八团逮捕，后被押送到上饶集中营茅家岭的监狱。在狱中，张实遭受严刑拷打，但他宁死不屈，表现出共产党人的高尚气节。入狱不到一个月，张实便被敌人折磨得骨瘦如柴，2月10日，在寒冷的午夜，受尽折磨的张实去世了。临终前，张实坚信革命一定会成功，他说："身在敌境，夫复何言？今日豺狼霸道横行一时，但终究挡不住革命群众强烈的浪潮冲击。我张实死后，还有千百万后继者为之报仇。"

经多方努力，张实的遗体被家人运回家乡。被破草席草草包裹的张实伤痕累累，瘦得皮包骨，很难想象他在狱中遭受了怎样的非人待遇。《上饶集中营》一书记载，在那个冬春之交，集中营暴发了流行病，张实不幸被感染，然而，狱方工作人员竟然听之任之，未能给予其应有的人道主义治疗。由于没有得到及时医治，张实不久便于狱中溘然长逝。

张实是个非常坚强的人，尽管自己身处绝境，却经常鼓励其他狱友坚持斗争，绝不屈服；张实又是个大方豪爽的人，经常把自己的食物、衣服等与狱友分享。狱友们都很感动，尊称他是"红色教授"。

延伸阅读

王石良:《青山有幸埋忠骨 红星除虐慰英灵》,《今日江山》2021 年 4 月 9 日。

执笔人：梅记周

吕公良：
视死如归的硬汉将军

吕公良（1903—1934）是新编第 29 师师长，浙江开化人。1903 年生，1926 年进入黄埔军校第 6 期学习。吕公良上马可以行军打仗，下马能够作诗论赋，又写得一手好字，他因此深得国民党将领汤恩伯的器重，他于黄埔军校毕业以后，汤恩伯将其留在身边，带着他南征北战，立下不少战功。

1944 年 3 月，豫湘桂战役进入关键阶段，吕公良率领新编第 29 师固守许昌，准备与日军决一死战。战前，吕公良的妻子带着儿女来到许昌与其相会，吕公良仅仅是匆匆见了他们一面后就将他们送到后方。分别前，吕公良跟妻子话别，说道："军人以服从命令为天职……如果我牺牲了，你要好好教育子女，将他们抚养成人。"

4 月 24 日下午，新编第 29 师举行全体官兵誓师大会，会上吕公良慷慨激昂地对将士们说："倭寇大军压境，许昌必有一场苦战。守土抗战，保家卫国，人人有责。养兵千日，用兵一时。我们要有必胜的信念，要有与阵地共存亡的决心。城存予存，城亡予亡！"在吕公良的带领下，全师将士热血澎湃、群情激愤，将士们在许昌城内的墙壁上贴满了"与城共存亡"的标语。

4月29日，日军第37师团主力共1万多人抵达许昌，在12架轰炸机，100余辆战车、装甲车、汽车，以及数十门各式山炮、野炮协助下对许昌发起进攻，他们妄图使用这种在许昌炫耀武力的方式，对其他各地的中国守军进行震慑。许昌在日本重兵的包围下成为一座孤城，危如累卵。

30日早上6点，日军对许昌发起全面进攻，大战打得空前惨烈。在许昌城外围，新编第29师以血肉之躯和顽强意志对装备精良的日军进行了阻击，采用逐村逐阵地战斗的方式迟滞敌人的攻击。但敌人的精良装备使将士们伤亡惨重，他们即使被迫撤回城内也坚持继续利用城墙、壕沟阻击敌人。

在新编第29师将士的顽强抵抗下，日军第一次在中原战场使用轰炸机群对中国军队进行了轰炸。4月30日下午5点，日军的12架轰炸机在许昌城投下了大量炸弹。日军的空中威胁并没有吓倒中国军民，吕公良命令部队对日军的进攻开展反击，并向汤恩伯求援。汤恩伯派出第29军和第87军前往救援，但为时已晚，日军早已经做好了袭击增援部队的准备，汤恩伯派来的援军被日军挡在了许昌战场的外围。

晚上8点30分，许昌城南门被日军的坦克撞破，大量日军进入城中，新编29师的南门守卫部队战士用抱着炸药包与坦克同归于尽的方法击毁了多辆日军坦克。但是，日军的坦克数量太多了，日军最终还是在坦克的掩护下冲破了防线，并且将城内的房屋尽数轰倒。

新编29军的将士们顽强抵抗，不肯放弃一寸国土，在城内与日军展开了惨烈的巷战和肉搏战。士兵们打光了子弹，就捡起石块砖头朝敌人脑袋上抡，日军从南城门推进到700米外的十字大街用了两个多小时。

5月1日凌晨，北门失守，大批日军进入许昌城内，战败的结局已经无法挽回。吕公良遂命令将士们焚烧军旗和文件，然后开始突围。吕公良带着300余名残部利用街道房屋边战边退，撤到了城东北角。不料就在他们即将冲出重围时，撞进了日军埋伏在此处等待截杀中国士兵的伏击圈中。混战中突围部队被打散，吕公良和几个幕僚战斗到最后，终因伤重以身殉国。

1944年，吕公良被国民政府追赠为陆军上将。1986年，被中华人民共和国民政部追认为革命烈士。

 考察点

衢州市开化县华埠镇"七七亭"

延伸阅读

顾小立：《吕公良：铁骨柔情、视死如归的硬汉将军》，《光明日报》2019年3月10日。

执笔人：刘畅

衢州六烈士：
血洒黎明前

衢州自古就是军事重镇，兵家必争之地，战略地位十分重要。千年古城墙默默守护着这三衢大地的子民，见证其社会历史发展的沧桑巨变。其中，在70多年前的烽火战争岁月里，于衢州城东发生的悲壮故事最是令人难忘。被人们称为"衢州六烈士"的原中共闽浙赣区（省）委城工部衢州中心支部成员江文焕、林维雁、李子珍、高寿华、王多祥、郑南轩等六烈士就牺牲在此，他们牺牲时平均年龄仅有28岁。他们用自己的青春照亮了衢州解放前的黑夜，他们对共产主义的坚定理想信念不断激励着一代又一代衢州青年。

如今，衢州市中心附近的府山公园矗立着一座纪念碑——衢州六烈士纪念碑，此碑就是为纪念解放衢州而牺牲的这六位烈士。

江文焕(1919—1949)，衢州衢江区溪滩村人，1943年，考入昆明西南联合大学外文系。1946年12月24日晚，在北京发生了震惊中外的驻华美军强奸北京大学女学生事件。北京爆发了大规模的抗议美军暴行的学生运动。江文焕冲在抗议队伍的最前面，带头振臂高呼，抗议美军暴行。《大公报》拍下了当时的激动人心的一幕。今日我们仍能从照片中感受到江文焕等人的英雄壮举。

第二年 7 月，由于身患严重的肺病，江文焕不得不回到家乡衢州养病，并积极投身革命事业，后经林维雁介绍光荣加入了中国共产党。江文焕利用教师身份，在江山县秘密发展党员达 30 多名，江山的革命事业蓬勃发展。由于影响太大，江文焕被国民党特务给盯上了。1949 年 1 月 23 日，江文焕在衢州西安门码头同林维雁结伴登船时被国民党特务抓捕，后被残忍地活埋于衢州城东门郊外，牺牲时年仅 30 岁。

林维雁（1924—1949），女，衢州衢江区樟树潭人，1944 年考入暨南大学中文系。在北京发生美军强奸北大女生事件后，暨南大学也成立了抗议美军暴行委员会，林维雁被推选为副主任委员。在"抗美暴行"和"反饥饿、反内战、反迫害"学生运动中，林维雁不惧艰难险阻，始终行走在游行队伍前列，与凶残的军警宪特据理力争。1947 年在南京发生"五二〇惨案"，旋即上海市大专院校学生也立即组织游行示威，林维雁仍旧走在前列。后林维雁以"共党嫌疑分子"和学潮"首要分子"的罪名被国民党当局抓捕入狱。出狱后，因无法继续学业，林维雁不得不回到衢州，在江山县立中学任教。同年 11 月，她光荣加入中国共产党。在江山从事革命工作时，林维雁在教员中传播革命火种，也发展了不少党员。不幸的是，1949 年 1 月 23 日，林维雁在与江文焕结伴乘船去樟树潭时，在码头被特务抓捕，后被国民党当局活埋于东门郊外，牺牲时年仅 25 岁。

李子珍（1921—1949），衢州市龙游县溪口镇人，1947 年毕业于浙江大学。1948 年 2 月他回到衢州师范学校任教。由于工作突出，经林维雁介绍，当年即光荣加入中国共产党。在其帮助下，龙游成立了党支部。他发起组织过"溪口青年联谊会"，从事"抗日救亡运动"；后来又发起组织过"龙邱学会"，办暑期青年补习学校，传播革命火种。暑期青年学校逐渐成为当地革命文化宣传的舆论阵地，成为我党的外围组织。1949 年 3 月 16 日，他被捕入狱，同年 4 月中旬被活埋于衢州东门郊外。

王多祥（1924—1949），衢州市衢江区枧头村人，1943 年考入了暨南大学史地系。1947 年毕业后，王多祥成为家乡衢州中学的一名教员。1948 年，经江文焕介绍，王多祥光荣加入共产党。利用其便利身份，王多祥经常在课堂上传播马克思主义思想，揭露国民党反动派的黑暗统治，在不少学生心中撒播下了革命的火种。同时，其居住地成为衢州地下党人秘密开会的场所。在其卧室，中共闽浙赣区委城工部衢州中心支部成立了。不幸的是，1936 年 3 月 16 日晚，王多祥被国民党特务抓捕。在狱中，他始终坚贞不屈。1949 年 4 月中旬，被敌人活埋于衢州东门郊外，牺牲时年仅 25 岁。

衢州六烈士中还有两位：郑南轩（1920—1949）和高寿华（1915—1949）。两人皆为衢州市柯城区上街人。革命时期都为中共闽浙赣省委城工部衢州中心支部委员。他们于 1936 年 3 月 16 日晚，被国民党特务逮捕，4 月中旬，也被活埋于衢州东门郊外。牺牲时，郑南轩年仅 29 岁，高寿华 34 岁。

 考察点

衢州市府山公园衢州六烈士纪念碑

延伸阅读

陈霞，江万龙：《衢州六烈士，传递革命精神的星火之光》，《衢州日报》2021年2月2日。

执笔人：梅记周

余绍宋：
民国传奇文人

余绍宋（1883—1949），浙江龙游县人，字越园，号寒柯。高阶余氏乃龙游望族，到了清代家藏丰富。宣统二年（1910）秋，余绍宋从日本学成归来，开始从政。清政府授予其政法科举人，后在表伯梁鼎芬的举荐下，授外务部主事，并历任中华民国法政界要职和大学教授。1926年，他在出任段祺瑞执政府司法部次长期间代理部务，因反对执政府制造的"三一八"枪杀爱国学生惨案并拒签"金佛郎案"而辞职以表抗议，世人为之赞许。民国十六年（1927）一月，司法储才馆成立，梁启超任馆长，余绍宋为学长兼教务长。他独立编著了《刑事诉讼法条例》《外国法学丛书》等书，又与余荣昌、李祖虞合编《实用司法法令辑要》，为中国法律体系的建立与完善作出了重要理论贡献。

余绍宋在从政之余，喜爱读书，勤著述。他是我国近代著名的方志学家，他的方志思想博大精深，见解独到。他所纂修的《龙游县志》，所著的《略评旧浙江通志兼述重修意见》《浙江通志人物总表及列传例议》，以及主持制订的《重修浙江通志初稿体例纲要》，都颇有影响力。他认为，方志与史"性质虽同"，但"主旨各有所在"，方志"上以供国史之采稽，中以供施政之参考，下以资人民之兴感"。在修志方法上，主张"古人能创例，吾侪似不妨亦有所创"，"不必斤斤求合古人"。在修志风格上，力求"著述之事必归宏雅"，"尽可因其需要而别立新裁"。在修志风格上，他主张人物表传并用，"记事欲其确实，记言欲其逼真"，"调查则务求实际之情况，甄采则预定相当之标准，然后记载庶具确切之内容"。20世纪20年代，余绍宋应聘主纂《龙游县志》，他在青年时期研读康熙时编的《龙游县志》时，便发现"所载殊多舛误"，因此在纂修《龙游县志》时尤其重视辨别史实真伪，纠正旧志的错误。他用了三年多时间，查校史料，编撰修志，实事求是，以严正的态度，将收集到的数百家方志及材料仔细对比考证，订正旧志谬误，几易其稿，最终完成了一部120万字的《龙游县志》，此志被方志学界誉为"中国旧体例志书的绝唱"。晚年的余绍宋还曾出任过浙江省通志馆馆长，在人、财、物极端匮乏的情况下，从1943年至1949年耗时6年重修浙江通志，其留下的重大成果《重修浙江省通志稿》成为浙江修志史上浓墨重彩的一笔。

余绍宋涉猎极广，平生旨趣于金石书画、画学论著。他擅长山水、松竹、梅兰。他的书法也自成风格，篆、隶、真、行、草，无不精妙。他在书画研究方面著述也颇丰，经典著作主要有《书画书录题解》《中国画学源流概况》《寒柯堂集》《画法要录》《画法要录二编》《续修四库全书艺术类提要》等，这些书籍是我国书画艺术的重要参考书。《画法要录》初编于民国十五年（1926），由上海中华书局出版后，又多次再版，序者林志钧认为此书"为中国画学开系统之始"。民国十五年（1926）5月，余绍宋在燕京华文大学讲演，其讲稿《中国画学源流之概观》粗略描述了绘画的起源、发展及流派，让人们从整体上把握了中国的绘画史。民国十七年（1928）5月，余绍宋在南开学校讲演《初学鉴画法》，"第一次从方法论的角度对书画鉴定进行论述"。

余绍宋在民国二十一年（1932）所撰的《书画书录解题》是我国第一部书画类著作的专科目录，为后人研究书画著录提供了重要参考。全书收入东汉迄近代论书画之书863种，基本涵盖了中国历代与书画艺术、书画理论相关的重要著作。《书画书录解题》在书画理论、目录学、体例等方面均有所突破、有所创新，对后世影响非常大。民国二十三年（1934）9月15日，《金石书画》创刊，宋绍宋任主编，该刊共发行87期，前72期共出合订本三册，后15期只有散页。《金石书画》刊登的内容较为丰富，收录的作品包括历代名人刻印、书、画以及金、石、砖瓦、木刻等，余绍宋对入选作品重考证，务求"真"与"精"，在他的严格把关下，确保了刊物质量。

余绍宋在抗日战争期间为家乡做了不少事情，其中两件尤为突出：一是建立纸业合作社，将槽户联合起来，既为槽户谋利益，又对龙游的战时经济有所贡献；二是协助吴南章等人设立战时补习中学，并利用自己的影响和与省教育厅厅长许绍棣的私谊，将此临时中学升格为龙游中学，填补了晚清以来龙游无中学的历史空白。

延伸阅读

慧一文：《鉴赏家余绍宋》，《今日龙游》2020年4月13日。

执笔人：张立平、吴宏伟

华月峰：
衢州党组织的重要创建者

　　华月峰又名华盖，1896 年出生，热衷文艺，尤其对书画艺术有极大兴趣。年轻时，华月峰在樟潭做过小学教员，出于对书画的兴趣爱好，他放弃了教员的工作来到南京美术专门学校学习绘画。毕业以后又回到家乡，到坐落于他家附近府山上的省立八中继续从事教师工作。

　　1925 年，"五卅惨案"掀起了全国规模的反帝爱国主义运动的高潮，革命浪潮传到衢州，华月峰迅速投入这次革命中。在这次工人运动影响下，华月峰组织编写了保护工人权益的《衢县劳工手册》。

　　1926 年 7 月，国民革命北伐军从广州出发，一路势如破竹，只用了不到半年时间，就从江西、福建分两路挺进了浙西。在大革命浪潮影响下，衢州也再次迎来了高涨的革命形势。1926 年 12 月 8 日，华月峰带领省立八中师生出城将北伐军将士迎进了八中校园，北伐军就在八中校园内驻扎了下来。

　　这一时期的革命形势虽然高涨，但是中国共产党在浙江省却没有统一的机构领导革命工作。地处钱塘江上游地区的衢州，革命力量还是由中共杭州地委开辟和发展的。为了更好地领导衢州的革命工作，1926年12月，金衢严三府总特派员张仲寅带领吕雄等一批共产党员以国民党浙江省党部特派员的名义到衢州建立党的组织，并发动工农群众开展革命，策应北伐军进入浙江。

1927年1月21日，左派的国民党衢县临时县党部成立，但成立后不久就遭到了县警察局局长王忠鼎等人拉起的右派县党部的抵制。中共党员、国民党衢属特派员傅联璋旗帜鲜明地支持临时县党部进行整顿，并且支持由吕雄担任工人部长。

吕雄到衢州以后积极开展党员发展工作，在对教师和知识分子队伍进行了一段时间的考察和教育后，将时任县党部执委兼宣传部部长的华月峰（国民党左派）发展为党员。不久，华月峰和吕雄又将周石华、程本两人吸收到党的组织中来。由于革命形势的继续发展，有4名共产党员的衢州地区，在衢城县学街秘密成立了本地第一个共产党组织——中共衢县支部。1927年2月，又有不少的共产党员发展进来，随着党组织的发展壮大和革命形势的发展，中共衢县支部改称中共衢州独立支部。与此同时，为了提高衢属五县的革命骨干的群众工作能力和政策宣传贯彻水平，开创出一片红色的新天地，由共产党员实际控制的"党政干部训练班"在府山上开班，华月峰作为第一批党员为他们授课。

1927年4月，通过华月峰等人的努力，中共衢州独立支部已经发展为拥有临时县党部支部、省立八中学生支部、小南门农民协会支部、樟潭农民协会支部等9个支部和63名党员的革命力量。1927年，"四一二"反革命政变风波开始影响到衢州，革命形势急转直下，衢州的共产党员和国民党左派被大肆镇压。在这场反革命的浪潮中，华月峰不幸被捕，并被关押在杭州小车桥陆军监狱。华月峰入狱后，好几支力量在为营救他积极奔走。

最后，在多方的共同努力下，华月峰最终因"查无实证"得以释放。

　　衢州市志编纂委员会编：《衢州市志》，浙江人民出版社1994年版。

执笔人：刘畅

华岗：
把监狱变成"革命者的休养所和学校"

华岗（1903—1972），浙江龙游县人，中国著名哲学家、教育学家、史学家。1920 年 8 月陈望道翻译并出版了《共产党宣言》的第一个中文全译本，而 1930 年出版的《共产党宣言》第二个中文全译本就是华岗翻译的。华岗译本是中国共产党成立以后，有组织地出版的第一个《共产党宣言》全译本，也是我国首次由中国共产党人翻译、首次采用英汉对照形式出版的《共产党宣言》。同时，华岗首次将结尾句翻译为"全世界无产阶级联合起来！"这句话与今天读者所熟知的"全世界无产者，联合起来！"非常接近。华岗翻译的《共产党宣言》具有非常重要的时代价值和历史意义。

华岗不仅是一名马克思主义的传播者，也是一名坚定的无产阶级革命者！

为加强党在东北的工作，中共中央决定建立满洲特委，任命华岗担任书记。1932 年 9 月的一个傍晚，华岗正坐在旅馆房间静静地思索着中央交代的任务，考虑如何着手开展工作，交通员张永祥从外面走了进来。

"我今天在路上遇到贺洛书。"他在报告了联系接头的情况后又说道。

"什么时候？"华岗吃惊地问道。

"八九点钟。"这位山东人又不解地问："怎么啦？"

"他是叛徒。我们赶快转移。"华岗站起身来走向门口。

"你要早些回来就好了，现在已经晚了！"当他发现周围已经被监视时，便招呼张永祥安静下来商量对付敌人的口供。

不久，由青岛警察局第一分局派来的警察闯了进来，开始在房间大肆搜查，并搜出了密写信。

"好哇，捉了一个大共产党。"华岗和张永祥被警察带往了警察局。

地下党组织在得知华岗被捕的消息后，第一时间报告给了中央。中央立即大力组织各方力量积极展开营救，一方面联系国民党政府的韩复榘（当时为山东省主席）和他手下的人，希望将人赎出来；另一方面紧急通报抗日将领吉鸿昌、宣侠父，凭借他们与韩复榘的关系，由他们向韩复榘提出保释，将人保释出来。同时商定，即使最终都不成功，也要千方百计避免他被押送南京。经过多方努力，华岗和张永祥在被关押近两个月后于冬末春初送至济南。

在狱中，敌人的审讯变换着花样进行。开始客客气气地称呼"阁下"，问"贵姓"，甚至递茶送烟，以示对"大人物"的"尊重"。华岗一口咬定自己叫刘少陵，只是一名贩卖皮货的普通商人。敌人见此行不通，又展开心理攻势，对他大讲共产党必然失败的"道理"，说他何苦跟着共产党卖命，像他这样的"大人物"，只要自首一定会有很好的奖励。华岗坚持称自己不懂政治，是到东北做生意的商人。

敌人恼羞成怒，一下子就翻了脸，开始实施刑讯逼供。但即使身受酷刑，华岗始终立场坚定，一言不发，脑子里想的都是那些英勇牺牲的同志和他们树立的光辉榜样。"你不说不行，我们有办法叫你开口。"敌人咆哮着。"你们可以强制别人说话，可我不会说假话。"华岗不再讲话了。这是一场信心和意志力的较量。敌人有时深夜审讯，从各个方面，用各种方法不停地逼问，通宵达旦，企图使华岗的精神从疲劳走向崩溃，但华岗最终以顽强的意志坚持了下来，让敌人无法从这个瘦弱的年轻人嘴里得到一点真正的收获。这时，南京的蒋介石也曾询问韩复榘关于华岗的情况，由于之前中共为营救华岗二人做了大量工作，韩复榘不承认有这回事，国民党政府只好作了"先执行后调查"的决定，把华岗关进济南看守总所。

这里看押的政治犯相当复杂，有第三党、托派、国社党的人，有一般青年学生，也有像华岗这样的党的干部。华岗进来不久就遇到了两位同志：一位是任作民，他于1920年由刘少奇介绍入团，1922年入党，1932年10月被派来济南任山东省委书记后被捕，华岗在上海曾负责中央办公室工作，与他相识。一位是向明，华岗主编《列宁青年》时刊登过他写的《介绍湖北黄安青年的状况》一文，但未见过面，这次是由任作民介绍并说明是党员后才相互认识的。三位党员干部凑在一起，交谈的内容很快就转到如何在狱中开展斗争的问题上了。

针对有些政治犯表现颓唐，整日喝酒、下棋，情绪低落，有些青年人则抱着乐一天算一天的消极心态在狱中过活，华岗等人认为首先应该制定一个正确的狱中生活目标，主要目标应是"学习"和"保健"。他们提出禁止烟酒，并制定了作息时间表，在学习时间里，组织有文化的人员教文化较低的同志写字、写信。

任作民在莫斯科东方大学学习过，懂俄语，由他教有兴趣的同志学俄语。狱中条件艰苦，学习没有笔和纸，他们就拿根木棍在地上画，体育锻炼时没有设备，就用布包着棉花当球踢。当对一些狱中同志的情况有更多了解后，他们接着开办了训练班，培养骨干分子，调动大家的学习积极性和主动性。训练班挑选了14位政治可靠的青年学生参加，讲课内容有政治、建党和群众工作等。华岗在上课时系统地给他们讲授了中国革命和中国共产党的基本问题。学习采取小型座谈会的形式，上课时摆下一盘围棋，有的下棋，有的围观。如有外人来，大家便假装下棋，人走了又继续讲课。训练班办了两期，时长两个多月。参加者中有人表示：过去从未系统地听到过这么多革命知识。接受培训的人行动都很积极，学习也很主动，并通过他们影响了更多的人。

华岗等人还在狱中筹集资金，要求有存款的拿出30%交给总会计保管，当狱中有难友生病时这笔钱就用来购买药品和营养品。这些参加到活动中的同志都经过华岗等人的严格审查，以确保他们能严守秘密，以免被警察察觉。同时他们也核对了每位同志的口供，尽量加以统一，使之在审判时能够做到对自己对别人都有利。对第三党、托派分子等，他们则予以孤立，在精神上给予惩戒。

经过华岗等人开展的系列学习和培训，当时狱中悲观消沉、士气低落的现象得以转变，呈现出积极上进的政治氛围，监狱变成了"革命者的休养所和学校"。当时的一些青年在经过监狱时期的学习和锻炼后，成长为进行抗日救亡运动的革命骨干。

1934年6月底，国民党当局在没有确凿证据情况下仍宣判华岗、张永祥有期徒刑5年，其后华岗相继被关押在青岛、济南、武昌等地。1937年7月7日，日本发动"七七事变"，开始全面侵华，抗日战争全面爆发。同年9月，蒋介石发表谈话承认中国共产党合法地位，第二次国共合作正式形成。与此同时，当时在武汉的中共代表董必武抵达汉口，与国民党当局交涉，最终营救出了华岗、任作民。

1972 年华岗病逝，终其一生，他始终是一名真正的马克思主义者，优秀的中国共产党党员，任何时候都展现出革命的乐观主义精神和共产党员的高贵品质。

 考察点

衢州市龙游县华岗故居

延伸阅读

向阳：《丹心可鉴 华岗》，商务印书馆 2016 年版。

执笔人：梅记周

徐以新：
大山里走出的外交官

徐以新，1911 年出生于浙江省衢州市衢江区岭洋乡，原名为"徐一新"，因他出生在辛亥革命爆发之时，他的父亲就以"天地一新"的寓意为他取了这个名字。

1924 年，徐以新在岭头乡读完小学后，来到浙江省立第八中学继续学业。读书的时候，他常帮助老师抄写文稿和宣传标语，从而练就了一手写写画画的本事。1926 年 12 月，北伐军第二十六军第二师进驻衢州城。此时，正在读书的徐以新课后经常到国民党衢县县党部去帮忙做宣传工作，并在这里认识了多位共产党员，开始接触进步思想，产生了对革命的向往。12 月中旬北伐军离开衢州时，徐以新萌发了参军的想法，但是因为个子小被拒之门外。3 天后，徐以新瞒着家人，怀揣一块银元，去追赶北伐军。他先乘船到兰溪，再步行花了五六天时间在富阳才赶上了北伐军的队伍。北伐军长官见徐以新参军热情高，人又灵活，肯吃苦，就正式批准他入伍。得益于徐以新在中学做过宣传工作的经历，他到了北伐军第二十六军第二师宣传科担任见习官。在宣传科的岗位上，徐以新读书时练就的本领派上用场，写稿、写标语、画宣传画，全都不在话下。后来，徐以新还曾经在周恩来、贺龙等同志身边工作过一段时间，曾随同两位领导人参加了上海第三次工人武装起义和南昌起义。

1927年4月，在武汉中共中央军委工作时，徐以新担任技术秘书，并加入中国共产主义青年团。同年12月，徐以新被中央派赴苏联留学，当时他只有十六岁，是赴苏留学干部中年龄最小的一个。

到了苏联以后，徐以新先后到莫斯科中山大学、列宁学院和苏联总参谋部学习，他像那个时期所有追逐光明、寻求真理的青年人一样，学俄语，摸索记单词的规律，探寻文法的要义，发奋读书，不断地充实自己的理论知识。

1929年暑期，莫斯科中山大学的五百多名中国留学生形成了对立的两派，一派是以王明、博古为首的学校支部局成员，一派是以时任中共领导人瞿秋白、邓中夏为首的中共驻共产国际代表团。学校支部局认为自己在工作中百分之百地执行了布尔什维克路线，但中共驻共产国际代表团对此持有异议，导致双方意见分歧很大，学校只好组织学生进行投票表决。投票结束后，只有二十九人支持学校支部局，这二十九人被认为是真正的革命者，是"二十九个布尔什维克"，但是，徐以新因为年龄还小，这个时期还只是共青团员，政治立场容易摇摆不定，只能算"半个"，这就是"半个布尔什维克"的由来。历史已经证明，"二十八个半布尔什维克"这一说法，并不能准确反映王明宗派集团的实际情况，因为当年支持王明校支部局的人的政治面貌后来发生了深刻的变化，如被称为"半布尔什维克"的徐以新，自1930年在苏联加入了中国共产党后，终其一生，一直是一名坚定的马克思主义者、无产阶级革命战士。

　　1931 年春，徐以新在苏联完成学业后回国。同年 11 月，徐以新被委派到鄂豫皖苏区工作，在苏区工作的时期，他先后担任过红四方面军政治部主任、军委参谋主任、中共鄂豫皖省委常委、苏区外交委员会主任等职，成为鄂豫皖根据地的主要创建者和领导人之一。1932 年，他随红四方面军从鄂豫皖苏区撤离，到达川陕苏区，担任西北革命军事委员会参谋主任、军委秘书长、川陕省委委员等职务。1933 年，受红四方面军领导委派，徐以新以红四方面军全权代表身份到汉中，与杨虎城将军的全权代表孙蔚如进行谈判，双方达成了互不侵犯、共同反蒋的秘密协议，这为突出重围的红四方面军开辟了一条重要的红色交通线。这次谈判充分显示了徐以新的谈判才能，为他以后在外交战线的工作打下了基础。

　　新中国成立后，徐以新到了外交部工作。1952 年，他因为在苏联留学过，熟悉苏联的工作，便以顾问的身份跟随周恩来总理访问了苏联，还参加了周总理同斯大林的多次会谈。因为外交工作出色，1954 年 9 月，徐以新被委以重任，周恩来总理亲自指派他到阿尔巴尼亚担任首任大使，他在阿尔巴尼亚工作期间，为发展中阿两国两党关系做了重要贡献。在此之后，他还先后出任驻挪威、叙利亚和巴基斯坦等国大使。作为一名出色的外交家，1965 年 12 月徐以新在叙利亚大使任期届满后回国，于 1966 年 1 月担任中华人民共和国外交部副部长。

　　1993 年 10 月，少小离家的徐以新回到阔别已久的衢州看望乡亲父老，情系桑梓的他在耄耋之年捐赠了 2000 元钱给家乡的初中办学。

　　1994 年 12 月 30 日，徐以新在北京溘然长逝，临终前他突然低语"我要回家"。家人决定尊重他的遗愿，将其部分骨灰撒在家乡岭洋乡抱珠垄村的土地上。徐以新墓安置在当地两位无名红军烈士墓后面，并没有墓碑，这是徐以新夫人的叮嘱，以表达对无名红军烈士的尊重。

1995 年 3 月，中共衢县县委、县政府在抱珠龙村建立了"徐以新纪念碑"，2019 年，徐以新陈列馆建成，目前，这两个地方已被衢州市列为爱国主义教育基地。

延伸阅读

李樵：《徐以新传》，世界知识出版社 1996 年版。

执笔人：刘畅

孔祥楷：
当代南孔祭典的开创者

　　深秋时节，在蓝天白云映衬之下，衢州孔氏南宗家庙更显庄严典雅，大成门前的院子里6棵明朝栽种的银杏树高高耸立，黄绿相间的银杏叶既有夏的蓬勃生机又有秋的静谧之美。自2004年以来，每年9月28日，衢州祭孔大典便在此举行。每逢此时，慷慨而浑厚的乐曲在古朴而又充满现代气息的孔氏南宗家庙内荡漾回响。

　　全国仅有的两座孔氏家庙，一座在山东曲阜，一座在浙江衢州。由于过去衢州对孔氏家庙缺少宣传，很多人不知道衢州也有孔氏家庙。实际上，南宗祭孔在衢州一直延续了八百余年，直至新中国成立后才一度中断。为了更好地弘扬南孔文化，宣传衢州，2004年在孔子第75代嫡长孙孔祥楷先生倡议下，衢州决定恢复祭孔大典。作为衢州孔氏南宗家庙管理委员会主任，孔祥楷先生在继承南孔历史文化的基础上创造性地提出"当代人祭孔"，成为现代南孔祭典的奠基者。

　　1944年，年仅6周岁的孔祥楷被当时的国民政府任命为孔

　　孔祥楷，孔子第 75 代嫡长孙，儒家思想的传播者、南孔文化的推动者，当代南孔祭典的奠基者。

氏南宗奉祀官，这也是我国历史上最后一位孔氏南宗奉祀官。孔祥楷在衢州读完了小学和中学后去外地求学、工作，但身为南宗嫡孙的他从未忘记光大南宗的宏愿，也曾多次萌生过重振家庙的念头。

1991 年夏，衢州市委借衢州孔府家庙修葺之际邀请当时在沈阳黄金学院任副院长的孔祥楷回衢州探视家庙，并请他就孔庙修葺提出建议。面对家乡的盛情邀请，远离家乡多年的孔祥楷对家乡、对家庙的思念之情油然而生，他深感中兴南宗已成为自己身上一份沉甸甸的责任。他说："我回到衢州老家，不管担任什么职务，有一点是绝不会改变的，那就是弘扬儒家文化，传播孔子思想。"

1993 年春，衢州市委经过多方沟通协商，将阔别家乡 38 年之久的孔祥楷迎回故里。

1998 年，衢州大力支持孔氏南宗家庙的修缮和建设，对孔府遗址进行了发掘清理，在查阅大量文献资料的基础上厘清了明清两代家庙西轴线及孔府各建筑的规模、规制及变迁，并按照与原有的建筑风格保持一致的原则启动了孔氏南宗家庙西轴线及南宗孔府复建工程。

孔氏南宗家庙复建完毕后，应社会各界要求，孔祥楷开始筹划新中国成立以来孔氏南宗家庙最盛大的活动——祭孔。社会各界商议决定，在 2004 年孔子诞辰 2555 周年时，恢复衢州的南宗祭孔典礼。

在商讨如何筹办南宗祭孔典礼时，孔祥楷反复强调要思考"谁来祭孔"的问题，并提倡以"今礼"祭孔，摒弃旧礼仪。他说："谁来祭孔？我们！我们是谁？当代人！清朝人肯定不会用明朝人的方式祭孔。每个时代，都应当有自己的特色，当代人应该用当代方式祭孔。我们不能将祭孔这一仪式束之高阁，将孔子送上神坛，让普通百姓可望而不可即。"衢州市委市政府采纳了孔祥楷的建议，按照"当代人祭孔"的理念策划2004年衢州孔氏南宗家庙祭礼。

孔祥楷亲自设计了祭祀的议程，改定《祭文》，并为祭礼谱曲创作《大同颂》。在他的主持下，衢州南宗祭典将传统祭祀中歌舞演出部分独立为祭孔典礼前一天的纪念晚会，祭祀仪式不再设置歌舞演出，其余部分则简化为"礼启、祭礼、颂礼、礼成"四个篇章。参与南宗祭典的人员一律穿现代人的服装，行现代人的礼仪；将献牛、羊、猪"三牲"的太牢礼，改为献五谷和文房四宝；不行古礼，行现代礼节，敬献花篮，向孔夫子像行三鞠躬礼；将佾舞改为诵读《论语》《礼记》的章句；而孔子像前的牌位，则去掉了"神位"，改为"大成至圣先师"……

2004年9月28日，衢州市首届"中国衢州国际孔子文化节暨祭孔大典"成功举办，虽然祭孔大典整个过程不足40分钟，但内涵丰厚，仪程简明，隆重而庄严。此次祭孔以"当代人祭孔"的面貌呈现在世人面前，产生了很好的社会反响，也引发了广泛的讨论，对传播南孔文化、提高南孔圣地知名度发挥了至关重要的作用。

2007年6月29日，衢州孔氏南宗家庙恢复性修缮工程动工，秉持开发和保护的原则，毕业于西安建筑工程学院(现西安建筑科技大学)的孔祥楷主持了孔氏南宗家庙的复建和保护工作，复原了东轴线原有的建筑。两年后，修缮后的孔氏南宗家庙便迎来了孔子诞辰2560周年大型祭孔大典。此后，孔子诞辰逢五、十年，衢州孔氏家庙便会举行大型祭祀活动。2011年5月23日，既尊重传统祭祀，又有着以"当代人祭孔"为鲜明特征的衢州祭孔大典（南孔祭典）被列入第三批国家级非物质文化遗产名录。

每年的南宗祭孔大典不仅是一次祭祀活动，更是一场衢州百姓接受中华优秀传统文化"洗礼"的过程。2021年既是孔子诞辰2572年，也是衢州孔氏家庙落成500周年。9月28日，南宗祭孔典礼上，孔祥楷之子，孔子第七十六代嫡长孙孔令立作为陪祭。典礼还新增了"大哉孔子颂"环节，以舞蹈、朗诵和配乐相结合的方式拓展了南宗祭孔典礼的内容，实现了南宗祭孔典礼的持续创新。

2021年9月28日21时，衢州南孔祭典的奠基者孔祥楷先生因病医治无效在衢州逝世，享年84岁。孔祥楷先生是一位孔子思想的重要传播者，以现代方式弘扬儒家文化的践行者。他追寻圣祖，杏坛设学，教化育人，诲人不倦，面对老祖宗留下的文化遗产，致力于挖掘、继承、创新孔氏南宗深厚的文化底蕴，并赋予其新时代精神气质，至诚至真守望着"东南阙里"，担负起孔氏后裔对祖先精神的传承使命，由此成为一个时代的精神标识。为什么儒家至今还有生命力呢？孔祥楷说："孔子思想的生命力体现在哪儿？我觉得很简单，就是告诉你，该怎么做人。"

延伸阅读

1.严粒粒，于山，彭先国，郑彦，张桂芬：《东南阙里　南孔圣地》，《浙江日报》2020年7月31日。

2.周禹龙：《孔祥楷：中国大陆最后的"奉祀官"》，中国新闻网2018年10月5日。

执笔人：张立平、张爱萍

张进：
最美交警

　　2014年3月21日清晨，衢州市衢化街道文昌路不见了往日繁忙的车流，路两旁却挤了黑压压的人群。早上7时，一列送葬队伍出现在文昌路上的巨化第一小学门口，数百名早已等候在此的小学生打出了"张进伯伯，一路走好！"的黑色横幅，孩子们眼含泪水整齐地行少先队礼，向张进伯伯告别。此时，路边很多自发前来送别的群众也流下了惜别的泪水。

　　张进参加交警工作32年，党龄22岁，曾被省公安厅记个人一等功，先后在巨化两所学校的大门前护送中小学生交通安全13年。张进的人生既普通又非凡，其先进事迹受到公安部、浙江省公安厅及衢州市委多位领导的批示肯定，2014年5月13日，公安部追授张进同志全国公安系统二级英雄模范称号。

　　张进的一生有大半辈子都在从事交警工作。32年前，他从巨化集团公司保卫处转岗到衢州市交警支队花园中队，从此，马路就成了他的岗位，张进在这个岗位一站就是13年。最初，张进的"护学岗"工作是在巨化第四小学的门口，2006年，他又来到巨化第一小学门口护学。

在巨化第一小学，张进有一间办公室。8年来，他每天早上6点前到校，不仅站好自己的"护学岗"，还会打开办公楼的铁门，到食堂帮老师们打好开水，做好迎接师生入校的准备工作，然后穿上交警服，站在校门口，开始迎接陆陆续续到校的学生。早高峰期间，学校门口的路很堵，家长的车子不能长时间停在路上，很多学生家长会把孩子送到校门口路边，等孩子下车后就驶离这里。因为他们知道张进伯伯一定会牵起孩子们的手将他们护送至安全地点。

张进每天有三个护学时间段：从早上6时30分到晚上7时40分；下午3时到4时30分；还有中午放学，张进也要赶来为20多个回家吃中饭的学生站一站岗。这三个时间段，正好也是巨化职工上下班的高峰。张进不仅要保证巨化一小的学生上学放学期间的交通安全，还要抽空跑到对面百多米外的文昌幼儿园指挥交通，确保校园及周边道路有序畅通。在衢化交通最繁忙的文昌路上，人们已经习惯看到一身警服的张进每天不停地来回奔忙。

在张进护学的13年间，巨化四小和一小，从没出现过一起重大道路交通安全事故，十多年里，累计近五千名孩子在他的护送下茁壮成长。

然而2014年3月15日，张进自己却因一场车祸离开了人世。

张进去世后，巨化一小举行了全校悼念张进的主题班会。"从我一年级起，我就已经习惯，牵着您温暖的大手过马路，不再惧怕，川流的车辆"，"可是今天，我到处张望，您，到哪儿去了？""我好想再牵着您温暖的大手一起过马路，我好想再看看您微笑的脸庞，轻轻地抱抱您。我好想再听听您亲切的声音，对您说声谢谢！"悼念诗歌《好想，再牵着您温暖的大手》表达出了学生们对张进伯伯发自肺腑的思念之情。

衢化当地的群众也在第一时间前往张进的灵堂吊唁，也有很多人特意从外地赶回来，为的就是在他的遗像前烧上一炷香，表达自己的敬意。

张进去世后，顶替他上岗的民警刚到巨化一小门口执勤，一些学生就习惯性地去拉起他的手，这一习惯性动作是长久以来学生们对张进伯伯的信任，也是张进留给学生们的爱的传递。

衢州市公安局交警支队联合宣传、教育等部门，在巨化一小校门前设立了"张进爱心护学岗"，接力维持交通秩序，继续保证学生上学放学时能平安过马路。由学生家长自发组成的"爱心妈妈"志愿者队伍，也积极主动地加入"护学岗"的工作中。

"张进爱心护学岗"的社会影响也很快扩大，现在，衢州市辖区小学、幼稚园全部开启了"爱心护路"的暖心活动，"最美交警"张进对学生的爱和守护，在爱心"护学岗"中传递下去，温暖着孩子们的"平安路"。

延伸阅读

沈吟，杨振华，毛华届，柴子峰：《甘化春泥更护花——追记连续 13 年守护学生交通安全的衢州交警张进》，《浙江日报》2014年 3 月 22 日。

执笔人：刘畅

廖美娣：
大山里的"120"

"身体不舒服，去找美娣来。"

"美娣，去城里能帮我买点药吗？"

"美娣，家里老人突然生病，我回不去，你现在可以出诊吗？"

"美娣，我在外地，请问我母亲目前病情有好转吗？"

……

"你拨打的电话暂时无人接听。"

……

"美娣……"

"美娣没了，太可惜了……"

美娣全名廖美娣，是衢江区岭洋乡卫生院院长，也是土生土长的岭洋人。守护山乡，是她从小的志愿。1990年，廖美娣从衢县卫生进修学校毕业，在原乌溪江片白坞口乡卫生院工作一年后，选择调往更偏远的岭洋乡卫生院，从此扎根基层，以"小我"成就"大我"，化作一份坚守——扎根山乡医疗卫生事业32年。

廖美娣，最美乡村医生，扎根山村 32 年，无怨无悔奉献一生。

　　32 年间，她从一名普通护士成长为卫生院院长，她为乡亲看病送药，踏遍了岭洋乡的山山水水，也走入了当地村民的心中——她守望着这 154 平方公里的 11 个村。在岭洋乡村民心里，她不仅是个好医生，更亲如家人。村民说："美娣就是岭洋的'120'。"岭洋乡家家户户的墙上都贴有她的手机号码，遇到困难只要拨打她的电话，所求必有应，比"120"还"120"。

　　岭洋乡地处衢江乌溪江库区上游，大山深处，位置偏远，处于衢江、江山、遂昌三地交界处，"山路九九八十一个弯，山道七七四十九道梁"形象地道出了当地山路曲折、崎岖多弯的地理环境。从衢州市区开车到岭洋乡需要走 2 个多小时的山路，而岭洋乡全乡约 1700 名常住人口中有 1500 余名老人，他们到市区医院看病很不方便。为了方便群众就医，廖美娣特意制作了卫生院联系单，乡里 60 岁以上村民家的墙上，几乎都贴着联系单。群众身体不舒服，特别是突发疾病的时候，脑海中的第一反应就是"找美娣"。

　　村民张名仓父亲已经去世，但他至今仍记得美娣帮他父亲看病的点点滴滴。他父亲生前患肝硬化多年，美娣是父亲最信任的人，只要父亲身体不舒服，就让他"找美娣"。廖美娣有求必应，从不会拒绝，每次她都要走 40 余分钟的山路才能从卫生院赶到张名仓家。哪怕是深夜向她求助，廖美娣也毫不迟疑，拿起事先准备好的手电筒，背上药箱就出发了。由于山路崎岖，有的路段无法开车，她只能下车，背着药箱步行，她说：病情不等人，患者第一位。

　　除了充当村民看病的"120"，廖美娣还是村民的"送药员"。她说："村民出趟门不容易，我多走几步路，他们就轻松点。"所以，每次进城前，她总要特地问问身患慢性病的乡亲们，是否需要她从城里带药。在她随身携带的手提包里，至今还存放着很多帮村民配药的单据。65 岁的李玉清就是众多受助村民中的一员，多年来"帮李玉清买药"也成了廖美娣额外承担的"分内事"。

32 个春秋，卫生院的人员不断更换，调动频繁，但廖美娣是始终都在的那一个。不是她不想走出大山，也不是她不想给家人提供更好的生活环境，只是她心里装着村民，不舍那份"不是亲人却胜似亲人"的牵挂，毅然坚守在这里。

2022 年 7 月 15 日清晨，美娣正在卫生院值班时，突发心肌梗死，牺牲在了工作岗位上。32 年的付出，32 年的坚持，32 年的守望，美娣永远离开了我们，乡亲们在无尽的悲伤和思念中悼念着"大山的女儿"。

大山寂静，乌溪江呜咽。美娣虽然走了，但她的精神，似乎化作了一束温暖的光，继续点亮着山乡的每一个角落……8 月 3 日，乌溪江库区衢江区岭洋乡的村民们，以及廖美娣生前的至爱亲朋，顶着高温酷暑，赶了 120 多公里路，到殡仪馆送别……当廖美娣的家人捧着她的骨灰回到家乡时，路旁送行的群众失声痛哭，如注的泪水饱含着对美娣的依依不舍。百姓会永远记得这位扎根山区、辛勤工作的健康"守门人"！

32 年的坚持，32 年的守望，美娣用心用情照顾着山乡百姓的健康，用生命诠释了一名共产党员全心全意为人民服务的宗旨。她心系群众，扎根基层。她将对群众的真情根植于心底，无私奉献，用实际行动践行了一名共产党员对党和人民的无穷大爱，用一生的奉献诠释了一名共产党员对基层工作的无穷热爱。

她，来了，村民们哭了，因为他们有了一个好女儿。

她，走了，村民们又哭了，因为他们离不开她。

廖美娣，大山的女儿，了不起的坚守！

2022 年 8 月，浙江省妇联下发了《关于追授廖美娣同志浙江省三八红旗手称号的决定》，2022年9月，由省委宣传部和浙报集团联合推出的"浙江好人榜"2022年第三季度名单揭晓，衢江"大山天使"廖美娣入选"敬业奉献"名单。

　　所有的伟大都是平凡的人在平凡岗位上的每一天，全力以赴地奋斗、奉献。廖美娣医生就是这样平凡而伟大的人！她是习近平新时代中国特色社会主义思想的模范践行者，是在党的教育指引下成长起来的优秀女性代表，是不忘初心、牢记使命、扎根基层、无私奉献的女干部的缩影。她把对党和人民的忠诚和热爱牢记在心中、落实在行动上，把一生奉献给了山乡医疗卫生事业，以实际行动诠释了共产党人的责任和担当。

延伸阅读

　　于山，周志贤，丰莉莎：《美娣，大山永远记住你——追记衢州市衢江区岭洋乡卫生院院长廖美娣》，《浙江日报》2022年8月4日。

执笔人：敬坤

林翠娥：
赓续红色基因的"义务讲解员"

在浙江省开化县何田乡柴家村福岭山，有一位特别的"义务讲解员"林翠娥，这位历经了新旧两个社会、饱经风霜的老人牢牢扎根在中共浙皖特委旧址，将红军留下的老物件如数家珍般地介绍给前来参观的游客，将她所经历的红色故事讲述给人们听，十年如一日，听众已经超过 10 万人次。现如今老人已 90 多岁高龄，但她依然执着而孤单地坚守在此，把曾经发生在这片革命热土上的红色故事传播到大山外面。

福岭山是革命圣地，在这里曾演绎过许多威武雄壮的革命史诗。1936 年 8 月，开化福岭山成立了隶属中共皖浙赣省委的浙皖特委，这是衢州地区第一个地市级党组织，赵礼生任特委书记，邱老金任常委。与此同时还成立了中共开化县委、开化县苏维埃，是当时南方九省坚持斗争时间最久的红色根据地。

相关历史资料记载，当时福岭山共有 29 户 107 人，参加革命的有 29 人，牺牲 11 人。这片土地孕育着红色火种，流淌着红色血脉。福岭山现保存下来的中共浙皖特委旧址为两层砖木结构，坐西朝东，徽派风格，面阔三间，进深两间，占地面积约90平方米。厅堂正上方挂着浙江原省委书记铁瑛书写的"中共浙皖特委旧址"牌匾，下方悬挂着赵礼生和邱老金两位革命先烈的画像。

林翠娥出生于开化县马金镇，家境颇为殷实。在镇上开染坊的父亲思想开明，并没有重男轻女的思想，到了学龄就把林翠娥送进了学堂。林翠娥成为当时镇上少有的女学生，她在学会识文写字的同时逐渐接触革命进步思想。1953 年，25 岁的林翠娥嫁给了从部队复员归来就职于马金邮电所的青年江光银，二人婚后育有 6 个子女。嫁到福岭山的林翠娥自此再未离开过中共浙皖特委旧址的老房子，这栋革命老宅见证了林翠娥的过往岁月，也承载着她内心的红色情结。

福岭山是革命老区，革命斗争往事早已成为村民们心中的红色记忆，也深深流淌在林翠娥血液里。传承红色基因，传播红色故事已成为林翠娥一家的情结。最早，林翠娥的三伯负责讲解中共浙皖特委旧址。三伯去世后，村里请林翠娥负责看护房子。林翠娥便把革命旧址视为自己的家，精心守护着这里的一草一木、一砖一瓦，把对革命先烈的崇敬之情倾注在日常守护之中。"这些抗战英雄的故事以前就听婆婆和丈夫说起过，我也牢牢记在了心中。"负责看护房子的林翠娥慢慢为游客讲起了红色故事。

清晨，当第一缕阳光透射在美丽的浙西大地上时，伴着早上 6 点的钟声，林翠娥准时打开老宅大门，开始忙碌的一天，扫地、擦净板壁柱子、烧开水，期待着天南地北的游客……，每次接待游客前，老人把自己也整理得干干净净，以表达对客人的尊重，对红军先烈的感恩和敬意。每逢节假日，是参观中共浙皖特委旧址的高峰期，林翠娥也特别忙碌，她一边招呼着游客，给他们泡茶水，一边为大家讲述着革命的红色故事。在林翠娥的

"家"里，她用心招待每一位游客。无论来的是一个人还是一批人，她都用心讲解，从不敷衍。

如果把林翠娥守护革命旧址和宣讲红色故事比作一个圆，那么守护革命旧址就是圆心，而宣讲红色故事就是由无数条半径组成的圆周。林翠娥曾经上过学、教过书，有一定的文化基础，但面对众多游客，在刚开始讲解红色故事时还有些不适应。尽管林翠娥讲得很详细，但还是不能最大程度吸引大家的注意。林翠娥慢慢摸索，不断改善讲解方法，将婆婆和丈夫曾说起过的抗战英雄故事与革命历史有机结合，很快就将红色故事讲得扣人心弦，感人肺腑了。

自 1983 年民政部门在福岭山恢复中共浙皖特委旧址以来，林翠娥给前来瞻仰的游客义务宣讲发生在这里的红色事迹达 300 多次，从而由一名普通农村妇女转变为红色旧址的"义务守护者"、中共党史的"义务讲解员"。2021 年建党百年之际，林翠娥郑重地向党组织递交了入党申请书。2022 年"七一"前夕，这位耄耋老人终于如愿以偿，加入中国共产党，成为一名光荣的"90 后"党员，她说："我经历过新旧两个社会，通过对比，我深深地感受到，没有共产党，就没有新中国。"

40 年来，无论烈日酷暑还是风霜雨雪，这位老人都会准时出现在旧址的陈列室，不取一文地为大家当好义务讲解员、管理好红色旧址。守护革命旧址、讲述红色故事、传承红色基因不仅成为林翠娥生命的重要组成部分，更被她视为无比崇高的神圣使命。她说，福岭山是红军战斗过的地方，这里的红色故事，自己会一直讲下去，直到走不动、讲不动为止。

考察点

浙江省开化县何田乡中共浙皖特委旧址

延伸阅读

1. 郑梦雨：《"红色守候"一辈子，九旬"守宅奶奶"义务讲党史传火种》，新华每日电讯 2021 年 5 月 13 日。

2. 沈吟，钱关键：《这位新党员，今年九十三》，《浙江日报》2022 年 7 月 1 日。

执笔人：张立平

毛师花：
"早餐奶奶"

在浙江省衢州市黄坛口村，"毛师花"这个名字可能有人不知道，但是一提起"早餐奶奶"，每个人都耳熟能详。从 1991 年开始，无论是刮风下雨，还是天朗气清，她总是准时出现在村桥头，为来往的人们提供爱心早餐。无论是南来北往的工人，还是去学校上课的学生，她的早餐价格定在每份 0.5 元：粽子 5 毛一个，糯米粿 5 毛一个，鸡蛋饼 5 毛一个，豆浆 5 毛一袋……这个价格，一坚持就是 30 年。30 年如一日的善举，传递着朴素的仁爱关怀，也感动着全国网友，她的早餐被称赞为"最便宜的早餐"，也被誉为"掺了良心的早餐"。

众所周知，物价不断上涨，租金和劳动力成本也一路上扬……一切都在水涨船高，如果要求商户继续保持几十年前的价格，他们也确实没有利润空间，生意难以维持下去。但是，"早餐奶奶"的早餐 30 年不涨价，她经营的秘诀在哪里？她用 30 年的每一个清晨解答了市场经济体制下最复杂的一道经济学难题，答案是：以良心为秤，以爱心为尺。理由很质朴，语言很简单："学生们很可怜，尤其山上的孩子们，他们的钱不多，所以我不涨价。"

以次充好，以劣充优，这似乎是早餐便宜最常见的原因。而在此处，事实并非如此，毛师花的早餐虽然每样只卖五毛钱，但都是真材实料，豆浆都是当天现磨现煮的，粽子、糯米粿的肉馅儿也是实打实的新鲜肉。这么多年来，毛师花卖早餐不是为了赚钱，是为了让从山里赶来上学的孩子吃得好、吃饱，不饿肚子上课，为此她将自己每月一千多元的抚恤金也贴了进去。"亏本生意"的爱心效应远非金钱所能度量。一个个鸡蛋、一个个粽子、一袋袋豆浆、化成爱心，从这里传开。

一代人有一代人的记忆，然而，毛师花留下的却是几代人的记忆。一个早餐摊，她用仁爱之心，守护几十年；一张价格表，不变的不仅是数字，更是一份温情。随着社会经济的快速发展，物价也在不断上涨，毛师花老人坚守"早餐不涨价"的信念，以"每样5毛"的良心价温暖身边每一个人。她的事迹一经报道，立即在全国各地引起了极大反响。新华社、《人民日报》、《浙江日报》、浙江卫视、江西卫视、辽宁卫视、山东卫视等国内主流媒体对她的事迹进行了专题报道，《浙江日报》连续刊发《掺了良心的早餐》《用什么感谢卖早饭的奶奶》等两篇评论，对"早餐奶奶"进行了高度赞扬。越来越多的人被这位"早餐奶奶"至诚至善的精神打动。2016年，"早餐奶奶"毛师花荣获衢江区第四届"十大爱心模范"提名奖，被评为2016年度"最美浙江人"，登上了"中国好人榜"。2017年，她荣获第六届全国道德模范提名奖，浙江省第五届道德模范（诚实守信模范），"最美衢州人"。2018年，毛师花被中央宣传部、国家发展和改革委员会授予"诚信之星"荣誉称号。

如今，毛师花年岁渐高，身体已不允许她过度劳累，但早餐摊却已成为她放不下的牵挂。"早餐奶奶"用自己的一片赤诚之心赢得了全村，甚至是全国人民的尊重，然而她却只是说"我只是做了一件小事"，并坚定地表示，会将这个早点摊一直开到自己做不动的那一天。

对于商人，"早餐奶奶"带来最大的启示就是：不能要求所有商家在"良心价"上与老奶奶看齐，但应该在"良心"上与老奶奶看齐。"早餐奶奶"用最朴实的爱温暖着一批又一批的学子，用实际行动为我们树立了道德榜样。

延伸阅读

《"早餐奶奶"毛师花：只卖五毛的珍贵早餐》，央广网 2018 年 12 月 21 日。

执笔人：张立平

范匡夫：
清正廉洁，一身正气的好干部

范匡夫，浙江省军区原副政委，2002 年被授予少将军衔，这位全国英模曾说："领导干部保持清廉，要过的关很多，但不管是这个关，还是那个关，核心问题是如何过好权力关。权力是把双刃剑，它能使人高尚，也能使人堕落；能成就一个人，也能毁掉一个人。共产党人权力的天平，任何时候都不能失衡。"

范匡夫把"百姓高兴不高兴，群众赞成不赞成，人民满意不满意"作为从政的起点和归宿，坚持严格按党性原则用权办事，注意从点滴小事严格律己。官兵们说他一尘不染，称得上是真正的共产党人。

1999 年时，范匡夫在金华军分区工作。铁面无私是他留给在金华军分区同事的深刻印象；在他那里，不管是谁想通过送礼达到个人目的都是行不通的。听说军分区要建专武干部培训基地，一位地方工程队老板专门到范匡夫家里拜访他，走的时候留下了一个装有 1 万元现金的红包。这个红包让范匡夫很不自在，马上拉下脸当面退回了红包。工程队老板走了以后，他马上要求后勤部部长坚决取消像这样搞歪门邪道的人的投标资格。

范匡夫对自己也严格要求，不搞特殊待遇，他说，"如果热衷于交际应酬，陷入庸俗关系的泥淖，思想道德就可能滑坡，权力就有用错地方的危险"。到基层工作时，他吃住都与基层人员在一起，用餐就在对方单位食堂里解决，甚至还和驾驶员住一个房间，绝不接受对方的超标准接待。在工作中，范匡夫从未占用过公家一件物品，报销过自己的开销，连每年春天给老首长寄春茶的快递费都是自己支付的。在生活中，范匡夫也严格要求自己的家人，大女儿结婚时他将酒席简单地办在招待所。酒席一结束，他就马上按照实际价格去结了账。

范匡夫说：现在群众看我们领导干部廉洁不廉洁，除了看你本人做得怎么样，还要看你对家庭成员要求怎么样。你严格要求家庭成员，群众也相信你，家风连着党风。家中有人做了高官，亲戚朋友总应该得到一些照顾，这是许多人都会有的思想，范匡夫身边也有人有这样的想法。范匡夫却明确告诉他们："共产党的官，只能为党的事业服务；假如为自己谋私利、徇私情，那就不姓'共'了。"他弟弟曾多次向他表示想请他把他在河南当兵的侄子调到离家比较近的地方来，但是每一次得到的都是拒绝的回复。不得已，他弟弟请来 88 岁的老父亲找范匡夫，他父亲在病中从老家赶到金华来找他，要求范匡夫把侄子调回来。面对思念孙子的老父亲，范匡夫依然没有松口，却深情地对父亲说："您让我用手中的权力为自己办事，那我今后在部队说话就不响了，腰杆子也硬不起来了。"范匡夫坚持家风连着党风，亲情不能高于原则，对家人的关心和照顾不能违反政策规定。因此，他的子侄辈 14 人，大都在农村，并没有一个人得到范匡夫的特殊照顾。

范匡夫在浙江省也算是知名人物，然而生活中的范匡夫却跟普通人没什么两样。虽身负军职，却十分喜欢穿便装，不认识他的人会以为这就是位平常的老伯。出差开会或者办事的时候，他也不会对饮食有特别的要求，经常会随意找个小餐馆，吃点东西就继续进行下一项工作。

延伸阅读

　　汪成明：《两袖清风　一身正气》，《浙江日报》2008年9月5日。

执笔人：刘畅

黄荷凤：
心系家乡的中科院院士

　　黄荷凤是中国妇产科领域的第二位院士。为了填补衢州生殖医学中心的空白，她将自己唯一的院士工作站建在了衢州，为衢州的生殖医学带来了新的生机。2022 年 2 月 8 日，在四省边际中心医院（衢州市人民医院）举行了中国科学院院士、英国皇家妇产科学院荣誉院士、发展中国家科学院院士黄荷凤院士工作站签约仪式。

　　"我是常山人，是标准的衢州地区人，我想用所学的知识为家乡的人民服务……"在当天的专访中，黄荷凤院士这样向家乡深情告白。

　　常山，不仅养育了黄荷凤，更承载着她的锦瑟年华。在黄荷凤幼年时期，父母就带着她来到衢州市常山县生活和学习。她在常山完成了幼儿园、小学、初中和高中阶段的教育。从懵懂童年到青春韶华，常山对黄荷凤而言是名副其实的第二故乡。

　　1976 年，她高中毕业，便放弃了留城的机会，主动报名下乡插队。正是这段难忘的成长岁月，让她明白了一个人的学习并不一定只是发生在学校，关键是看怎么学以致用。生活处处有学问！刚插队的时候，由于黄荷凤身体柔弱，力气较小，村民们把记工分的事情交给她做，她巧妙地运用科学方法制作工分表格，将复杂的工作简单化；她还使用巧劲，用最科学的方法插秧，秧插得又快又整齐，不输那些有经验的农民。发生在农村点点滴滴的小事还有很多，包括处理被蚂蟥叮咬的情况，避免喷农药中毒，以及当播音员和记者时的经历，等等，黄荷凤用脚丈量大地，用乐观自信融入农村生活，展现了个人魅力和人生智慧。

1977 年，当全国高考恢复的消息传来时，黄荷凤正在常山县一所民办中学里当代课老师。她的心里又惊又喜：终于有机会实现自己的"大学梦"了！她十分激动地从床底下把书找出来，开始全力以赴地复习。但是只有 40 多天的复习时间，那时候她白天教书上课，晚上熬夜备考。由于时间紧张，备考压力大，她每天上下班路上都在疯狂背书，满脑子全是公式，以至于路上有人跟她打招呼，她都"看不到"也"听不到"。在备战高考的过程中，黄荷凤也感受了不少人间温暖，比如民办学校的老师们帮她代课、生产队提供了物质帮助、乡里乡亲为她开小灶等等。后来，黄荷凤在她的高考作文题《路》中表达了自己虽然身处偏远农村，但心境却越来越开阔的感受。可以说，常山，对黄荷凤人生观、世界观和价值观的形成产生了重要影响。

黄荷凤最终考入了当时的浙江医科大学。她去上大学时，父亲没有亲自送她到学校，只为她手绘了一张"报到指引地图"——上面详细标注了她需要在何时到达哪个地点，并绘制了从一个地方到另一个地方的路线，包括每个步骤的详细说明。多年来，黄荷凤一直珍藏着这份地图，因为正是这张地图教会了她独立自主，而且父亲的爱也都深藏在这张地图里。这种独立的精神一直影响着黄荷凤。在选择大学专业时，她没有盲从大流，人云亦云地选择当时所谓的热门专业，而是坚定地选择了妇产科专业，开启了对生命和医学的探索之旅。

在那个年代，绝大多数临床医学系的学生们都不会选择妇产科专业，因为很多人觉得妇产科就如同古代的接生婆，甚至还流传着这样一句话——"辛辛苦苦妇产科"。让黄荷凤坚定地选择妇产科的原因是她在见习中遇到的一件事。她毕业后在浙江一家地区级医院见习时，医院来了一位病情危急的产妇，因为胎盘早剥，胎儿和大人都命悬一线。在医生紧张的抢救下，这名母亲的子宫得以保全。就在大家为孩子担忧，认为他可能保不住时，他闭着小眼睛，张大嘴巴，"哇"的一声哭了。"那一声清脆的婴儿啼哭声真真切切触动了我的心，仿佛命中注定是来'点化'我的。"这场抢救两个生命的见习经历让黄荷凤印象十分深刻。就这样，她毅然选择了临床医学中最苦最累的妇产科作为自己的终身职业，这一干就是近 40 年。

在妇产科辛勤耕耘的近 40 年里，黄荷凤从年轻的见习医生，到如今著名的生殖医学和生殖遗传学专家，她成了不孕不育患者口中的"送子观音"，创造新生命的"科学家妈妈"，给无数家庭点燃了心中的希望。与此同时，她还获得了国家科技进步奖二等奖，省部级一等奖等一系列奖项，荣获了"白求恩式好医生""林巧稚杯·妇产科好医生"等荣誉称号。"医学技术的任何一个改变，都能让生命发生神奇改变。"凭借着对这个职业的热爱，独立自强的黄荷凤院士始终牢记自己的初心，始终站在妇产科工作的第一线，和她的研究团队在生殖技术上作出持续创新与突破，使中国的生殖医学事业在国际上处于领先地位。

无论走得多远，衢州始终是黄荷凤一直惦记着的家乡。在她心里，家乡就是自己的根，她对这片故土有着十分深厚的感情，她说："这方水土养育了我，有机会我会义不容辞地为家乡做贡献。""常山的患者如果有需求，可以随时来找我。"这些年来，黄荷凤经常到常山县人民医院坐诊、查房，她团队里的 8 名医生也先后驻扎在常山。在她的带领下，常山县人民医院不孕不育症的诊治流程得以规范，学科水平也得到了显著提升，20 余对不孕不育夫妇实现了"父母梦"。如今，黄荷凤院士将自己唯一的院士工作站点设在衢州，是希望能进一步在这里发挥自己的能量，贡献自己的智慧，力求在生殖医学中心的建设过程中，让衢州的生殖医学后来者居上，进一步满足衢州及四省边际地区群众的就医需求。对此，黄荷凤院士说，签约之后，衢州市人民医院将会在前期的正式准入、科研管理、预实验等各环节和各方面得到她团队的精准引导和帮扶，且每星期都会有一批专家来衢州坐诊。

桑梓情深，作为一名衢州乡贤，黄荷凤院士这一生献身医学，以实际行动、用专业技能反哺着家乡。这份执着与奉献透露出其对家乡真挚而深厚的感情。

延伸阅读

1. 汪晨云：《黄荷凤：用专业技能反哺家乡》，《衢州晚报》2022年 1 月 24 日。

2. 周芸：《我将唯一的院士工作站建在衢州　因为我的成长从这里开始》，《衢州日报》2023 年 3 月 8 日。

执笔人：伍立志

柴方光：
孝老爱亲好男儿

柴方光，是浙江华电乌溪江水力发电厂职工。1978年参加工作以来，他一直在生产第一线工作，曾获中国华电集团公司第二届道德模范、浙江省直机关第四届道德模范、第五届浙江省道德模范称号，第六届全国道德模范提名奖。

"南孔圣地·衢州有礼"，衢州深受儒家文化影响，传承着孝老爱亲的中华民族传统美德。受"宁违荣而不违亲"的孝亲文化影响，在父母言传身教下，柴方光从小就把孝老爱亲的思想渗透到了他的价值观和行为中。他和家人相亲相爱，和谐温馨。

1991年，柴方光95岁的外婆因年老体衰，长期卧床，他和姐妹们轮流照顾老人。为了能够更好地照顾从小带他长大的外婆，柴方光搭了一张小床陪护在外婆身旁，随叫随到，贴心照顾。外婆需要什么，他也是尽量满足。那时，衢州经济还不发达，交通也不便利，为了给外婆买条电热毯，他专门去了一趟杭州。他陪伴了外婆五年，直到老人去世。

2001年，柴方光的父亲中风瘫痪在床，他又承担起照顾父亲的责任。都说久病床前无孝子，但柴方光每天都做着大量日常工作：为父亲擦身、换洗衣物、换纸尿裤，还要注意勤给父亲翻身、防止生褥疮……每到周末，他都会为父亲洗澡，让父亲干干净净的。为瘫痪在床的病人洗澡是一件很吃力的事，柴方光为避免父亲着凉感冒，总是很细心地先准备好洗澡水，调试好室内温度，然后再抱着父亲来到浴室。洗好后，他帮父亲穿好衣服，又抱着他回到床上。每次给父亲洗完澡，他自己也全身湿透了。他的努力仍然没有留住父亲，2008 年父亲去世了，更为遗憾的是，因为忙于工作，他未能陪伴父亲走完人生的最后一程。

2011 年，不幸的事再次发生，柴方光的妻子得了肺癌。为了救治妻子，他四处寻医问药，积极配合医生为妻子治疗。在他的精心照护下，妻子病情有所好转，生活恢复自理。然而，一年后，希望再次破灭，妻子病情迅速恶化，癌细胞扩散到了脑部，已经到了晚期，没有办法治愈，医生判断可能只有 3 到 6 个月的存活期。"26 年夫妻，怎能舍得她离我而去？"柴方光内心痛苦万分，尽管他不愿相信，但是他不得不面对命运的坎坷，于是他再一次承担了所有的重任，与妻子一起跟癌细胞战斗。此后，每天清晨，柴方光早早起床洗衣、买菜、做饭，再忙也不会忘记为妻子煎药；在单位工作一天回到家后，他仍要为妻子洗脸、泡脚、按摩；只要空了，他就会跟妻子说说话，替妻子排解忧愁。"我作为她的丈夫，这是我应该做的事情，是我必须担起的责任，"他说，"只要她活着一天，就要让她快乐一天。"柴方光精心陪伴、细心照护妻子，用爱与亲情成功拖住了病魔的脚步，被医生判定最多活半年的妻子生命延长至 5 年，2016 年他的妻子平静离世。

柴方光用付出与担当，在平凡的生活里演绎着夫妻间不平凡的爱。为了不影响工作，在妻子患病期间，柴方光一边安排照顾好妻子，一边又奋斗在设备检修和技改的第一线。他创造的以红外线测温方法查找缺陷线棒的方法，准确、简便、快捷地解决了技术难题。他带领的试验班QC小组，成为全国优秀质量管理小组。经他介绍入党的吴志勇说："在柴方光身上，我学到了人生应该具备的对工作的态度、对生活的态度。"

二十多年的岁月，柴方光一直"奔跑"在孝老爱亲的"马拉松"路上，传承着孝老爱亲的传统美德。在领导和同事眼里，即便晚上要辛苦照顾病人，但是只要是他的工作，他都会克服困难，保质保量地完成。二十余年孝老爱亲的同时，他始终活跃在生产现场，带领班组攻坚克难，严把安全质量关，成为优秀的专业技术带头人。柴方光的言行是身边人的榜样，他的儿子也以他为荣，同事则说："在老柴身上，我学到了对亲人的态度、对工作的态度、对生活的态度、对人生的态度！"

二十五年的岁月，二十五年的坚持，柴方光用孝老爱亲的深情，书写着生命的光辉，在这场"马拉松"中，他先后照顾了卧床的外婆、中风的父亲、患肺癌的妻子，用爱和付出创造着生命的奇迹，他的孝亲之花，一定能在浙西大地上盛开。

延伸阅读

1. 俞琪：《一场守护亲人的亲情"马拉松"》，《浙江老年报》2018年6月29日。

2.《德耀中华·第六届全国道德模范候选人事迹（下）》，《光明日报》2017年7月25日。

执笔人：敬坤

徐成正：
绝活飞饼舞银光

2006 年，在徐成正的努力下，"邵永丰"荣获国家首批"中华老字号"称号，是衢州市唯一的一家获此荣誉的企业。2021年，在第五批国家级非物质文化遗产代表性项目名录中也有一个新名字——邵永丰麻饼制作技艺。说到邵永丰麻饼，我们可能立马想到的就是徐成正师傅的名字，他多年来保持着淡泊与宁静，一直坚守着自己的那份非遗传承的初心，守护、传承着这一传统技艺。

初中毕业以后，只有 17 岁的徐成正进入了当时的衢州邵永丰面饼店，从零做起，开启了学习制作胡麻饼的生涯。经历 6 年的汗与泪，他掌握了整套麻饼制作技艺，将邵永丰面饼店三位老师傅的一手胡麻饼技艺学得精透。在麻饼的整个制作过程中，徐成正借助抽板、麻匾、米筛三大工具，在麻饼上麻时展现出饼手分离、空中翻饼上麻的绝技。麻饼制作过程中最精彩也是最难的一个环节便是上麻。上麻的时候，簸箕中 30 只麻饼完全不依靠手动摆放，在饼旋转和空翻时会自然地按规律排列，均保持正六边形，不仅观赏性高，而且具有计数功能。30只小饼在正面粘上芝麻后，又被整体抛起，在空中翻转几圈后再回到簸箕中，让另一面的饼粘上芝麻。令人惊讶的是，饼加簸箕的重量有5斤左右，而徐成正一天的翻饼量更是达到500余次，他的手臂不知承受了多少的疼痛与酸软，手中的血泡也不知道被磨平了多少次，如今他的这双手掌，更是已经布满了老茧、肉钉。

2000年，以衢州饮食服务公司改制为契机，徐成正果断抓住机遇，从公司手中买下了传承至今的"邵永丰"牌子，他号召老员工，一起传承这项技艺，由此走上了重振这一品牌的艰辛之路。从摆地摊到租店面，从一个人到十几个工人，徐成正一路走来，倍感艰辛，不仅要风雨无阻地做饼卖饼，还要绞尽脑汁盘活资金。尽管如此，徐成正从来没有放弃过，他一方面四处筹措资金，一方面静下心来研究麻饼制作技艺，改良工艺，发明专利。原先烤麻饼使用的是纯木炭，徐成正用热值高的木屑机制炭烧烤法代替了纯木炭烧法，既环保又降低了成本；同时，他还掌握了麻饼芝麻彩绘技艺，潜心开发新产品，将传统节日与婚嫁祝寿等礼俗融入产品研发，采用天然色素将芝麻染色，根据不同主题要求绘出嫦娥奔月、喜字、寿星等图案，撒上彩色芝麻，将民俗与艺术融合在一起。

"邵永丰麻饼"，还有一个别称"胡麻饼"，这可追溯到唐朝时期，胡麻饼就是由当时的商人传入衢州的。唐代诗人白居易在《寄胡饼与杨万州》中写道："胡麻饼样学京都，面脆油香新出炉，寄与饥馋杨大使，尝看得似辅兴无。"这一首诗也印证了衢州麻饼的千年传承。今天，徐成正师傅经潜心研究，得以让它重新焕发光彩，也让其得以在大众面前绽放出更美的姿态。

如今，越来越多的人注意到了邵永丰麻饼。徐成正认为，作为一个非遗传承人，他最重要的使命不仅是让麻饼的技艺传承下去，还要让更多的人愿意去了解、守护、传承这项技艺。于是，徐成正开始了忙碌地为邵永丰麻饼做宣传，参加各类展会，对接投资项目……经过几年的努力，有关麻饼文化的展览馆和学习麻饼技艺的学校在衢州逐渐建立起来。2007年6月9日，邵永丰麻饼手工技艺博物馆在衢州市区开馆，馆内将麻饼制作的工序及收藏的制作用具一一陈列展示，全面向游客开放。为了让更多人学习了解和传承麻饼技艺，2020年邵永丰麻饼手工技艺博物馆搬迁到衢州市柯城区万田乡邵永丰成正食品有限公司内，全方位展示麻饼制作工艺流程和麻饼所承载的民俗文化。徐成正开展的麻饼制作技能培训，已经传授学员213人，他们学成后开出门店29家。为了确保麻饼质量、加强麻饼制作技艺生产性保护，徐成正又建立了芝麻种植基地。2022年，在原有芝麻种植基地的基础上，又新建芝麻种植基地200亩，带动种植户2035户，为助力乡村振兴，促进地方经济发展发挥了重要作用。不仅如此，徐成正还成立了邵永丰麻饼制作技艺研究所，并成立专班，邀请专家、学者助力，从工艺流程、原材料、口感、品质、包装设计多元化等方面全面提升品牌价值。2018年他们创新设计出"浙式月饼（衢州麻饼）"，并通过浙江食品认证机构审核批准确认。

40余年来，在徐成正的不懈努力下，"邵永丰"品牌先后获得省著名商标、省扶贫龙头企业、中国食品博览会金奖等诸多荣誉。他本人也获得了衢州市首席技师、国家烘焙高级技师、省级非遗代表性传承人等称号。

邵永丰麻饼受到大众的喜爱不仅仅是因为好吃，还因为麻饼中蕴含的历史文化、传颂的故事，以及其散发出的难以忘却的乡愁和思念。正因为此，它在不经意间温暖着我们情感、触动我们心弦，成为大家心中最温柔的牵挂。

徐成正把麻饼技艺做到了极致，也从中体会到了其带来的成就感、幸福感，他把一腔的热血和滚烫的青春都奉献给了"邵永丰"，而他的目标就是打造中华第一饼业品牌，让更多的人体会食物背后所蕴含的情感和乡愁。

徐成正肩负着传承人的使命，依然在前进的道路上奔跑着。

考察点

邵永丰麻饼手工技艺博物馆　衢州市柯城区万田乡张庄村 188 号

延伸阅读

徐成正，汪晨云：《传承手艺带动共同富裕》，《衢州日报》2022 年 1 月 28 日。

执笔人：敬坤

田明庆、王芳：
2020年度全国抗疫先进个人

2020年初，突如其来的新冠疫情迅速蔓延全国，面对来势汹汹的疫情，衢州涌现出一批批勇敢而坚定的"逆行者"。其中，衢州市人民医院内科片主任田明庆和常山县青石镇江家村党支部委员王芳在全国抗击新冠疫情表彰大会上受到了表彰。

"作为一名医生，抗击新冠疫情是我的本职，国家给我这么高的荣誉，是鼓励，也是鞭策。"这段话是田医生的获奖感言，更是他年复一年秉持的工作原则。

早在2003年"非典"肆虐全球的时期，田明庆就曾选择奋战在抗击非典第一线，17年后，新冠疫情来袭，他再度披上战甲奔赴新冠防疫最前线。17年，变化的是时间，不变的是选择。

面对来势汹汹且充满未知的新冠病毒，在核酸检测不能及时满足临床需求的情况下，田明庆带领专家组成员，第一时间对疑似病人进行会诊，在衢州市疫情防控的关键时刻，作出了正确研判，让新冠病毒传染源在第一时间得到确诊并隔离，为全市疫情防控工作争取到了宝贵时间。

疫情期间，县、市、区医生发来的咨询信息填满了田明庆医生的微信、钉钉，日均百条的业务咨询量占据了他的空闲时间。会诊、研判、协调、培训……他如同一个不停歇的陀螺连轴转，始终奋战在抗疫第一线。在办公室、会议室、发热门诊、隔离病房里，我们都能看到他奔波忙碌的身影。如此高强度的工作，让他没有时间陪伴家人，在数以千计的病人面前，他更是无暇照顾刚经历手术的妻子和年迈的父母。生命重于泰山，疫情就是命令！田明庆坚持"以病人为中心"，任劳任怨，用实际行动诠释了一名共产党员应有的担当，一名普通的基层医疗专家应有的责任。

除了奋斗在第一线的医护人员，在背后默默调度、进行乡村疫情防控的常山县青石镇江家村党支部委员王芳也同样值得我们敬佩。

2020年1月23日，再过一天就是除夕了，大家都在准备过新年，可江家村出现了常山县首个确诊病例，江家村及时启动密切接触对象摸排及居家隔离程序。确诊病例是回乡办婚宴的在外务工人员，经过细致排查，本村密切接触者总共94位，其中王芳所负责的第四网格达到48位。

48人要居家隔离14天，又正值春节之际，工作难度可想而知。王芳不仅要负责他们的吃喝拉撒，还要每天早晚两次领着医护人员和疾控专家分别上门测量体温及消毒。严格的防控隔离使得江家村本村人出不去、外村人进不来，村内其他1000多位村民的日常生活保障也成为王芳要负责的工作。"我是网格长，网格里有335户人家，我是大管家啊，我休息了他们有事找谁？"凭着这份责任和担当，王芳一直坚守到卡点撤离的最后一天。

有所为、有所担就是抗疫的最佳"装备"。疫情期间，王芳严格落实上级"到边到角无盲区"的防疫要求，积极作为、勇于担当，每日多次在辖区内巡查，并对密切接触对象耐心劝导，让其严格居家隔离。连续 14 天的高强度工作，王芳的步数超过 30 万步，这每一步，都是守护！她用行动筑起一道"安全墙"，奋力保护村民们的身体健康和生命安全。面对村民们初期的不理解和指责，她始终耐心负责地解释和落实，做好群众的沟通管理工作，到后来，连几个最"顽固"的村民看到她也是心疼地关心道："你就不能歇歇嘛！"

解除隔离后，村子开始设置卡点，王芳的身影仍活跃在一线。巡逻、值守、宣传，哪里有需要，哪里就能看到她风风火火的样子。人手不够时，她还把丈夫也动员到志愿者队伍中，夫妻俩共同奋战在抗疫一线。

王芳忙着村里的事，家里却无法照顾周全。"其实，我挺对不住家人的。疫情最严重的那段时间，我儿子正值高考冲刺期，女儿才 18 个月，父亲因患帕金森病在家休息。虽然就在身边，我却照顾不了他们中的任何一个人。"说到这里，王芳哽咽了。舍小家顾大家，这是绝大部分抗击在疫情一线的医务人员最真实的写照。

其实，像田明庆、王芳这样的人还有很多，他们是衢州抗疫的缩影，他们坚守平凡岗位，甘愿冒着被病毒传染的风险，冲在一线，放弃了和家人团聚的时光，只因他们的名字叫"党员"！他们牢记初心和使命，不叫苦、不喊累、不退缩，勇敢逆行！

延伸阅读

1.《喜报！我院田明庆荣获全国抗疫先进个人》，衢州市人民医院网站 2020 年 9 月 8 日。

2.《全国抗疫先进个人王芳载誉归来！她和乡亲们分享了"北京见闻"》，衢州发布 2020 年 9 月 9 日。

执笔人：伍立志

叶德刚、余雄富：
2021年度全国脱贫攻坚先进个人

千百年来，中国人民一直在和贫困做斗争。摆脱贫困，是广大中华儿女的共同夙愿。在决战脱贫、决胜小康的奋斗历程中，涌现了一大批先进典型和感人事迹。其中，衢州市叶德刚、余雄富2人在全国脱贫攻坚总结表彰大会上受到了表彰。

叶德刚，1999年入党，2017年从部队转业。转业前，他在部队表现优秀，三次进藏驻训，多次参加重大军事任务，先后荣立4次三等功。转业后，他全身心地投入东西部扶贫协作和山海协作工作，担任柯城区物资保障连连长，先后荣获"突出贡献奖"、全国脱贫攻坚先进个人等荣誉。

多年来，叶德刚作为一名退役军人，退伍不褪色，始终将扶贫责任扛在肩上，始终以必胜的心态、打仗的状态投入脱贫攻坚任务中。他乐于吃苦、不怕吃亏，作为柯城区东西部扶贫协作牵头部门的分管负责人，在东西部扶贫协作工作中，他事无巨细，总是亲力亲为，真诚沟通，坚守初心，不改军人本色。

叶德刚几乎是把单位当成了家，却很少有时间陪伴自己的家人。2019 年底，单位人手不够，东西部扶贫工作年度考核又正值关键时期，他收到了患肺癌母亲的病危通知书，两难间他"舍小家为大家"，强忍悲痛坚持在工作岗位上。即使多次到北川出差，他也没有利用工作时间回距离北川只有不到 2 小时车程的老家看看，只是在母亲去世后才请假回家了几天……他几乎是把全部的精力都投入了他热爱的工作岗位上。

在叶德刚的心中，"北川事无小事"，只要北川有事，他必定全力以赴。2020 年的夏天，四川省北川羌族自治县持续遭遇特大暴雨突袭，洪灾造成数千人失去家园。接到灾情通知后，叶德刚第一时间向上级领导反映了此情况，并建议立即开展募捐活动以帮助受灾群众早日渡过难关。叶德刚的执行能力和组织号召能力都特别强，通过他的连续作战，不到 24 小时，满载着柯城对北川深厚情谊的救灾物资就第一时间抵达了受灾现场。这充分体现了在重大攻坚任务当中和重大灾情面前一名扶贫工作人员的强大动员能力。

2021 年叶德刚在人民大会堂接受表彰后回衢途中接到了衢州记者的采访连线，他深情地说道："党和国家给了我如此厚重的荣誉，让我感到身上沉甸甸的责任。我一定会更加努力工作，把青春和汗水洒在祖国和人民最需要的地方。"

开化县大溪边乡上安村党支部书记、村委会主任余雄富也激动地表示，成为全国脱贫攻坚先进个人是一份荣耀，更是一份责任和动力。

余雄富在没成为一名基层干部之前，一直在外创业，每年通过销售开化龙顶名茶就有 15 万元的收入。在此期间他一直关心着村里的发展和建设，并多次主动回村帮忙解决问题。很多村民都非常希望他回家发展。2008 年，余雄富毅然放下已经顺风顺水的茶叶生意回到了村里，并竞选上了村两委干部。

上任伊始，余雄富才知道村干部难当、当家人难做。上安村位于开化县最偏远的大溪边乡，是当时浙江省重点贫困村，全村仅有的 500 亩梯田，山高坡陡，缺水易旱。因此，外出打工的村民很多，村里土地抛荒现象也十分严重。

通过 7 年"屡败屡战"的积极探索，余雄富分析村庄区位、土地、劳动力等资源，寻求科研院所专家帮助，化劣势为优势，转潜力为活力，成功打开了边远山区农村的低收入农户脱贫奔小康的道路。2015 年，在余雄富的带领下，村民们第一次尝到了红高粱丰收的喜悦。随后，村民们决定将村子里所有的梯田全部种上红高粱。在余雄富和村民们的齐心协力的奋斗中，上安村最终实现了"家家户户种高粱，人人都有高收入"的美好目标。与此同时，多年来的农村土地抛荒难题也一并得到了有效解决。

不满足于一个村的富裕，余雄富还积极带领周边村子共同发展，亲自指导和派出能手外出指导周边村民。除了促进大溪边乡的发展，他还总结提炼出了乡村振兴的"上安模式"，并将上安村的发展经验推广到了全国。

作为一名来自基层的普通干部，余雄富自 2008 年上任以来，深入践行"绿水青山就是金山银山"理念，创造性地发展了"红高粱+油菜花"产业，因地制宜，带领乡亲们过上了"人人有事干、家家有收入、村村有产业、处处有美景"的美好生活，深耕出了一片播散共同富裕的世外桃源。

延伸阅读

1.刘丰，宋芳龙：《愿做群众致富路上的小石子》,《中国国防报》2021 年 5 月 13 日。

2.郑建平：《"雄"心致"富"14 年，从脱贫攻坚走向共同富裕》，中国网衢州 2021 年 8 月 11 日。

执笔人：伍立志

徐建雄：
车间里的"技能大师"

　　1982 年，在父亲的熏陶下，初中毕业的徐建雄带着好奇心进入了衢州煤矿机械厂，正式与机械制造打起了交道。在之后的 40 多年里，徐建雄始终坚持不懈地镌刻一个"工"字，诠释了精益求精的工匠精神，钻研出了一套精湛的车工绝活。

　　徐建雄刚进工厂时，还只有 18 岁，初中文化水平的他，在工作中遇到了很多困难。当时他听到轰鸣的机器声并不是很适应，甚至还会头晕。但秉承着学一行就要干好这一行的精神，求知若渴的他只要一有空余时间，就会跑到生产线上"晃悠"，细心观察其他师傅的操作，虚心地向老师傅讨教工艺技术，还会抢着做别人不愿意做的脏活累活。徐建雄白天在厂里上班，晚上则利用别人娱乐的时间坚持去夜校学习，从而掌握了更全面的专业知识。

　　艰难困苦，玉汝于成。在日复一日的刻苦钻研中，除了车床上的技术活，徐建雄还学会了电焊、金加工等工种的技艺，并逐渐得心应手、样样精通，成长为一名"全能型选手"，别人解决不了的车工难题，到他手上总能迎刃而解。他能在一分钟之内用普通车床钻出 0.3 毫米的气阀孔，而且他车出的丝杆、螺母一次成型，匹配度极高，令人赞叹。

徐建雄常和工友说："和机器待久了，自然就知道它们的'脾气'，勤加练习和积攒经验是最重要的。"徐建雄用朴实的语言、踏实的行动，生动诠释了工匠坚韧坚守、精益求精的精神。

徐建雄夜以继日地在机床旁实践改革、创新，专注于企业技术改造工作，先后为企业解决各类技术研发难题 100 多项，是个名副其实的技能大师。而作为一名全国五一劳动奖章获得者、全国技术能手和浙江大工匠，他主动为衢州全市中小企业解决了130 多项技术难题，是一位勇于担当、无私奉献的劳动楷模。

40 多年来，他先后获得全国五一劳动奖章、第八届衢州最美人物称号等众多荣誉。身为技术创新工作室主任，他数十年来专注执着地奋战在生产一线，坚持改革创新、精益求精。每每提起昔日的荣誉，徐建雄都会特别谦逊地说道："虽然我的学历不高，但我牢记父辈的教导，做任何事情都要勤奋刻苦、肯动脑筋，有创新精神，把事情做精做细。"

一花独放不是春，百花齐放春满园。作为专业领域的技术行家，徐建雄还通过"传帮带"培养技术蓝领。潜心钻研是他的品质，乐于传道更是他的写照。多年来，徐建雄带过的徒弟已有上百人，为企业培养了一大批高素质、高技能人才，其中大部分成为企业骨干，这为企业的快速发展提供了坚实的人才支撑。

为了将自己的技能与绝活传承给更多的人。徐建雄还与地方高校建立了长期产学合作和订单式人才培养机制。立足于地方学校，徐建雄成立了多个大师工作室，为培养技能型人才作出了显著贡献。通过长期的校企合作，他培养了上百名"红五环班"学员。这些学生在毕业后可以直接进入公司工作，并能成为技术骨干。

耕耘 40 余年，初心始终未变。徐建雄用无私奉献、刻苦钻研、艰苦奋斗的工作态度，诠释了新时代的孺子牛、拓荒牛、老黄牛的"三牛"精神。他踏实肯干、精益求精，深耕于车间一线，一路披荆斩棘、砥砺奋进，从一名普通的车间学徒，成长为首批"浙江工匠"、高级技师。这些荣誉承载了徐建雄埋头苦干的奋斗征程。

延伸阅读

1. 王艳，叶颖：《爱"折腾"的徐师傅》，《浙江日报》2018 年 5 月 1 日。

2. 赵钰：《徐建雄：甘做新时代的"三牛"》，《衢州日报》2021 年 5 月 20 日。

执笔人：伍立志

董红专：
"走在前列的粮食生产转型者"

民以食为天，水稻是我国重要的粮食作物之一，我国人口中有65%以水稻为主食，而作为水稻加工产物的大米，在中国人的饮食中有着举足轻重的地位，因此越来越多的企业相继加入大米作物种植的洪流中。优胜劣汰，一些落后的企业被洪流冲出了历史，同时一些优秀的企业则进入了人们的视线中。董红专作为浙江红专粮油有限公司的董事长，是粮食作物行业弄潮儿，但在其辉煌的背后，势必也掩藏着鲜为人知的艰难奋斗的历程。

"天将降大任于是人也，必先苦其心志，劳其筋骨"讲的就是一位强者的出现必先经历过艰难困苦。董红专少年时因家庭贫困，16岁就肄业了，也正是此时，他开始了农业种植生涯。2003年，他想靠杂交水稻育种创收，因此承包了100多亩田地。而在此后的每一年，他都不断扩大生产，但每一次的结果均以失败告终，所有的努力都付诸东流。但他没有意志消沉，不到最后一刻，他绝不放弃。董红专总结经验、分析失败的种种原因，通过创新生产机制，采用新品种新技术，探索科学种粮、规模种粮、机械化种粮。

在之后的时间，董红专打破了之前的思路，改变了种植方向——走专业种粮的道路。2006年他的水稻种植面积已经达到了700多亩，2009年通过土地流转，他带动全村种水稻，村里水稻种植面积达到3000亩。2011年，有了水稻种植"根据地"的董红专成了龙游县最大的种粮户。在龙游县政府的支持下，2011年，他调整单一粮食种植，走深加工模式，建起1200平方米的粮食烘干中心、大米加工中心，不断调整种粮和加工模式，使整个产业链延长了，从而实现了种粮农民的增收。经历了几年的实践经验总结，在2015年，董红专建立起了龙游粮食生产服务有限公司，公司提供各类种粮社会化服务，此举不仅打破了以往的农业生产格局，更是在农产品深加工方面进行探索，为公司带来了巨大的利润。

之后，在当地农业农村局的帮助指导下，董红专在公司内部建立了"八统一"的规范和"合作社＋基地＋服务"的三加模式。这也就是说，在统一的模式下，着力解决的是农村老人的收入保障问题，比如在此模式下农村中年轻人外出打工，家中老人即使无法干农活，也可以得到收入来补贴家用。在三加模式下，董红专将全县大部分种粮合作社联合起来，由其统一负责，提供全程服务，也为他的红专大米提供了一个优质的粮源。这不仅给顾客带来了高质量的大米，也解决了合作社的卖粮难问题。

从16岁以来，董红专一直坚守着自己的初心，一直坚守在那片农田里，依靠着当代农业技术带着乡亲们在这片土地上耕耘着收获着，从一个普普通通的农民成为全省粮食生产转型发展的先行者。董专红的努力耕耘为他赢得了村民的一致好评，他也先后获得"浙江省农村科技示范户"、"全国种粮售粮大户"、浙江省"万名好党员"、"全国农业劳动模范"、浙江省"千名好支书"等荣誉称号，2011 年，他当选为衢州市第六届人大代表。

作为夏金村党支部书记，除了专心提高农业技术外，带动村民共同致富这件事也一直挂在董红专的心头。在董专红机械化作业成功后，他努力帮助其他村民进行机械化种作，在行业中树立了标杆作用，也让龙游县的种粮大户数量激增。因此在 2019 年 1 月 8 日，董专红在由浙江广播电视集团主办，浙江电视台公共·新闻频道和浙江之声共同承办的 2019 年度浙江乡村振兴带头人"金牛奖"评选活动中被评选为 2019 年度浙江乡村振兴带头人之一。

董红专立足农村，抓住现代化的关键技术，在当今这个新发展阶段，用自己的一份力量助力农业农村现代化变革，推动村民向共同富裕迈出了坚定的步伐。当下，各村的乡村建设正火热进行中，董红专也带着一颗澎湃的心参与其中。如今，夏金村村集体年均收入超 30 万元，这个数目是 5 年前的 10 倍，村民的收入也实现了翻番，从 0.75 万元增至 2.7 万元。

董专红说："希望能建一个粮食产业型的未来乡村，让农耕文化传承下去。"

董红专憧憬着未来。

🌊 延伸阅读

黄丽芬，陈忆金：《董红专：打造天下龙游大粮仓》，《浙江人大》2021 年第 7 期。

执笔人：敬坤

徐萌仙：
衢州市第一例器官捐献

　　"我愿意捐赠……"她的眼角湿润，她的嘴唇紫红，但她说出的话却比谁都坚定。

　　徐萌仙是浙江省衢州市开化县音坑乡对门村人，和大多数人一样，她结婚生子，过着普通的日子，丈夫是泥水匠，她自己做着保洁员的工作，有时还打打零工，日子虽忙碌，但也很幸福。女儿日渐长大，不知不觉迎来中考。2011 年的这一天，令她终生难忘，她怀着忐忑的心情，点开了公布中考成绩的短信。女儿考上了理想的中学——开化中学。

　　然而命运却跟她开了一个巨大的玩笑。2011 年 9 月 14 日，女儿因头疼、呕吐被送往医院检查，检查结果是她患有脑部胶质瘤。看到这个结果，她的手止不住地颤抖。"这不可能！"她痛斥命运的不公，但她没有放弃女儿。四处奔波，从杭州到北京，主治医生、副主任医生、主任医生……都重复着一句话："这个病治不了，砸下几十万，也最多只能拖一年。"面对医生无奈的话语，她脚步踉跄。"几十万"，这对一个土生土长的农村人、一个四处打零工的人来说，相当于天文数字。可怜天下父母心，父母们就算花再多的钱，也要治好孩子的病。无数次的碰壁，无数次的否定，但她一直在寻找，想找到一位名医，一位可以给女儿带来新生的名医。功夫不负有心人，在亲朋好友的关心和帮助下，女儿进入江西上饶肿瘤医院进行治疗，可这依旧没能挽回她的生命。由于病情进一步恶化，女儿又被转至浙一医院重症监护室进行治疗。2012年6月11日，女儿还是离开了。徐萌仙站在病床前，脑中回闪过女儿灿烂的笑脸，仿佛收获中考的喜讯还在昨天，一切都过得太快，她看向茫然若失的丈夫，做出了一个决定：捐献女儿的器官。

有许多次，当她走投无路时，是社会上的好心人帮助了她，尽管他们素不相识。而在病房里，那些同样面容憔悴的父母，守着病床上奄奄一息的孩子，和自己是多么的相似。这次，她想为别人撑一把伞。"我愿意捐赠……医生，我愿意捐赠我女儿的器官。"

早在几天前，她就萌生了这个想法，今天，她终于做出了这个决定。消息传开，刺耳的铃声响起，她接起电话："你为什么这么做？"电话里传来的是父亲愤怒的指责声。悲痛，欲哭无泪，痛心疾首，无数的压力填满她破碎的胸口，但她没有动摇。

晚上，在经历了无数次内心的挣扎后，徐萌仙和她的丈夫在"中国人体器官捐献登记表"上写下了别人生命的光点。他们无偿捐出了女儿的肾脏、肝脏、眼角膜、心脏，使6位患者重获新生。她的眼中闪烁的，或是泪光，又或是希望的光芒。这一次，她点燃了别人希望的光芒。

一个月后的2012年7月11日，徐萌仙与丈夫又自愿共同签下了人体器官捐献意愿书，愿意在百年后无偿向社会捐献他们所有的器官。徐萌仙一家因此被称颂为"最美一家人"。她的事迹和精神打动了无数的人，在他们的影响下，目前衢州市自愿签订器官捐献意愿书的有 70 多人。

她曾被世界的碎石所绊，于是，她便想要填平世上所有的路，想让所有人平稳地走过自己的路；它曾被世界的雨所伤，于是，她便想撑起宽大的伞，伞不够了，她就脱下衣服，递给那些还在淋雨的人。她帮助许多人避过了大雨，只留下自己被雨水拍打。她能看到湛蓝的天空，那明媚的阳光，像极了女儿灿烂的微笑。她明白，女儿并没有离开，她全都明白。她心爱的女儿化作了无数的希望，陪伴着每一个无助的人，就像自己之前陪着她一样。女儿就是她撑的那把伞，不久之后，她也会成为那把伞。

她无私而伟大，她是一位好母亲，更是一位英雄。她签字时挥动的笔头，写下了别人生命的光点；她燃烧自己，只为照亮他人……徐萌仙，她获得了浙江省道德模范的称号，她是人们心中的模范。也许在几年后，愿意捐赠器官的人会越来越多，因为她们不会忘记，在衢州市开化县的一个小乡村，有这么一个拥有大爱的家庭，有这么一个母亲，为别人续写着生命的奇迹。

延伸阅读

林敏：《把爱留下，让生命延续》《衢州日报》2022 年 8 月 9 日。

执笔人：敬坤

占旭刚：
两届奥运会举重冠军

占旭刚是中国男子举重历史上首位两次获得奥运会冠军的运动员，他在我国体育史上留下浓墨重彩一笔。

占旭刚出生于浙江省衢州市开化县，他从小就具有运动天赋，身体强壮，爆发力惊人，还拥有惊人的耐力。1984年，他的伯乐——浙江省衢州市开化县少年体校举重队朱云儿教练到学校选拔队员时发现了10岁的占旭刚拥有良好的身体素质和运动天赋，在分析了他超常的爆发力和协调力后，朱教练认定他是一位可造之才，尤其适合举重项目，于是邀请他加入少年体校举重队。然而占旭刚举重之路还未开始就遭到了母亲的强烈反对。万般皆下品，唯有读书高。他母亲更希望占旭刚通过读书走出山村，改变命运，同时也担心因为练习举重不利孩子身体成长，影响身高。幸运的是，朱云儿教练没有因为占旭刚母亲的拒绝而就此放弃，他坚持不懈地跟占旭刚的母亲沟通，耐心地分析举重训练的利弊，终于功夫不负有心人，朱教练成功收下了徒弟占旭刚。

　　在少年体校的三年时间里，占旭刚刻苦训练，不敢有丝毫懈怠，小小年纪的他深知仅靠天赋是不够的，必须努力才能取得成功。训练之余，占旭刚还查阅大量举重方面的资料，学习举重知识，并与自身实际相结合摸索适合自己的训练方法，不断打磨技术细节。占旭刚十几年如一日，一直保持着努力学习、勤于训练的良好习惯。后来朱云儿教练评价道："占旭刚是一个极其努力的人，在其他人锻炼的时候，他在锻炼；在其他人玩乐休息的时候，他依旧在锻炼和学习。这样的人迟早会一鸣惊人。"

　　1987年，占旭刚第一次参加全国性比赛就一举打破了14岁组40公斤级比赛的全国纪录，并受到浙江省举重队教练的关注，不久之后他便入选浙江省举重队。在浙江队训练的七年里，有着卓绝天赋的占旭刚，不仅夯实了基础，而且凭借着强大的学习能力和坚强的意志力，练就精湛高超的举重技能，并在各项赛事中取得优异成绩，成为国内外备受关注的举重运动员。

　　1994年，因比赛成绩优异、表现突出，占旭刚成功入选国家队，与其他队员一起备战亚特兰大奥运会。1996年，第一次参加奥运会的占旭刚获得了男子举重70公斤级项目的冠军，同时打破了抓举、挺举、总成绩3项世界纪录，一战成名！

　　2000年悉尼奥运会，因为奥运赛事会改革，国际举联调整了举重比赛模式，这一届奥运会男子举重由原有的10个级别缩减至8个级别，这就意味着占旭刚不得不从原来训练的70公斤级提高至77公斤级，而这个级别高手如林，竞争激烈。对于普通人来说增加7公斤似乎没多大差别，但对竞技举重运动员来说，难度系数就大大增加了。在77公斤级决赛中，由于紧张，占旭刚第一次成功抓举160公斤，但后两次抓举165公斤失败，排名第四，距离抓举第一名的选手亚美尼亚的莫里延的167.5公斤相差7.5公斤。对占旭刚而言，比赛局面极为不利，原来的夺金计划不得不调整为争取铜牌，但即使获得铜牌也必须在接下来的挺举项目中增加重量超越对手。在挺举比赛中，占旭刚第一次试举就选择了高于对手的 202.5 公斤，并成功挺起，但能看出他已经相当吃力了。此时，夺冠热门亚美尼亚选手莫里延两次试举这个重量失败并引发旧伤，成绩定格在 197.5 公斤，失去了竞争金牌的机会。另一名强有力对手，希腊的米特罗则在第三次试举中成功挺起 202.5 公斤，总成绩 367.5kg 暂时排名第一，下场后他和他的教练团队认为自己获得金牌毫无悬念，已经开始提前庆祝了。要知道在上一届奥运会，占旭刚连破 3 项世界纪录，最后是以 357.5 公斤获得冠军。

占旭刚面临着前所未有的压力，要想获得金牌就必须挺起 207.5 公斤，如果失败，不仅与金牌无缘，而且极有可能对身体造成严重损伤。再三考虑之后，他决定拼一把。凭借扎实的训练，强大的意志力，占旭刚以他独特的"下蹲挺"成功挺起 207.5 公斤这个三倍于他身体的重量，完成惊天一举，创造了新的世界纪录，最终总成绩为 367.5kg，与米特罗持平，但最终凭借他体重轻于对手而获得金牌，成为中国男子举重历史上第一位两次获得奥运会冠军的运动员。

2004 年雅典奥运会卫冕失败后，占旭刚宣布退役回到浙江省从事体育事务管理工作，2012 年以后又在浙江体育职业技术学院和三门县任职，但仍负责举重项目的管理工作。他在里约奥运会备战期间担任国家男子举重队浙江组教练组长。在他的培养和指导下，石智勇获得了 2016 年里约奥运会男子 69 公斤级举重冠军。2021 年东京奥运会上，石智勇一路披荆斩棘，再次登顶，成为继占旭刚之后中国举重蝉联奥运冠军的第二人。如今，占旭刚担任浙江省体育局副局长，他在用另一种方式为国家举重事业做贡献，传承着中国体育精神。

出身普通家庭的占旭刚用实力证明了行行都可以出状元，他敢于拼搏、奋勇争先，改变了自己的人生。占旭刚曾获全国"十佳"运动员、全国五一劳动奖章、浙江省十大杰出青年等荣誉，被浙江省政府记一等功。占旭刚励志人生的背后，是他不懈的努力，无论是当运动员还是退役之后回到地方工作，他都给大家树立了榜样。

延伸阅读

1. 张莺：《占旭刚：角色转换，初心不改》，《体坛报》2019年4月18日。

2. 黄维，郦琪琛：《朱云儿：70年"举重若轻"的人生》，《体坛报》2019年8月26日。

执笔人：敬坤

黄宏健：
"复活"开化纸

造纸术是中国古代四大发明之一，纸是传承人类文明的重要载体。开化纸（Kaihua Paper），又称"藤纸"，细腻洁白、簾纹不显、温润柔滑、薄中见韧、寿达千年，因产地开化县而得名，被誉为中国手工纸皇冠上的明珠！明清内府刻本和殿版书籍多采用开化纸，如《四库全书》《钦定古今图书集成》《康熙字典》《芥子园画传》等，被认定是开化纸系列的刻印典籍达二百多种。

1932年瑞典亲王来华访问，见到乾隆时期用开化纸刻印的殿版书，非常赞赏。他说："瑞典的现代造纸颇为发达，纸质虽优，但工料之细尚不及中国的开化纸……"

《和纸文化研究事典》（久米康生）关于开化纸的描述：中国清代康熙乾隆年间，在浙江省开化县制造的用桑皮作为原料的最高级印刷用纸，纸质洁白，很薄，韧性强而柔软，品质优良。

至清同治后，太平军盘踞浙西，战乱加之造纸核心原料（荛花）枯竭，开化纸日渐式微……

道阻且长，行则将至！开化纸归来！

1973年出生的黄宏健，1988年于开化县青阳乡初级中学毕业后，跟随外祖父学习手工造纸，但他还从事过水电安装、地质勘探、运输业务等工作。在2010年开化县城经营饭店时，因对文化的钟情和受造纸世家渊源的影响，他在明知开化纸很难做成功的情况下仍然执着探索。2011年开始，他将饭店交由妻子打理，自己忙于钻研开化纸的技艺研究，走访求艺，上山采摘原料，白天一边调查，一边做试验，晚上阅览史志、自学造纸专业课程。2012年，他将经营红火的饭店转让，回老家潜心研究。他辗转于开化古时造纸的周边乡县，整天一门心思地钻研开化纸技艺，立志让开化纸重现辉煌。

有了历经数载的积累和试验基础，黄宏建于2013年和孙红旗（以清朝开化造纸世家为主题的长篇小说《国楮》的作者）等人成立了开化纸传统技艺研究中心。2016年和复旦大学中华古籍保护研究院合作开展恢复开化纸传统技艺的科学研究项目，与中科院杨玉良院士领衔的团队共同努力，攻克技术难关，使新制开化纸的纸样检测指标接近古纸水平，实验数据表明，最新研制的纸张模拟老化时间为339天，相当于2825年，聚合度DP=229，高于欧洲制定的将DP<200设为寿命终止点的标准。2018年隐簾核心工艺难题突破；纯手工抄造的超薄修复用纸达到每平方米约1.5克的世界领先水平；2019年开化纸文创产品亮相瑞典斯德哥尔摩国际邮展，实现了中国传统手工纸在西方版画领域零的突破。2021年，《红船，一大会址，天安门》三幅开化纸凹版印刷作品，展现了中国共产党波澜壮阔的百年历程，被中国共产党历史展览馆收藏。

黄宏建、杨玉良等人怀着对中华传统文化的敬畏和自信，坚持传统工艺融合科技创新理念，迎难而上"复活"开化纸。他们针对原材料培育、装备自动化、产品标准化、生态环保等开展项目合作，进行机械抄造装备研制和实现产品工艺标准化，积极探索典籍、修复、书画、版画等纸种的技术积累和文创产品开发，为开化纸产业发展奠定了科学而长远的稳固基础。

黄宏建表示："自己要丰富自身知识，拓宽国际化视野，不再局限于造出开化纸，而是要让开化纸走向世界舞台，成为中国手工纸的优秀代表。"

新时代开化造纸人努力实现着传统工艺振兴、文旅产业创新和中华文化复兴的完美融合，使千年古纸涅槃重生，展现出新的生机与活力！

延伸阅读

汪东福：《黄宏健：十年磨一剑"复活"开化纸》，《今日开化》2021 年 9 月 18 日。

执笔人：开化纸传统技艺研究中心

周国花：
公交车上的"微笑天使"

　　中国共产党第二十次全国代表大会代表、浙江省第十五次代表大会党代表，"最美衢州人"，获得如此众多荣誉的却是衢州的一名普通公交车女司机——周国花。

　　1994年，19岁的周国花进入衢州公交公司，最初她是一名售票员，成功考取驾照后转为一名驾驶员。在半年的驾考期间，她全身心地练习驾驶技能、学习汽车修理知识，不断提高自己驾驶技能，只为握好手中方向盘，安全驾驶，保障群众生命财产安全，实现自己定下的目标——成为一名优秀的公交车司机。

　　她开过最热闹的公交线路。周国花曾是上下街免费区间公交车驾驶员，上下街这条线路既是衢州道路交通的一条主干道又是商业中心，路上行人多，客流量大，车难开。2016年5月衢州开启"礼让斑马线"的活动，周国花率先在本市公交系统倡导礼让斑马线，在斑马线前减速停车，招手示意行人通过，让热闹的街道有了美好的礼让之风。

　　现在她开的是衢州历史最悠久、最繁忙的公交1路车。1路

　　作为一名平凡的公交驾驶员，周国花用笑容温暖每一位乘客，以实际行动践行"衢州有礼"。

车在衢州开通近 43 年，是连接智慧新城、老城区和巨化的重要交通线路。这条线路全天 24 小时运行，首班车清晨 6 时发车，全程来回 28 公里，共 62 个站点，驾驶员经常要起早贪黑，节假日也没有休息。

她在 20 多年的工作中，行驶了 130 多万公里，一直保持着零投诉、零事故的优秀纪录。而要做到这些，需要始终保持爱岗敬业的工作态度，并具有高度的责任心。

她用最细致的安全检查保障乘客安全。周国花日常早班都是提前半小时到站检查车辆、打扫清洁，为发车做好准备。为确保第二天车辆正常使用，她下班前要在检查完车况后才离开。在她眼里，保证乘客安全是头等大事。2020 年新冠疫情出现后，周国花为保证乘客安全还带头做好车辆消毒工作，每天更早到达停车场，提早打开公交车窗户通风，然后做好车辆安全检查。下班后她要将车辆从内到外进行消毒：用热水擦洗车窗玻璃、座椅、扶手等，用洗衣粉拖车厢地板后再用沸腾的开水拖一次，最后用消毒液对公交车进行消毒。周国花说："坐在车上看着空荡荡的街，一点都不习惯，希望疫情快点结束，早点见到那群我最熟悉的陌生人——亲爱的乘客。"

坚守是为了黎明早点到来。在她的影响下，其他公交车司机也开始主动给公交车消毒，避免公交车成为疫情传播场所。公交 1 路线车组爱岗敬业，践行着文明新风，在 2020 年 5 月被评为"浙江省巾帼文明岗"。

1 路车线路长，站点多，路过白云学校、衢州一中、衢州学院等多所学校和老城区人流量较大的街道，尤其是在上下班和放学时，乘客多，难免拥挤，但周国花总会用真诚的微笑、亲切的话语与大家交流，比如耐心和细致地让大家注意脚下，慢慢来不要急。开车前她总会提醒乘客："我要启动了，大家坐稳点。"在多年公交服务中，她总结出"六个一点"服务法则：面对乘客，微笑多一点，嘴巴甜一点，语气柔一点，度量大一点，仪表美一点，服务好一点。周国花用真诚的微笑对待乘客，用细致、优质服务回馈乘客。有的老乘客等在公交车站只为专门乘坐她开的车，她被大家亲切地称为公交车上的"微笑天使"。

周国花时刻为乘客着想，尽自己最大可能为乘客提供帮助。自公交车实行无人售票和疫情发生以来，她的驾驶座旁就多了两个特制的"锦囊"，一个装着硬币，一个装着口罩，这是她特意为忘记带零钱和忘记带口罩的乘客准备的。有了周国花的"慷慨解囊"，遇到困难的乘客都能顺利乘车。在普遍使用电子支付后，遇到乘客手机支付出现问题，周国花会让乘客先上车慢慢调整，在其无法支付时也会帮助乘客扫码支付。

2022年2月8日深夜，周国花收到徒弟发来的微信："师傅，今天有位乘客说你那天帮她丈夫用手机付了2元车费，今天她把钱还来了……"周国花查看手机支付账单才明确事情始末。原来是她两天前帮助过一位扫码付车费失败的50多岁男乘客付了车费，没想到这位乘客和她爱人讲了这件事，还记下了车牌号，而他的爱人在1路车起始站认出了车并将钱还了回来。周国花感慨不已："2元钱微不足道，但背后体现出一个人的高贵品格，也激励着我在平凡岗位上更好地发光发热。"

当然，无论是帮助乘客付车费，还是乘客还车费，这都已经不是一次两次了，周国花回忆道："记得有一年，一位常年在杭州帮忙带外孙的女乘客来衢州乘车时没有带零钱，我帮她付了车费，过了大半年，她回到衢州，坐公交车时把钱还给了我；还有一次，住在紫荆小区的一位女乘客也没带零钱，我帮她付了车费，之后，她把零钱转交给车站旁边开水果店的店主，拜托她帮忙还钱……"

　　日积月累，这位自信大气、亲切随和、心里永远装着乘客、兢兢业业的公交车驾驶员被越来越多人认识和喜欢，并先后被推选为中国共产党浙江省第十五次代表大会代表和中国共产党第二十次全国代表大会代表。2022 年 10 月 14 日，周国花与浙江省出席党的二十大的代表一同抵达北京，参加中国共产党第二十次全国代表大会，将基层的声音带到了首都。

　　回顾 24 年的公交驾驶经历，有人问周国花：苦吗？累吗？当被乘客误解和不友好对待时想过放弃吗？她微笑着说，自己再苦再累也不曾后悔自己选择，因为"公交车司机在城市中穿梭，为百姓带去方便，为这样的事业奉献青春，值得！"

延伸阅读

　　1.周国花，汪晨云：《让公交车变得有礼、有温度》，《衢州日报》2022 年 1 月 28 日。

　　2.李灿，于山：《微笑多一点 服务细一点》，《浙江日报》2022 年 10 月 4 日。

执笔人：张爱萍

王玉林：
心系国防的空战先锋

　　身穿蓝色飞行服，头戴飞行头盔，配上军用护目镜，自如地驾驶着战斗机直冲云霄！这样帅气的场景，一定出现在大部分男生的梦境中。但是，他不但将这一切变成现实，更独占鳌头，斩获功勋。

　　作为空军特级飞行员，他先后荣立二等功1次、三等功3次。2012年，因参加上级组织的空战比武竞赛，他将"金头盔"收入囊中，并被评为"空战能手"。他就是中国人民解放军驻衢某部副参谋长、特级飞行员王玉林。

　　看到这些荣誉，有多少人会忍不住由衷地感叹一句："王玉林实在太牛了。"但仔细了解他的成长经历，你就会深深佩服他的实力。

　　要说起王玉林从农村男孩到空战先锋的人生经历，还得先从他的家庭讲起。王玉林出生在一个普通的农民家庭，他的父母都是江苏省淮安县（今淮安市）城郊的老实又普通的农村人。由于父亲生病，母亲的身体也不太好，全家收入十分有限。可以说，王玉林的家庭条件并不富裕，甚至还很贫穷。

上小学时，只要一放暑假，他就会半夜里与父亲骑着自行车，拿着手电筒，去乡间田野里抓蛇，什么蛇都敢抓。第二天再拿到市场上去卖，卖少许钱回来，交给母亲，贴补家用。

他还记得，读高中时的学杂费需要 2000 元。这笔费用对于贫困家庭来说，无疑是一笔负担不起的开支。后来还是在亲戚朋友的东拼西凑中筹足了学杂费。王玉林想，若是自己考上了大学，需要支付的学杂费会更多，也许是笔"天文数字"。这对向往外面世界、希望改变命运的王玉林来说，显然是个巨大的难题。

机缘巧合的是，18 岁那年，王玉林有幸通过了空军的招飞体检，得到了梦寐以求的翱翔蓝天的机会。在四年军校生活中，王玉林更是认真完成了理论学习，掌握好战机驾驶技术，并于 2000 年加入了中国共产党。每每提及这段经历，王玉林都心怀感激地说："我十分感谢部队、感谢党。"正是将这份感激常怀心中，他才能不忘初心，砥砺奋进。

2003 年，刚从航校毕业后的王玉林刚被分配到解放军驻衢某部，他就如饥似渴地学习信息化作战知识，成了一名真正的飞行员。飞行员的工作看起来很潇洒，实则处处隐藏着危机，每一次飞行都是在冒险。但王玉林从不畏惧，东南方的天空中有他锤炼低空突防绝技的身影，西北大漠是他完善对抗空战战法的训练场，每一次战斗起飞，他总能冷静处置复杂特情，他更是在日复一日的训练中总结经验，撰写了 15 万字的飞行体会，提炼出了一系列新战法，他的所得所悟被编写进相关教材……王玉林始终牢记"强军梦"的任务，他依靠坚守与努力扛起了新一代空军飞行员的血性担当，书写了强军报国的生动篇章。

在王玉林出色完成各项艰巨繁重的军事训练和在执行任务的过程中，他的家庭也作出了极大的奉献。

2011年4月，王玉林即将迎来新身份——他要当爸爸了。然而，在妻子临盆前，他却接到命令要去外地执行任务，面临两难抉择时，妻子王彦主动提出："我们都是军人，面对国与家，永远以国家利益为第一位！"她无怨无悔，她理解丈夫的难处。就这样，当妻子最需要他的时候，他为国奉献；当孩子呱呱坠地时，他在振翅远航，直到任务完成才见到心爱的宝宝。

除了无法抽出时间陪伴孩子、照顾家庭外，王玉林觉得自己更对不起的是父母。他的父亲在2006年被检查出患有急性白血病，医院5次下发病危通知书，可他因有任务在身，未能陪伴在父亲床前尽最后一份孝心。3年后，他的母亲又因车祸不幸去世，而他正在外地执行重要任务，王玉林最终还是没能见上母亲的最后一面。这是他人生中的两大憾事，令他痛苦万分。然而他又无怨无悔，对军人来说，自古忠孝难两全，王玉林只能把对父母的愧疚深埋心底。

有人常常问王玉林："把时间、精力、青春、热血全放在工作上，照顾不到家人，委不委屈，辛不辛苦？"面对这样的提问，王玉林回答道："我想说很辛苦也很辛酸，但不委屈，因为我是军人，我是随时准备升空打仗的人，我要对得起党的培养，这不光是我的大爱，也是我和战友们的大爱。"

在富国强军、实现伟大"中国梦""强军梦"的新时代，王玉林是一只翱翔蓝天的雄鹰，是一位在创新争先中练就过硬本领，无畏艰险、冲在前沿、战之能胜的空战先锋！

延伸阅读

孙侃：《以美铸魂：衢州最美现象启示录》，浙江人民出版社2014 年版。

执笔人：伍立志

童淑芳：
用心陪伴，用爱唤醒

"春蚕到死丝方尽，蜡炬成灰泪始干"是对老师无私奉献和高尚品质给予的高度评价；而童淑芳正担得起这样的评价。她爱生如子，将每一个学生当成自己的孩子，她的故事，温暖了学生，也温暖了一座城。

2016年2月16日晚，童淑芳班里的学生章浩杰在家突发脑溢血，家人将他紧急送医，经过医生检查诊断，他的脑溢血是脑部血管先天性畸形合并假性动脉瘤导致的。接下来的4天里，章浩杰经历了3次开颅手术，由于病情严重，手术后他陷入昏迷状态，医生告诉他的父母：孩子可能永远无法苏醒。

大笔的手术费用使得本就不宽裕的家庭难以支撑，苦闷、悲哀弥漫了章浩杰的家庭。得知消息的童淑芳焦急万分，她不敢想象这个孩子的"沉睡"会给一个家庭带来怎样的打击。她想：不能让这个孩子就这么躺着，不能让他在这个青春年华里泯灭。作为章浩杰的班主任，童淑芳向校长汇报了他的病情以及他的家庭情况，又通过微信朋友圈筹集善款2.2万多元。在学校同事的指导和帮助下，童淑芳发动"轻松筹"，请全校师生转发筹款，7小时内为章浩杰筹得善款 20 万元。在大家的帮助下章浩杰顺利进行了手术，病情也逐渐稳定下来。章浩杰一家不但感谢这么多的好心人，更是对童淑芳表示：有这么一位老师是孩子的幸运。

"多跟昏迷中的人说话，用美好的回忆唤醒他，可能会出现奇迹。"这是医生的原话，童淑芳听进去了，在接下来的 15 个月里，她一有空就往医院里跑，她带着一颗温暖的心，带着关于浩杰以往的美好回忆，带着同学们自发录制的录音，将每一个人的祝福和期许传递到浩杰的耳边。

"今天班级里进行了考试，如果你来，一定能考很好。"

"今天学校的午餐是你最喜欢的红烧肉，快好起来，来吃啊。"

"章浩杰，马上就要中考了，同学们都在努力复习，老师好想你加入其中一起拼搏，你是有实力考入衢州二中的。"

……

一句一句，带着希望；一句一句，带着祈愿。

爱，可以创造奇迹。在老师的喃喃细语、同学的祝福声、父母的呵护关爱下，奇迹终于降临。2017 年 4 月底，章浩杰病情渐渐有了起色，他对外界的声音也开始有了些许反应。5 月初的一天，童淑芳像往常一样给章浩杰讲述学校里的趣事和学生们想对章浩杰说的话时，他奇迹般地恢复了意识，再次露出了久违的笑容。当他用僵硬的手轻轻地抓住童淑芳的手指时，童淑芳喜极而泣。

老师与学生之间的情谊就像永不停息的波涛，绵延悠久；就像太阳散发出的熠熠光芒，温暖人心。童淑芳称自己是个路痴，但她却记得每一个通向章浩杰家里的路口。每一次拐弯，每一次奔波，每一句低语，都充满了一个老师淳淳的爱生之情。童淑芳用一位教师的大爱情怀、至真至诚的崇高品格生动诠释了"最美"精神。她的身影出现在每一次学生需要帮助的时候：为生水痘的孩子免费补上落下的课程，为患骨癌的初三女生发起募捐，为不让热爱舞蹈的学生留下遗憾而四处奔波，只为一张美术特招的报名表……她的爱，无声无息。她任劳任怨，她把一生的热血奉献给了"教师"两个字。

当这一事件被媒体报道后，广大网友深受感动，称其为"中国好老师""最美衢州人"。时任浙江省委书记的车俊对童淑芳的事迹作出批示："请代我向童淑芳老师表示敬意。她是一个爱学生、有爱心的老师，全社会都应向她学习。也祝愿章浩杰同学早日康复。"2019年9月5日，童淑芳被人力资源和社会保障部、教育部授予"全国模范教师"称号。

童淑芳认为："这么多的感谢我有些承受不起，我只是做了一个人民教师应该做的事情。其实衢江区教育局、衢江区第一初级中学一直在关注和帮助着章浩杰，是他们在背后做爱心推手，把我推向了前台。"

她说："是全社会的爱心温暖了章浩杰，而荣誉都给了我，我有些惭愧。我会更努力地做一个有爱心的老师，一个有责任心的老师。"

延伸阅读

盛伟：《为师者童淑芳：爱生如子，温暖一座城》，《钱江晚报》2017年12月31日。

执笔人：敬坤

余志军：
一只手撑起一片创业的天

　　余志军的童年是不幸的，8 岁那年的夏天，他跟着父母一起收割小麦，一不小心右手被卷进了收割机，造成肢体三级残疾。高额的医疗费和孩子永远失去右手的残酷现实，让余志军父母深受打击，他们脸上的笑容消失了，觉得一切的奔波忙碌都失去了意义，生活一天天黯淡下去。但余志军并没有被残酷的命运所吓倒，他还有左臂，他还可以托举起人生！

　　为了证明自己跟其他孩子没什么两样，为了比同龄人做得更好，为了让自己成为爸爸妈妈的骄傲，他付出了更多的汗水和艰辛。他学着用一只手穿衣、吃饭、上学、写字，由于勤奋努力，他从学校里还捧回了"跑步第一名""学习优秀奖"等奖状。读初三的时候，他开始自学计算机，用仅有的一只左手，也能打字飞快，还自学了各种应用软件。如今，再谈起儿时的这段经历，余志军却很是淡然，他用常人难以想象的毅力与命运作了不懈的抗争。

　　人们常说用双手创造财富，他用"一只手"创业，困难可想而知。2003 年，高中毕业的余志军走进了美丽的小县城——开化，开始了他的追梦之旅。余志军先跟随当地一位计算机老师学习，在掌握一定技术后，他作为老师的助手在开化电大当了一段时间计算机辅导老师。2004 年，19 岁的余志军嗅到商机，想自己创业。一辈子在农村面朝黄土背朝天的父亲没有半句的阻拦，只是默默地从银行取出一家人所有的积蓄——四万元钱，跟他说："军军，爸爸没文化，不能帮你拿主意，看准了机会就要抓住，这些钱你拿去，以后就都要靠你自己了……"

拿着这几万块钱，余志军和他的老师合伙创办了开化县视窗电脑培训学校。虽然当时信息技术产业发展较快，但在开化这样的小县城，发展速度远远落后于大城市。半年后，由于没有利润可言，他的老师作为合伙人宣布退出。面对重重困难，余志军却不愿就此罢手。他咬牙坚持运营，并开始改革经营模式。功夫不负有心人，由于他的诚信教学，学校有了起色，也被越来越多人所熟知。他培训的计算机人才也早已过万名。

闯过道道难关，余志军的创业之路越走越宽，迎来了电商行业的兴起和发展。2006 年，余志军敏锐地意识到这是一条全新的赛道。4 年后，他注册了博奥电子商务公司，这是开化县首家电子商务有限公司。由于较早的起步和精准的经营目光，余志军的淘宝店开业 1 个月不到就赚了 1 万元。初次尝到电商"甜头"的余志军和他的团队成员们乘胜追击，在天猫和京东运营多家店铺，使得公司年营业额达到了 1 亿元，并连年保持持续增长的态势，他们因此在电商市场上积累了丰富的经验和运营优势。2015 年，为了让开化本地从事电商的创业者都能得到专业的设备以及运营等专业知识，万腾电商创业孵化基地建成了，一场农村电商创业孵化工作就此展开。

创业其实是一个永无止境的过程。2020 年，余志军凭借一只手成功打造了价值亿元的"电商王国"。他拿下了位于开化县城东的大健康数字经济产业园，园区占地面积很大，并拥有一系列完整齐全的存储、快递、物流、直播机构的配套设施，吸引了无数电商企业前来。余志军以强大的资源优势，发挥桥梁纽带作用，为村集体经济增收开辟了一条新的致富路径，带着开化人民一同唱响了轰轰烈烈的山区共富"大合唱"。

以感恩之心回馈社会，是余志军的人生原则。即使创业小有所成，他仍不忘用公益事业回报社会。每年，他都会积极参加公益活动去帮助生活贫困的学生。当浙江在如火如荼进行共同富裕示范区的建设时，余志军信心满怀又无比坚定地表示要发挥自己的特长和优势，帮助更多的人掌握一技之长，带领他们走上共同富裕之路。

自强不息谋拼搏，一片感恩待他人。我们很难将一位只有空荡荡的右手衣袖的残疾人和这位年轻而充满活力的创业者联系到一起。然而，事实却是，余志军将原本残缺的人生变得无限精彩！人生本无健康残疾之分，梦想更不会因此而缺憾。他脚踏实地，乘风破浪，用自信乐观和创新争先的精神闯出了属于自己的一片天地。

延伸阅读

汪东福：《开化县新联会会员余志军：身残志坚勤创业 带领群众奔富路》，浙江新闻官网 2022 年 4 月 7 日。

执笔人：伍立志

黄雅琼：
为国争光，为家乡代言的羽毛球世界冠军

黄雅琼，1994 年出生，是一个地地道道的衢州人。作为一名现役中国羽毛球队混合双打运动员，她为国家体育事业赢得了一系列荣誉。2018 年 8 月，她和搭档郑思维在世界羽毛球锦标赛混双项目中获得金牌。同年 10 月，"雅思组合"又获得丹麦羽毛球公开赛混双冠军。

为国争光、为家乡添彩的衢籍世羽赛冠军黄雅琼，在 2019 年荣获第七届"最美衢州人"年度人物责任奖，市委书记徐文光为黄雅琼颁奖，并为她颁发了衢州体育形象大使聘书。"只要衢州需要我，我一定全力以赴！"黄雅琼的话博得现场震耳欲聋的掌声。

这位衢州娜妮的成名之路并不是一帆风顺的，黄雅琼对羽毛球始于兴趣，终于坚持，成于热爱！黄雅琼从小就对羽毛球特别感兴趣，她的爸爸讲述说："那时候家里条件不太好，没有什么玩具，她就只喜欢羽毛球，看到有人在马路边打羽毛球就会不自

觉地停下来一直盯着看。"于是家里人给黄雅琼买了一副羽毛球拍，谁空谁和她打，打累了会换人，但小小年纪的黄雅琼在与成年人的车轮战中乐此不疲。上二年级时，有个羽毛球俱乐部正在招生，黄雅琼想加入的心情更为强烈，她的父母也答应让她进入俱乐部。最终，小小的她从一个小小的俱乐部打进了专业的羽毛球队，后来又到省体校训练。

黄雅琼刚进省体校时，能力与其他学生的相差无几。陌生的环境以及骤然加大的训练量，使年仅9岁的她在和父母打电话时开始怀疑自己的选择，甚至因为畏难而想过放弃。"我父亲当时就问我，是不是真的热爱打羽毛球。他说这是我自己作出的选择，要学会坚持自己所热爱的事，对自己的选择负责。"尽管那段日子十分艰苦，但是黄雅琼在父母每天的电话关心之下熬过来了。18岁时，黄雅琼入选了她一直向往的羽毛球国家队。家长是孩子最坚强的后盾！每一个运动员成长的背后都缺少不了家长的支持。

成长是每一个运动员的必经之路，或平坦，或激烈，而黄雅琼的成长之路，却充满着曲折。她曾经低调地成长着，虽稳定，却没有什么起色。喜欢她的人说她这是云淡风轻，可只有教练知道这是缺少拼劲。

从2014年开始参加国际比赛，黄雅琼的成绩起伏不定，不温不火，这一直是她的一块心病。但这也不是一时能改变的，黄雅琼只能潜心苦练。虽然不知道苦练能否有效地帮助她突破瓶颈，但当她全身心投入训练时，只要握住球拍，黄雅琼就会心无旁骛，感到特别踏实。

性格内向的她在生活中仍然是那个讲话快点都会脸红的女孩，但她温柔不服输！经过长期的坚持和积累，性格温润的黄雅琼在赛场内外有着截然不同的状态。在赛场上，她有着四两拨千斤的自如，哪怕面对强大的对手也能气定神闲、不骄不躁地寻找对策。她的启蒙教练曹骥评价她"学习与接受能力非常强、训练认真刻苦、思路清晰、善于动脑"。2018年8月，黄雅琼和搭档郑思维获世界羽毛球锦标赛混双冠军。唱着国歌，看着国旗升起，黄雅琼情不自禁地流下喜悦的眼泪。2019年，黄雅琼夺得全英赛混双冠军，与队友一起正式成为羽坛史上首个超越11万积分的混双组合。在2021年的东京奥运会上，黄雅琼在羽毛球混合双打决赛中荣获银牌。连获殊荣的黄雅琼尝到了拼搏的甜头，同时她也告诉自己，能力越大，责任越大。

"运动员生涯就像人生一样，需要敢闯敢拼的精神。人生总会遇到很多困难与坎坷，但我们不能选择退缩，而是要勇敢地向前迈。青春总是洋溢着激情，在大好的青春年华一定要敢想敢拼，才能收获胜利的成果。"为何能取得一系列优异成绩？黄雅琼用"敢闯敢拼"这四个字做了回答。

🌊 **延伸阅读**

王宇怀：《运动让家庭和谐，体育为幸福解码》，《体坛报》2020年5月14日。

执笔人：伍立志

万少华"细菌战受害者"救助团队：
为了抚慰民族的伤痛

在衢州，有这样一些老人，他们一度饱受病痛的折磨，细菌战留下的创伤是他们心里永远抹不去的阴影；在衢州，有这么一支医疗团队，一直默默无私奉献，十几年如一日不知疲倦地往返于这些老人与医院之间，为这些老人义务治疗因细菌战带来的病痛。十几年的奉献和付出，只因一个信仰：抚慰民族的伤痛。这支医疗团队用实际的行动很好地传承着有礼向善的新时代衢州人文精神。这支医疗团队是由万少华（时为柯城区人民医院医生）于2009年3月牵头组建成立，团队被命名为万少华"细菌战受害者"救助团队，作为团队牵头人，2016年万少华也因此壮举获中宣部"时代楷模"荣誉称号，成为浙江首位获此殊荣的个人。

衢州是座历史悠久的文化名城，同时也是战略要地。日本在侵华战争期间曾先后在衢州进行三次大规模的惨无人道的细菌战，造成衢州5万多人病死，30多万人染病。这些疾病的显性

万少华"细菌战受害者"救助团队义务上门为"烂脚病"老人提供免费医疗服务。

表现就是腿部终年淌血流脓，俗称"烂脚病"。几十年来，这些染病的人饱受精神和身体的折磨，旁人是很难想象的。

"又臭又暗的屋子里，老人躺在床上发出阵阵呻吟，解开包裹创面的层层草纸、破布，烂肉中爬出细小的蛆虫……"万少华（现为柯城区人民医院党委书记）回忆当初见到这些老人的情景时，这样说道。自2009年以来，万少华及其团队义务上门为"烂脚病"老人们提供免费医疗服务。十多年来，万少华团队不管刮风下雨、寒来暑往，定期为每一位幸存的"烂脚病"老人清洗、消毒、换药、包扎，为每一位老人建立详细的个人档案。据不完全统计，他们已经为患病老人换药3000多次，发放药品、随访3200余次，回收、销毁医疗垃圾1600公斤。

在为"烂脚病"老人提供长期的医治护理过程中，万少华的细菌战受害者救助团队和他们结下了深厚的感情。由于常年患病，这些老人长期失群独居，逐渐形成自卑、孤僻的性格，甚至出现自闭等心理问题。在医治开始之时，需要对他们进行大量心理疏导。渐渐地，这些患"烂脚病"的老人放下了心里芥蒂，完全接纳了为他们医治的"白衣天使"，甚至对他们形成了心理依赖。

在这些老人心里，万少华等人就是他们的"好儿子"。姚贵土老人去世出殡之时，万少华还随出葬队伍送了老人最后一程。魏洪福老人除了患有"烂脚病"之外，还患有多种基础性疾病，急症发作之时，他的家属最先想到的就是给万少华打电话。万少华和他团队总会在第一时间进行处理，甚至还会自掏腰包，为老人垫付医药费。89岁老人张宝善，希望自己能干干净净、体体面面地离开人世，万少华及他的团队应他的恳请，冒着巨大的医疗风险帮助老人截掉因炭疽病菌感染而溃烂的双腿。像这些感人的故事，不胜枚举。由于这些"烂脚病"老人年事已高，每一次的回访可能就是生离死别，对于万少华及其团队来说，在每次回访时也经历着沉重的心理煎熬。在与时间赛跑的过程中，当初的39位"烂脚病"老人，现在仅剩9位。正是因为万少华及其团队给他们送去了温暖，他们才能不留遗憾，有尊严地度过晚年。

榜样的力量是无穷的。在万少华及其团队的义举感召下，越来越多的医护人员、高校学生、社会人士投入这项公益事业当中。如衢州市人民医院、衢化医院就纷纷成立了医疗救治队，利用专业所长免费为全市"烂脚病"老人做植皮手术，开启老人们全新的人生。衢州学院、衢州职业技术学院的部分师生也利用寒暑假、周末休息时间给老人送去温暖。还有很多社会上的爱心人士给老人们送去水果、食品等。

延伸阅读

严红枫，严粒粒，李啸：《"让我们一起抚慰民族的伤痛"——衢州"万少华团队"救治日军细菌战受害者纪实》，《今日浙江》2015年第16期。

执笔人：梅记周

国网衢州供电公司援藏帮扶团队：生命禁区的"光明使者"

申扎县地处那曲市西部、藏北高原腹地，平均海拔超过4700米，这里是世界屋脊，也是雪域高原、离太阳最近的地方，但却皑皑冰川，极高极寒；这里自然条件极度恶劣，物资运输也十分困难，因此申扎县也被称为"人类生命的禁区"。当地绝大多数农牧民的生活都很艰难，尤其是在用电问题上，当地的电网建设十分薄弱，老百姓们只能依靠太阳能发电，用电极不稳定。

为了在这块"生命禁区"上实现用电自由，帮助藏族老百姓们早日实现小康，国网衢州供电公司自2018年10月以来启动了"百日攻坚"行动，共有2批15人来到那曲市申扎县援藏，承担起这块贫困地区的电网建设任务。交通不便、高寒缺氧、低压干燥、施工条件复杂，一系列困难如同一座座大山阻挠着他们的行动。漫天的飞雪与沙尘暴像是严酷的敌人。头痛、恶心、呼吸困难如同魔咒一般萦绕不散。这注定是一场持久战。

世上无难事，只怕有心人。面对如此严苛的环境，衢州电力人未曾气馁，他们抬起双脚，坚定地迈向远处。面对突如其来的新冠疫情，他们克服各种艰难险阻，稳步推进各项目的建设进度，只为能以最快的速度让更多的藏族同胞用上大电网的稳定电。

刚四十出头的国网衢州供电公司援藏帮扶组组长郑璇源已经在西藏工作了一年半有余，他直接由一位满头黑发的青年人变成了一位沧桑大叔，两鬓已经斑白，皮肤变得粗糙，脸黑得像包公一样，还掉了三颗大牙。其他电力建设者们的脸庞和嘴唇也存在不同程度的晒伤和干裂，凡所经历，皆成为他们的共同印记。

距离申扎县城最偏远的卡德村的通电任务是最为艰巨的，这也是衢州电力人必须得啃下的"硬骨头"。这一路山高谷深，地势复杂，且常伴有大雾和暴雪天气，泥石流和岩石滑落也时常发生，机械受到环境制约，就只能依靠畜力人力。一捆捆的电线、一箱箱的工具被牦牛、骡子的背脊，电力人的肩膀送上"扎根"的地方。"哪怕只为 1 户人家，线也要架、电也要通。"郑璇源的话语掷地有声，他们用坚定的行动证明了电网可以延伸到中国任何一个角落！

又长又难的建网任务，他们不仅完成得好，还完成得快！历经 8 个多月，卡德村终于通上了稳定的 10 千伏电缆，村民们用电不稳定的日子也一去不复返了。这项伟大工程成功的背后，是衢州电力人牺牲的用餐时间、娱乐时间。他们用人定胜天的精神为村民用电"保驾护航"，给藏族同胞带来了更美好的生活。

由于过去村子只能靠太阳能供电，太受天气影响，小央措一直没能在家里看上电视。如今，村里的稳定供电，实现了央措难圆的梦。奶奶嘎桑不住地说，这真是孙女笑得最开心的一次了。

结对帮扶，不仅要"输血"，更要"造血"。援藏帮扶的过程中，衢州电力人毫不藏私地将自己的经验、知识传授给他们培养的徒弟们，"传帮带"如同那传递薪火的炬筒，为西藏的电网建设和管理输送了不竭的动力，代代相传。他们不仅是高原"点灯人"，也是雪域"暖心人"。帮扶组还开展了很多志愿服务活动，比如给当地希望小学的小朋友们上课，传递知识和爱，等等。

西藏"三区三州"困难地区的电网建设，不仅为上千户农牧民送上了放心电，也为雪域高原点亮了长明灯。2020年5月，按照原计划，为期一年半的援藏帮扶工作也将结束，帮扶组的成员们可以返程了，但是，郑璇源和队友陆承东、王定强却"赖"上了这里，他们毫不犹豫地在延期请战书上按下了手印，继续扎根申扎县，要为全县所有乡镇完成送电任务。

习近平总书记指出："在高原上工作，最稀缺的是氧气，最宝贵的是精神。"[1]国网衢州供电公司援藏帮扶团队与高海拔、低温、低压、低氧同行，不怕苦、甘吃苦、能吃苦！他们用奋斗诠释初心，以实干映照使命，他们是生命禁区的"光明使者"！

🌊 **延伸阅读**

卢奇正，朱梦琦：《雪域高原点亮明灯——国网衢州供电公司援藏帮扶结硕果》，《浙江日报》2020年12月8日。

执笔人：伍立志

---

[1] 习近平：《之江新语》，浙江人民出版社2007年版，第60页。

二

丰饶衢州

崇贤有礼
开放自信
创新争先

衢州：
一座最有礼的全国文明城市

　　2012 年 3 月 20 日《衢州晚报》上刊登了一篇名为"一根竹签考验市民公德"的文章，讲述了晚报记者在 3 月 18 日衢州市美食节上的调查。该名记者从下午两点起，守在世纪联华停车场路口进行了半个小时的观察。结果发现在 53 人中，随手丢竹签的人数是 32 人，约占六成；放在桌上或朝垃圾桶方向投去的人数是 12 人，约占两成；而丢进垃圾桶的人数是 9 人，则不到两成。53 人中只有 9 人遵守了公德，于是文章进而发问道："难道市民就这个素质？"

　　衢州是历史文化名城，于情于理，市民都不该"就这个素质"呀！显然，如何尽快培育市民的公共意识和提高市民的社会责任感，提升城市文明，塑造城市形象，推动城市快速发展，已然成为衢州亟待破解的难题。为此，市委市政府多管齐下，集中力量办大事。其成效如何呢？

　　时间飞速流转，七年之后，2019 年 3 月 20 日，中央文明办公布了 2018 年度全国文明城市提名城市测评结果，在 141 个地级以上城市、城区的提名中，衢州以 92.31 的得分，排名地级提名城市第 8。三年之后，即 2022 年 3 月 30 日，中央文明办下发《关于 2021 年全国文明城市年度测评结果通报》中，衢州在 114 个地级市中位列第一，获得中央文明办通报表扬。

十年时间，从"一根竹签"对市民公德的拷问到取得全国文明城市地级市排名第一，衢州市民的文明素养呈现极大跃迁，城市文明建设实现质的飞跃。

这一成效的取得是衢州市委市政府与全体市民共同努力的结果。2015 年，衢州启动了全国文明城市创建工作，文明城市的核心是市民的好素养，有文明市民才能建成文明城市，因此首先要培育文明人。市民的日常行为是否文明，是衡量一座城市文明程度最直接的标准。为了培育有礼之风，不断深化群众性精神文明创建，衢州市相继颁布实施《衢州有礼市民公约》20 条，《衢州市文明行为促进条例》，并首创《衢州市"有礼指数"（CI）测评体系》，创新提出打造"新时代文明生活示范市"，推出"八个一"（即一座"车让人"的城市、一座"自觉排队"的城市、一座"烟头不落地"的城市、一座"使用公筷公勺"的城市、一座"行作揖礼"的城市、一座"不随地吐痰"的城市、一座"没有牛皮癣"的城市、一座"拆墙透绿"的城市）。在餐饮领域推广使用"公筷公勺"，建成全国首个新时代文明生活馆暨衢州有礼馆等有礼系列行动和措施，最终实现了改变市民陋习，规范市民行为，促进文明习惯养成，提高市民素养，提升城市文明的目标，努力打造出一座最有礼的城市。

文明城市的建成和文明素质的提升需要"礼治"与"法治"相结合。衢州市委市政府发挥法治引领作用，用《衢州有礼市民公约》《衢州市文明行为促进条例》等规范市民行为。知礼的同时还要守礼。衢州发挥今日聚焦、电视问政、失礼曝光台等媒体平台的监督作用，对乱闯红灯、随地吐痰、烟头落地等不文明行为及时曝光，坚决对不文明行为说"不"。在衢州市委市政府积极引导、组织和带领下，衢州市开展了"我们的价值观"大讨论，"做最美衢州人"，弘扬践行新时代衢州人文精神等活动，通过价值引领营造文明、和谐的良好风尚，让越来越多的人做有礼市民，进而实现从"他律"走向"自律"。

现如今，衢州文明城市建设取得的成就有目共睹：城市街道干净整洁、市民自觉践行礼让斑马线、交通顺畅、公筷公勺使用蔚然成风、不随地吐痰、邻里和谐……

在衢州创建全国文明城市过程中，衢州市委市政府以可见、可感、可行的方式帮助市民从细节养成良好的生活行为习惯，将文明有礼融入日常生活，持续推进市民文明养成、培育文明风尚，不断提升社会文明程度和公民道德水平。目前，截止2020年11月，衢州市已成功创建全国文明单位18家，全国文明乡镇3家，全国文明村15家，全国文明校园2家，全国文明家庭1家。

2022年4月8日，中国共产党衢州市第八次代表大会报告指出："扎实推进打造精神文明高地试点，加快建设'五区一市'，在共同富裕中实现精神富有，在现代化先行中实现文化先行。""深入践行社会主义核心价值观，持续开展新时代文明生活十大行动，不断擦亮'最美衢州人'品牌，把'衢州有礼'打造成为'浙江有礼'的示范标杆。"衢州市始终保持"永远在路上"的姿态，深度融合文明城市创建和"有礼"系列行动，将"衢州有礼"融入文明创建全领域、全过程、全体系，全力做好全国文明城市创建工作。衢州已经率先在浙江省打造了新时代文明生活示范和精神文明领域高地，"衢州有礼"已经上升为"浙江有礼"，成为示范标杆。"有礼"已经成为衢州鲜明的地域标识，彰显了衢州深厚的历史人文底蕴和精神气质，为全力打造四省边际共同富裕示范区、四省边际中心城市营造良好环境、提供精神支撑。

延伸阅读

1. 王璐怡，于山：《让每个人都为文明代言》，《浙江日报》2022年5月23日。

2. 于山：《崇贤有礼 开放自信 创新争先》，《浙江日报》2022年7月26日。

执笔人：张爱萍

衢州"8090新时代理论宣讲团"

　　"8090新时代理论宣讲"工作,是浙江省衢州市新时代宣传思想工作的重大创新。其实质是通过"80后""90后"新时代青年群体学习、宣讲党的创新理论,用青春的声音传播党的声音,让习近平新时代中国特色社会主义思想飞遍城乡山川,"飞入寻常百姓家",让广大青年在党的创新理论引领下健康成长。

　　"8090新时代理论宣讲"发端于衢州市龙游县,脱胎于衢州市"微党课"大赛。2019年9月,为深化"不忘初心、牢记使命"主题教育,衢州市龙游县结合"微党课"大赛实践,组建了一支由"80后""90后"青年群体组成的30人左右的宣讲队伍,将之命名为"8090新时代理论宣讲团"。这些年轻的宣讲团成员深入基层宣讲党的创新理论,得到了基层群众的广泛好评,也得到了《光明日报》等中央媒体的关注和报道。代表青春力量的"8090新时代理论宣讲团"开始为大众所熟知,荣获了全国基层理论宣讲先进集体荣誉称号,这一创新实践被评为2019年度衢州市宣传思想文化工作十大创新案例,以及2020

衢州市"8090新时代理论宣讲团",宣讲党的创新理论,用青春的声音传播党的声音。

年度浙江省改革创新最佳实践案例。如今，8090新时代理论宣讲品牌升级为"8090+"，截至2022年底，衢州市共拥有青年宣讲队伍100余支，注册宣讲员1.2万余名，累计开展线上线下宣讲4.5万余场，受众逾610万人次。

"8090新时代理论宣讲团"能广受群众欢迎，根本原因在于既宣传了党和政府的政策主张，又帮助群众用新思想、新理论来答疑解惑、看清问题、指导实践。同时，"8090新时代理论宣讲团"还根据群众不同需求，在农村宣传"绿水青山就是金山银山"理念，在企业讲好创新发展、高质量发展等，因地因时因人施讲，在让基层群众真正感受到真理"甜味"的同时，也成为更好推动基层改革实践创新的活力源泉，党的创新理论也由此焕发出更持续而强大的生命力。

2021年，"8090新时代理论宣讲团"围绕百年党史和"七一"重要讲话精神，开展"礼敬百年·青春向党""请党放心·强国有我"等主题宣讲；党的十九届六中全会后，围绕全会决议，突出"两个确立"，及时组织开展"六讲六做·先锋行动"，迅速掀起全会精神学习热潮。2022年，"8090新时代理论宣讲团"围绕省市党代会、市委八届二次全会精神，先后开展了"共同富裕·青年说""两个先行·青春聚力"等主题宣讲；特别是党的二十大胜利召开后，"8090新时代理论宣讲团"携手浙江传媒学院开展"共学同讲二十大·青春扬帆新征程"主题宣讲活动，迅速掀起二十大精神宣讲热潮。这些主题宣讲活动，突出了"新时代理论宣讲"的主题，持续擦亮衢州"8090新时代理论宣讲"品牌标识，让这张"金名片"更具理论味、实践味。

"8090新时代理论宣讲团"走出衢州，扩大对外交流。2020年，常山县人民医院组织优秀宣讲员到西藏那曲班戈县，为那里的百姓宣讲卫生知识。2022年，在新疆阿克苏地区，衢州援疆指挥部"8090南孔文化宣讲团"走进机关、校园、企业、村和社区进行"青春颂儒·礼润阿克苏"主题宣讲，向广大干部群众传播中华优秀传统文化。此外，衢州"8090新时代理论宣讲团"还走进福建、江西、安徽等周边地区，与省内外高校、国企等结对共建，开展形式多样、内容丰富的主题宣讲，在对外交流中传播理论、交流学习，不断提升品牌影响力。

"8090新时代理论宣讲团"用实践证明，理论并不是令人望而却步的空中楼阁，也绝非曲高和寡的阳春白雪，关键是要用"接地气"的语言和方式，把"高大上"的理论演绎为一个个通俗易懂、生动鲜活的"本地事""农家事""国家事"。他们坚持以人民为中心，群众在哪里，宣讲阵地就建到哪里，大樟树下话初心、田坎边上说变迁、企业车间话发展……通过青年人讲身边事、身边人，用小切口讲大道理，真正让老百姓坐得住、听得进、记得牢。

党的创新理论是滋养青年成长的最好养分，新时代的伟大实践是青年成长的广阔舞台。一批批优秀青年通过"8090新时代理论宣讲团"这个平台脱颖而出，在一次次学习中坚定了理想信念，在一次次宣讲中和基层群众打成一片，在一次次解疑释惑中增强了解决实际问题的能力，在"学、讲、干、信"的实践中得到极大的成长，逐渐成长为能够担当民族复兴重任的时代新人。

考察点

衢州市龙游县 8090 宣讲孵化中心

延伸阅读

中共衢州市委宣传部主编：《后浪潮音：8090 新时代理论宣讲》，红旗出版社 2021 年版。

执笔人：张爱萍

衢州城市品牌：
南孔圣地·衢州有礼

　　南宋初年，孔子第 48 代世孙、衍圣公孔端友率部分族人南渡并定居于衢州，由此，衢州孔氏南宗宗族文化逐渐形成并发展。因孔子南宗孔庙坐落于此，故衢州素有"东南阙里，南孔圣地"美誉。衢州有丰厚的历史文化、生态、地理等资源优势，但因早期缺乏宣传，导致衢州知名度不高，省外的不少人甚至将其误认为是江苏徐州。尽快挖掘衢州特色资源，宣传和推广衢州，提高衢州知名度和影响力，已然成为衢州市委市政府迫切要解决的问题。

　　为了让衢州"走出去"，早期的城市宣传，突出了衢州孔子和棋子的"两子"文化，以及其良好的生态文明，如"南孔圣地，浙江绿源，森林衢州""南孔圣地，围棋仙地""百里生态长廊，千年人文衢州""儒雅衢州，宜居之城""生态森林城，人居新衢州""绿色衢州，幸福之城""神奇山水 名城衢州"等等。这些宣传策略，虽然突出了本地特色，但是因辨识度不够高，所以难以给人留下深刻印象。2014 年市委宣传部发出衢州城市形象宣传语征集令，通过有奖方式鼓励市民积极参与。此举得到了市民们的热烈响应，为后续的城市品牌建设夯实了群众基础。2015年市委市政府启动了全国文明城市的创建工作，文明城市、文明市民与城市品牌建设的双重任务同时展开。

2017年，衢州市委首提"南孔圣地·衢州有礼"的城市品牌框架，并在旅游领域开展试点实践。经过一年的论证和实践，南孔文化中的部分内涵与城市品牌建设成功融合，充分彰显了衢州的历史文化特色，成为创建城市品牌的主要内容。2018年4月，市政府工作报告提出，以"南孔圣地·衢州有礼"城市品牌为核心，启动南孔文化复兴工程，加快儒学文化小镇建设，加强古建筑保护和古街区开发，以产业振兴带动文化复兴，推动"南孔文化重重落地"，打造一座有记忆、有温度，有灵魂、有衢州特色的历史文化名城。

2018年4月8日，衢州向全球征集"南孔圣地·衢州有礼"城市品牌LOGO形象和城市吉祥物形象。同年7月25日，衢州召开历史上第一次城市品牌发布会，正式向全球发布"南孔圣地·衢州有礼"城市品牌。将作揖礼作为城市品牌标识，确定"快乐小鹿"为城市吉祥物，"南孔爷爷"为城市卡通形象。

2018年5月7日，在全国文明城市创建誓师大会暨"南孔圣地·衢州有礼"城市品牌打造动员会上，衢州市委市政府提出城市品牌贯穿于创建全国文明城市的战略部署，并深化了"礼"的内涵，即对历史有礼、对自然有礼、对社会有礼、对未来有礼，全力打造"一座最'有礼'的城市"。此后，衢州市委市政府又进一步作出决策，将"南孔圣地·衢州有礼"作为衢州全市域总的城市品牌，将"衢州有礼"作为其中的核心品牌，成立城市品牌工作专班来系统打造城市品牌。在此基础上，将城市品牌建设提升至城市文明战略高度，并将此项工作纳入市委"1433 发展战略体系"，全面展开建设城市品牌工作。

衢州市委市政府围绕"南孔圣地·衢州有礼"城市品牌，展开一系列活动，除设立南孔文化讲堂、举办国际儒学论坛等活动外，还推出有礼大讲堂、文化礼堂、"衢州有礼·职工风采""衢州有礼·从我做起"等等，旨在通过学"礼"而将"有礼"内化于心。这些活动将中华优秀传统文化深深植根于城市品牌建设中，不断扩大"南孔圣地·衢州有礼"品牌效应和品牌影响力。"南孔书屋"是城市特色书屋，该书屋旨在逐步实现阅读均等化、标准化、数字化、社会化。这是提升南孔文化和"衢州有礼"影响力的又一重要举措，打造了衢州城市品牌文化地标。而加快南孔古城复兴，抓好古城保护开发建设则给衢州注入本地特有的文化基因、文化符号，留住了城市的根与魂。

此外，衢州将"有礼"不断融入城市市容市政整体提升和市民素质全面培养的过程中，强化价值引领，实现"有礼"的外化于行。如发动全民总动员的"人人公筷，家家光盘"主题实践活动，营造浪费可耻、节约光荣的浓厚氛围。自 2012 年以来，每年评选"最美衢州人"，并评选"衢州有礼"模范践行者，激励并带动更多的人崇德向善、见贤思齐、实干争先，做"有礼"衢州人。

近几年，衢州市持续倡导"八个一"有礼行为，即一座"车让人"的城市，一座"烟头不落地"的城市，一座"自觉排队"的城市，一座"使用公筷公勺"的城市，一座"行作揖礼"的城市，一座"不随地吐痰"的城市，一座"没有牛皮癣"的城市，一座"拆墙透绿"的城市。此举将"礼"的内涵具象化，有序将"有礼"融于市民文明生活中，通过人人可践行的"礼"，培育城市文明新风尚，为城市树立一个"衢州有礼"的显著识别形象，打造一座最有礼的城市。

在城市品牌宣传推广方面，充分运用"线上＋线下"互为融合、互相推进的"互联网＋"宣传模式，形成传统媒体和新媒体的同步共振。如开发"衢州有礼"微信公众号，以宣传和介绍"南孔圣地·衢州有礼"城市品牌为核心，介绍包含与"南孔圣地·衢州有礼"相关的新闻资讯、城市概况、景区介绍、人文历史、专题活动、住宿美食等板块，借助微信朋友圈的传播速度和广度，扩大品牌影响力。

一系列城市品牌建设推广和实践，提升了衢州城市形象，提高了衢州知名度、美誉度和辨识度。2020年在海南举办的第五届博鳌旅游传播国际论坛上，"南孔圣地·衢州有礼"城市品牌营销系列案例获得年度品牌营销的唯一金奖。在2021年中国地级城市品牌综合百强榜单中，衢州位列第35名，与2019年位列全国第45名相比前进了10名。

"南孔圣地·衢州有礼"已经成为衢州一张亮丽的名片，"有礼"是衢州这座千年古城最鲜亮的底色，"衢州有礼"深深浸润在城市历史文脉中，成为衢州最鲜明的标识。

延伸阅读

1. 王璐怡，钱关键，赵璐洁：《有礼文化，如何成为城市大IP》，《浙江日报》2021年10月27日。

2. "南孔圣地·衢州有礼"城市品牌工作专班：《衢州：打造一座最有礼的城市》，《浙江日报》2019年2月25日。

执笔人：张爱萍

最多跑一次改革：
公积金贷款"不见面"办理

2016 年 12 月，浙江省正式提出"最多跑一次"改革，衢州成为先期试验地。在两年左右的时间里，衢州在改革中找到了适合自身的发展节奏，从"一窗受理、一体化业务"到全部实行"无差别受理"，从"一网通办"到"同城通办"再到"一证通办"，衢州在"最多跑一次"变革中，追寻着"一次也不跑"的发展方向。

2000 年，浙江率先开展了综合政府公共服务机构建设试点工作。一年后，国务院办公厅下发《有关行政审批制度改革具体实施若干意见的通告》，正式提出政府审批制度改革。此后，浙江全省各地相继开始设置综合政府公共服务机构。正是在这样的改革发展背景之下，2002 年，衢州设立了行政服务中心。

办事不用先查地址去各个单位跑，而是统一到行政中心，但改革不能止于把中心做大做齐做加法。如果"到了中心里面，张三李四各成一体，对办事的人来说，只是少走了路，但程序依然烦琐"。

2016 年 9 月，衢州市行政服务中心启动试点"一窗受理、集成化业务"管理模式，经过综合建设投资建设项目申请、公司备案办理、不动产贸易备案、非常驻机关申请事务等多个板块，设立集三十多个政府部门二百余个事务受理职能于一身的"集成化业务"门户。后来，在推进"一窗受理、集成服务"的基础上，衢州全面推行了"无差别受理"。

2017 年 3 月，浙江省政府办公室印发《全省公共数据共享目录(首批)》，不久就收到了一个来自衢州市行政业务管理中心的"点菜单"——申请使用《全省公共数据共享目录（首批）》中的与公积金服务申请有关的信息。

省属单位"信息孤岛"被打破后，衢州公积金管理首先有机会共用全省数据信息，并且借"最多跑一次"改革的东风，2015 年以来，衢州市住房公积金中心陆续与银行联网、中国人民银行征信系统联网、社保部门数据联网，又通过浙江省政务大数据平台实现自然资源、公安、民政等 10 个部门的信息联网。原来要去七个单位，跑十趟，最少需要五天才能办好的公积金业务，现在只要带上身份证和买房协议，经市行政服务中枢"一窗受理"后，就能"一条龙"申请公积金信贷了。而且，在衢州申请公积金贷款的群众还在浙江省率先开启了无需个人收入凭证、征信材料、社会保险凭证等的"无证明时代"。

对于改革带来的便利，已经做了十多年地产中介的高辉感受深刻，他说："1 个窗口，30 分钟，二手房不动产买卖入户就办理完成了，再等 1 个小时就能拿证了。"对于这样的变化，他的感受只有两个字：震撼。

"一窗受理"带来的办理业务时间的缩短，主要是依靠多个相关部门业务打通来实现的，如国土局不动产登记中心将财税、国土资源、住建 3 个部门的业务打通，之前办证要求到必须三个部门走十趟,现在只需要到一个窗口走一趟;以前要反复提交的三十多项信息,现在缩减成了只需一张身份证;以前从办证到领证的时间为三十个工作日,现在六十分钟立等可取。

改革只有进行时,没有完成时。衢州市住房公积金中心以"浙里办"为服务端,通过部、省、市和合作银行的12个部门、13类数据同步共享,形成住房公积金贷款"不见面"数据支撑专题库,开展线上同步面签。贷款人、房开公司、合作银行和住房公积金电子合同同步签章确权,贷款时间从原来平均90分钟,缩短为申请、面签分阶段各15分钟左右。原来最快需7天才能完成从申请到放款的组合贷款业务,现在最快4个小时可实现申请、审核、面签、抵押、放款、存档全流程贷款业务,政企高效协同真正实现了"数据多跑腿,群众不跑腿"。

"最多跑一次"改革发展的基本原则和方向就是要让人民有更多获得感和幸福感,要多推进能够解决广大人民群众"急难愁盼"的变革。"最多跑一次"就是从这些改革中的痛点和难点切入,通过提高政府机构效能,重点解决群众反映的"办事慢、办事繁、办事难"的问题。

"最多跑一次"改革是推进政府机构变革和推动行政管理现代化的重要创新,规范了政府行为、优化了政府职能,必须不断推进和不断完善。只有更多的地区、机关和领域把群众利益的"一个事"落实为政府部门公共服务的"一个结",变"群众利益跑"为"数据跑",从"跑一次"中,才能让人民群众有更多获得感。

"最多跑一次"改革,与人民日常息息相关,是推进"放管服"改革的关键抓手。在改革中,衢州更多的地区、部门主动求变,不同行业和领域不断深化变革。2022年10月8日,衢州市政务服务中心新址正式启用,"最多跑一次"改革再次升级,在新中心办理公积金、社保医保等业务将更智能、更便捷，公交IC卡、高速ETC、中石油、中石化、三大通信运营商、华数电视、水电气、工商代理、邮政等便民服务，一站式解决问题。"最多跑一次"改革在不断创新办理业务的工作方式，真正实现了"最多跑一次"。

延伸阅读

胡翀：《衢州："最多跑一次"改革的先行者》，《浙江工人日报》2018年9月21日。

执笔人：刘畅

衢州五水共治：
一座金鼎背后的"红色守护"

　　浙江省"五水共治"工作优秀市（县）"大禹鼎"自2014年起设立，每年评选一次。获得三次"大禹鼎"方可授予"大禹鼎"银鼎，获得三次"大禹鼎"银鼎方可授予"大禹鼎"金鼎。可以说，"大禹鼎"金鼎是当前浙江省"五水共治"工作的最高荣誉，是检验一地治水成效的重要标准。

　　2022年7月8日上午，全省建设新时代美丽浙江推进大会暨生物多样性保护大会在浙江省人民大会堂召开。会上传来喜讯：衢州喜获2021年度浙江省"五水共治"（河长制）工作优秀市"大禹鼎"金鼎。

　　自2014年以来，衢州连续八年夺得"大禹鼎"，两次夺得"大禹鼎"金鼎。这份沉甸甸的荣誉是衢州人民脚踏实地、深入践行"两山"理论实践的成果，也是对衢州治水工作的全面肯定。

　　人们常说，伟大的思想引领伟大的时代。衢州作为钱塘江的源头，承担着维系钱塘江全流域生态安全的战略任务。在习近平生态文明思想的指导下，衢州市委市政府时刻牢记习近平总书记对衢州的"八个嘱托"，以创新争先的精神，一届接着一届干，轰轰烈烈地开展了以"治污水、防洪水、排涝水、保供水、抓节水"为重点的"五水共治"工作，体系化、全域化地推进美丽河湖建设，展现出了一幅幅战天斗地、可歌可泣、波澜壮阔的现代"大禹治水"画卷。衢州的水质和水环境面貌也因此有了质的提升，全市出境水稳定达到Ⅱ类水以上，实现了由"美丽河湖"向"幸福河湖"的迭代和升级。如今，碧水蓝天已然成了衢州的背景色，城乡处处呈现出"水清、岸绿、景美"的喜人景象。

治水只有进行时，没有完成时。"五水共治"是一项长期的系统工程，也是一个动态过程，坚持不懈才能取得实效，看到成绩。大禹治水的精神是民为邦本、无私奉献、敬业和科学创新的精神，"五水共治"的价值追求与大禹治水精神一脉相承。

衢州"五水共治"，八夺"大禹鼎"，从铜鼎、银鼎到金鼎，是对大禹治水精神的传承，是系统治理、改革创新、全民参与等治水理念的持续迭代。一座座"大禹鼎"的背后，见证着衢州多年来的接续奋斗。人民群众治水的获得感、满意度、幸福感已连续多年排名全省第一。衢州的蓝马甲志愿者人数和"五水共治"主题公园（展示馆）的规模在不断壮大，治水效应不断彰显，治水、爱水、护水正成为全社会的自觉行动。"五水共治"已成为极具品牌影响力的民心工程。

当前，衢州治水系统正以荣获"大禹鼎"金鼎为新的起点，深入贯彻习近平总书记考察浙江重要讲话精神，进一步强化"窗口意识"，不负青山不负水，将担当与争先融入三衢大地的每一条河流，确保治水工作持续走在全省前列，继续高水平推进"五水共治"。

延伸阅读

1.《向全市人民报喜！衢州荣获全省五水共治最高奖——"大禹鼎"金鼎》,"衢州治水"微信公众号 2021 年 5 月 18 日。

2.《八夺"大禹鼎"背后的衢州担当》,浙江新闻网 2022 年 7 月 9 日。

执笔人：伍立志

杭衢高铁：
畅通新时代经济发展通道

　　衢州素有"四省通衢，五路总头"之称，是浙江省与其他相邻省份相连接的重要交通枢纽。2020年3月，杭衢高铁正式开工，线路总长约240公里，规划自杭州西至衢州西（延伸至江山），设计时速350公里，计划工期3.5年，建成通车后杭州到衢州行车时间约40分钟。杭衢高铁在省内联通杭州市与衢州市，使两地交通更加便捷，同时也是长江三角洲地区城际轨道交通网络的重要组成部分，承担着衢九铁路和杭黄高铁之间的联络线功能。杭衢高铁是衢州市"交通建设、开放开发的标志性工程"，它的建设和开通，对衢州加速拓宽对内对外开放通道，加快开放型经济发展，积极主动地融入长三角一体化，全面融入杭州都市圈都起到了强力的推动作用。

　　杭衢高铁成为畅通衢州经济发展的重要交通线，打开了一条通往致富的道路。杭衢高铁（建衢段）北起建德市，经建德市区东侧、龙游北侧后至衢州西，最终接轨沪昆高速江山站，为畅通衢州经济发展开辟了道路。

　　杭衢高铁建设推动衢州构筑现代综合交通枢纽，重塑了新时代衢州经济发展时空格局。

同时，杭衢高铁是浙江中西部生态经济区的大动脉，这条大通道可以高效提升杭州都市圈集聚效应，推动其辐射能力，进而提升衢州、建德等高铁沿线城市的经济发展，有利于推动衢州全力建设四省边际中心城市和打造内陆开放"桥头堡"。不仅如此，杭衢高铁也是打通浙江经济发展的重要通道，对推动浙江省经济发展是非常必要的，也是非常紧迫的。

杭衢高铁的建设克服了重重困难，推动了衢州发展的自信。杭衢高铁是长三角城际快速交通网的重要组成部分，对进一步扩充浙江省铁路网骨架，整合、打通长三角城际轨道交通网具有重要作用。2022 年 11 月 5 日杭衢铁路常山江特大矮塔斜拉桥顺利合龙，标志着杭衢铁路衢州梁场向衢州西站方向架梁通道已打通，杭衢铁路控制性工程建设取得突破。常山江特大桥是杭衢铁路和九景衢铁路上行联络线跨越衢州市常山江的共同通道，三线铁路在此并行通过，是杭衢铁路全线跨度最大，也是全线唯一的进轨通道。同时，杭衢铁路常山江特大桥也是全线结构技术最复杂、单体工程量最大的桥梁结构工程。杭衢铁路（建德至衢州段）全线控制性工程采用双塔双索面预应力混凝土梁矮塔斜拉桥，桥面以上塔高 52 米，桥梁全长 3700.7 米，主桥长 475.8 米，主跨 240 米，桥面宽 21.3 米，索塔采用直立式桥塔形式，是目前国内跨度最大的高速铁路三线矮塔斜拉桥。负责现场施工的中铁三局集团有限公司深入开展科研攻关，采用"高速铁路大直径钻孔桩套钻快速成孔施工工法""高速铁路三线矮塔斜拉桥 17 万千牛支座安装施工工法"等创新手段解决了矮塔斜拉桥多项技术难题，科研攻关成果达到国内领先水平。

杭衢高铁以开放的姿态有序推进合作发展。杭衢铁路是我国首条采用"PPP+EPC"模式运作的高速铁路，是浙江省大通道建设十大标志性项目之一，具有重大的实践价值。杭衢高铁建成后，将实现衢州到杭州多点、多通道连接，有利于打通浙江省内部的交通要道，大大提升经济发展成效。

"要想富，先修路"，杭衢高速铁路建设关系到衢州长远的未来，助推衢州进一步融入长三角一体化发展，促进区域经济社会发展。杭衢高速铁路的建成，能助力浙西地区高质量发展建设共同富裕示范区，充分发挥杭州西站交通枢纽功能，形成"融杭联甬接沪"开放新格局，深化杭州市和衢州市的战略合作，推动衢州深度融入长三角一体化。

杭衢高速铁路推动了浙皖闽赣四省协作区发展，有利于构建高质量区域发展布局。杭衢高速铁路构建起互联互通的长三角城际快速交通网，从杭州市区到衢州不必再绕行诸暨、义乌、金华。同时，杭州西部各县（市、区）的居民去西南地区，可直接经杭衢铁路转沪昆高铁，到长沙、贵阳、昆明等地；也可以转京广高铁到广州深圳等地，同时，纵横联动的铁路交通网络有力地缓解了沪昆高铁的运输压力，对完善综合浙江省铁路网布局起到了至关重要的作用。衢州是杭衢高铁交通枢纽中的重要一环，杭衢高铁的开通必然带动衢州交通枢纽的全面畅通，推动衢州经济进一步开放发展。

延伸阅读

邹乡月，徐双燕，蓝勇，陶蕤：《我市城市道路建设有序推进——走进城市发展"十大专项"行动系列报道之二》，《衢州日报》2022年9月1日。

执笔人：罗文双、蒋超、张爱萍

"衢州有礼"诗画风光带:
打造"富春山居图"的衢州实践

　　沿着95联盟大道,漫步如诗如画的江边小村,感受富有烟火味道的古城老街,驰骋在被称为"小西藏"的"最美公路",欣赏四季的不同景观。如今,总长二百八十多公里的"衢州有礼"诗画风光带,吸引了越来越多的游人驻足打卡。衢州,这座拥有一千八百余年历史的中国历史文化名城,已成为长江三角洲一带重要的旅游观光目的地。

　　开化构筑百里金溪画廊、常山建成"宋诗之河"、龙游推进"两江"廊道示范带建成"一江两港三溪"(衢江、江山港、常山港、庙源溪、石梁溪、马金溪),串联起了衢州全长约二百八十多公里的诗画风光带,具备资源唯一性、自然环境多样性、人文丰富性等三大优越条件,连接着衢州国际历史文化名城、江郎山全球天然遗迹、钱江源国际公园等有着全球影响的自然景观人文资源。近年来,衢州在衢江、江山港、常山港、庙源溪、石梁溪、马金溪等区域,规划建设"衢州有礼"诗画风光带,使其成为推进城乡繁荣共同富裕的示范带,推进美丽经济发展,带动百姓生活富裕，收入逐渐增加。近年来，衢州努力构建"目的地＋集散地"，全方位融合钱塘江流域唐诗之路黄金旅游观光带、浙西南生态旅游带、浙赣边际合作(衢饶)示范园和浙皖闽赣生态观光协作区建设工程，大力发展旅游、健身、老年人养老生活、社会文化健康发展、体育运动等福利产业。

假期秋高气爽，位于衢江区杜泽老街上的谢继传统糕点作坊内，游人排队选购传统小吃桂花饼。杜泽灌肠、米糕，传统打铁和手工制作等铺子吸引着众多游客驻足。2019年，杜泽老街本着修旧如旧原则尽量保持原貌进行改建，保留了老店、老手艺和传统特色小吃，改造后的老街守护了情怀，又焕发了新的商机，变成新旅游点。

在"衢州有礼"诗画风光带上，像杜泽镇这样打造特色老街的村落还有不少，龙游县溪口老街，柯城区东村，航埠镇严村樟树湾，发展红糖等特色农产业的江山李坪村，推广"红柿＋古道＋民宿"的衢江区峡川镇东坪村，开发花海旅游的常山县徐村镇，金水岸开化县下淤镇，等等。这些村落经过乡村重新规划建设已经打造成为小有名气的网红村，每到周末和节假日，特别是春暖花开时节，游人络绎不绝，村民们在景区内就可以做生意，甚至在家门口挣钱。

"衢州有礼"诗画风光带涉及了衢州市大约11%的农业用地面积，并聚集着40%的户籍居民，包括六个县(市、区)的20多个国家3A级及以上景点和60多个传统历史村落。如此规模众多的景点则需要更长远的规划引导。因此，在衢州分别制定并实施了《"衢州有礼"诗画风光带概念规划》《"衢州有礼"诗画风光带监管导则》《"衢州有礼"诗画风光带重点产业发展规划》等，各县(市、区)也制定相关计划，做好自然资源和历史人文资源的保护和开发，突显"自然味、农业味、乡村味"，做到人与自然和谐共存。

有了诗和远方，还需要项目夯实基础。美丽沿江公路是"衢州有礼"诗画风光带的支柱性基础建设工程项目，为沿江工业格局、美好农村构建和休闲旅游发展打通了道路，作为"95联盟大道"衢州段的组成部分，进一步推动衢州、黄山、南平、上饶"联盟花园"文旅联动。

"我们力争把'衢州有礼'诗画风光带发展变成发展带、共富带、福利带、社会文化发展带"，"衢州有礼"诗画风光带创建任务专班领导说，自2019年开启"衢州有礼"诗画风光带工程以来，衢州坚持"工程发展为王"，围绕旅游、社会文化发展、体育、健身、养老、绿色农产品等美丽经济福利行业，高标准规划一个个大项目、好工程。

《衢州市大花园建设行动纲要》指出，到2022年，将初步建立"国家主题公园+美好都市+美好农村+美好田野"的空间结构形式，基本达成"工业生产空间设计集约有效、日常生活空间设计宜居适中、自然环境空间设计山清水秀"的工程建设目标，基本实现"大园区+大平台""旅游目的地+集散地"的功用定位目标，力争建成"诗画衢州"国内顶级游览目标和全球顶级生态观光旅游目标。

聚焦城乡高质量发展，聚力城乡大花园建设，衢州将坚持"青山绿水，天然原乡"的城乡底色——围绕"优美、激情、睿智"三个关键词，以"天然田野风景、诗情江南生活"为目标，谋划打造出"六地融合"（柯城区、衢江区、龙游县、江山市、常山县、开化县）、"六位一体"（山水林田村镇）的"衢州有礼"诗画风光带，形成衢州版的"富春山居图"，展示新时代衢州的新愿景。

延伸阅读

1.钱关键，刘一奇：《衢州：绘好新时代"富春山居图"》，《浙江日报》2021年1月31日。

2.于山，陈明明，丰莉莎：《共富示范带串珠成链》，《浙江日报》2021年10月3日。

执笔人：刘畅

碳账户金融：助推共富发展

　　衢州市努力打造碳账户金融城市，构建完善的碳账户金融体系。近年来，衢州为贯彻落实"绿水青山就是金山银山"的发展理念，努力打造支持环境改善的绿色金融衢州模式 1.0 版。2014年，浙江省政府确定衢州市为全省首个，也是唯一一个绿色金融综合改革试点。2017 年 6 月衢州市正式获批国家绿色金融改革创新试验区。在党和政府的领导下，衢州市发挥自身资源优势，并借助碳账户金融体系实现了经济的高质量发展，并且衢州在绿色金融的推动下，成功实现了单位 GDP 能耗持续降低。不仅如此，衢州市全面贯彻"双碳"目标，率先建设覆盖工业、农业、能源、建筑、交通运输、个人六大领域的碳账户，大力构建碳账户金融的"5e"闭环系统，为企业"解锁"低碳发展新动力。

　　金钥匙解锁共同富裕"绿色金融"创新发展路径。衢州市从碳账户的数据采集、核算、评价三个环节搭建公共数据平台，实现了对衢州经济发展的有效监管，助力后续宏观调控和科学决策。并且，通过引入碳账户金融管理体系，衢州市不仅实现了经济的持续、健康、绿色发展，更是建立起一套完备、系统、科学的金融账本，有利于建立健全数据准确、核算科学、评价客观的碳排放"e本账"。

据2022年9月6日《衢州日报》的报道，衢州范围内已上线3002家企业的碳征信报告，并在"e超市"中上架"低碳贷"和"减碳贷"金融产品，形成了影响力深远、使用面广大、数据统计高效、管理便捷的碳账户金融管理体系。此外，企业可根据实际需求选择金融机构、金融产品，在线提交申请，完成银行线上受理。这些举措进一步提升了企业碳账户信息与贷款金额、利率、期限及担保方式的运用和提取效率，全面推动了企业碳金融产品，以及个人碳金融产品的发展。

根据衢州市统计局发布信息，2022年衢州规模以上工业增幅位居全省第三，2022年全市规上工业增加值创历史新高，突破600亿至609.7亿，同比增长9.6%（高于全省5.4个百分点），实现了经济的快速发展，迎来了高速发展的时期。碳金融作为重要金融管理手段进一步促进了新材料产业、高技术产业、数字经济核心产业的发展，成功实现了碳金融赋能和助力衢州经济发展的宏大目标。同时，碳账户金融助推共富发展更是体现了衢州市深化对"绿水青山就是金山银山"发展理念的认识、科学把握，对绿水青山的自然生产力内涵的理解，并全面贯彻新发展理念和绿色低碳共富新实践，加快探索绿色低碳转型衢州模式，实现绿色制造、绿色产业和绿色金融创新升级。

碳账户金融助推共富发展。碳账户金融助推共富发展是对传统经济社会发展模式的冲击，也是对新型经济发展模式的塑造，是在"破旧"与"立新"、"变"与"不变"、"局部发展"与"共同富裕"的有机交融中形成了衢州经济发展新面貌，有利于发挥碳账户金融的力量，助推共富发展，推动衢州市经济社会发展全面转型升级。正是基于上述改革的成功实践，衢州坚持共同富裕与"碳达峰""碳中和"通盘筹划、协同发展，"以数字化牵引低碳化"，建立起衢州碳账户建设标准。该标准聚焦"碳排数据不准确、核算标准不统一、评价方法不客观"等全国共性问题，创新出一整套涉碳数据自动化采集和全量化归集机制，建立产学研协同发展的碳账户金融助推共富发展长效机制，在全国率先形成了碳排放智能监测和动态核算体系，初步实现了各领域、各行业、各企业碳排量可监测、碳足迹可追踪、碳效能可评价。根据 2022 年 11 月 4 日衢州市发展和改革委员会官方网站报道，"浙江省衢州市率先探索数字控碳，已为 234.2 万个企业和个人建立碳账户，创新开发碳账户金融产品"，衢州建立碳账户实现"数字控碳"相关实践被写入《中国应对气候变化的政策与行动2022 年度报告》。衢州市规上企业和居民个人碳账户覆盖率分别达 100%、93%。碳账户正成为衢州市企业经营、居民生活的标配、标识、标准，并上升为全省"双碳"智治平台的基础应用。

全面推动衢州高质量的共同富裕建设。在碳账户金融助推共富发展的背景下，衢州正在以高质量发展建设四省边际共同富裕示范区为战略目标。然而，衢州的发展不能独享，而是要在共享理念的基础上不断提升碳账户金融助推共富发展的影响力，推动高质量的共同富裕建设，全力以赴打造一座高质量发展、高标准服务、高品质生活、高效能治理、高水平安全的四省边际中心城市，不断缩小衢州与其他地区、衢州市内部、城市与乡村的发展差距，全力使碳账户金融助推共富发展。衢州市碳账户体系被写入《中国应对气候变化的政策与行动 2022 年度报告》，在共享、共建、共治的理念之下，未来的衢州必然踏上高质量发展新坦途，持续释放改革创新动能，充分彰显绿水青山价值，不断舒展奋发崛起的高质量发展新图景，满足人民对美好生活的向往。

衢州发挥敢为人先的创新精神，"加快探索绿色低碳转型衢州模式"，建立起衢州碳账户建设标准，全面推动了碳账户金融基层探索实践，助推了衢州经济社会发展，营造了衢州发展新格局和新面貌，为浙江省乃至全国"双碳"市场化机制改革提供了示范样本。

 考察点

衢州绿色产业集聚区

延伸阅读

1.《衢州市人民政府办公室关于深化基于碳账户的转型金融工作实施意见（2022—2026年）》，衢州市政府门户网站2022年9月28日。

2.蓝晨，刘红飞，夏旻星：《"双碳"的衢州实践何以"引爆"国际高端论坛》，《衢州日报》2022年9月6日。

执笔人：罗文双、蒋超

"两山银行"生态资源储蓄单

　　浙江省衢州市常山县地处钱塘江源头，是国家重点生态功能区，森林覆盖率高达 73.2%，空气质量更是常年保持在二级以上。常山县因其得天独厚的地理位置，相较于其他地区有着明显的生态优势。但是，生态优势往往难以量化，如何在保证常山县原有生态资源不被破坏的情况下，将资源优势转化为经济优势，是常山县面临的难题之一。

　　聚焦于"绿水青山"转化为"金山银山"的短板问题，常山县努力寻求突破口，深入践行"绿水青山就是金山银山"的理念，将各类生态资源归集整合统一开发，创造性地提出"两山银行"。2020 年 9 月，"两山银行"正式实行实体化运营，开启了浙江省先河。

　　要实现将生态资源转化为经济效益，首先要完成的是收储。对农村闲置荒废或者利用率较低的"山水林田湖草地房矿"，"两山银行"将其进行标准化集中收储，使这些零散资源集合成规模。收储之后，由专业机构评估这些"商品"价值多少。常山

"两山银行"以农业产业投资银行、生态资源储蓄银行、低效资产招商银行、文化资源开发银行、有偿权项变现银行"五大行"为目标定位，搭建了资源集聚、资产交易、信用担保、招商对接、农业投资、生态补偿"六大平台"，完善村级合作组织、评估机构、担保机构等十大支撑体系，全面摸清生态资源"家底"。

清楚了这些"商品"的价值，如何将它们"变现"是我们的最终目的。"两山银行"所建立的增信体系，对生态资源主体的经营权、生产资料等的有偿取得权进行金融赋能，把农民从土地上彻底"解绑"。例如，常山青石镇的东方巨石阵景区每年都能吸引不少游客前来体验，但是该景区在开发和运营等方面的资金压力很大。景区负责人毛先生说，他们有很多景观石，想拿来做抵押物向银行借贷，但很多商业银行并不认可，因为虽然这些石头在"玩家"眼中很值钱，但是因为观赏石无法进行确权登记、没有统一市场评估价，很难发挥其价值。现在有了"两山银行"承诺兜底收购景区内"诸葛八卦阵"景点的景观石，并经专业机构评估，该景区成功拿到 300 万元贷款，大大缓解了景区经营的资金压力。

奇石贷、胡柚贷、林权贷、民宿贷、苗木贷……通过担保、承诺收购、优先处置等形式，由"两山银行"增信，盘活资源，为企业、商户和农户经营提供了资金。

"两山银行"在激活农业农村资源方面的效能尤其明显，通过明确收储标准，以租赁、入股等形式，将原则上相对连片的闲置农房、宅基地、经济林和山塘水库等纳入存储，结合土地大流转、农民集聚各类政策资金，活化农户手中的宅基地经营权和使用权。

常山"两山银行"盘活优质生态资源的改革创新实践成功入选 2021 年度中国创新发展典型案例、浙江省年度数字化改革获奖案例。2022 年 2 月，常山"两山银行"再次入选浙江省乡村振兴十佳创新实践案例，"两山银行"正成为常山乡村振兴的金钥匙，"绿水青山"转化为"金山银山"的助推器，为其他地区乡村发展绿色经济提供范例，助力更多山区富农增收。

改革仍将继续，"两山银行"下一步将继续深化"生态云脑"建设，强化数字化赋能，通过改革创新，把"两山银行"的触角延伸到更多的乡镇和村庄。

基于"两山银行"的成功探索，2021 年，衢州市全域启动了"两山合作社"改革，在浙江高质量发展建设共同富裕示范区背景下，"两山合作社"继续探索"唤醒"沉睡资产、促进生态资源价值转化的生态共富模式，将"绿水青山就是金山银山"理念贯彻落实。

延伸阅读

黄平，柳文，徐燕飞：《浙江常山"两山银行"成了金钥匙》，《经济日报》2021 年 4 月 17 日。

执笔人：伍立志

"科创飞地" 带动山海协作

　　相对于浙江其他地区，衢州经济社会发展速度偏慢、产业结构偏重、高校科研院所和高级技术人才比较稀缺。怎样通过技术创新来推动衢州经济社会高速发展？衢州市眼睛向外、另辟蹊径，构建技术创新飞地，借力形成技术创新驱动蓬勃发展的生态系统。"科创飞地"，成为统筹区域协调、山海协作，推动高质量发展建设四省边际共同富裕示范区的有力抓手。

　　2012 年底，衢州在杭州未来科技城建设衢州海创园，这是浙江省第一个跨行政区建设的创业园区创新飞地建设。衢州海创园开启了"研发孵化在杭州、产业转化在衢州"区域经济合作模式，实现跨地域联合发展战略，突破了衢州和杭州的时空局限，有效促进了杭衢两地技术、产品、资源等各领域的互动和行业生态互联、共享。这一创新是跳出衢州发展衢州，实施人才战略的重要探索，也是山海协作模式的创新性探索。衢州海创园是"科创飞地"的成功实践，其有力推动了浙西南山区实现高质量发展，为区域协调发展提供了典型示范。

2013 年以来，衢州主动走出浙江，先后在上海、北京、深圳等地创建上海张江（衢州）生物医药孵化基地、北京中关村产业协作园、深圳前海创业园等"科创飞地"。在上海张江成立的衢州生物医药孵化基地探索了"孵化在上海、生产在衢州"的产业培育新模式，开创了浙江跨省建立"科创飞地"的先例。北京中关村产业协作园、深圳前海创业园等"科创飞地"则加快了衢州在生物医药、集成电路产业优质项目的培育和引进。深圳前海创业园发挥了珠三角区域的产业优势，为打通衢州与深圳乃至珠三角区域产业链、资金链、人才链提供平台。

2017 年，杭州和衢州两地积极响应浙江省委省政府打造"山海协作升级版"号召，衢州海创园锚定了更高发展目标，通过培育新兴业态的新基地、赋能产业转型的新引擎、打造高端人才的新特区和财政税收的新增长点。

如今，衢州"科创飞地"建设已取得了诸多成果和阶段性成效。政府通过资源配置的优化，实现税收及园区营收的两地分成，让相对欠发达地区能够共享快速做强的杭州所带来的发展红利；但更关键的是，"科创飞地"能够通过异地孵化、本地开花，进一步共享杭州的资金、人才、创新资源，实现本地产业的跃迁式发展。与"产业飞地"和"消薄飞地"以行政牵引为主不同，这类"飞地"的自主性与灵活性更高。自 2012 以来，浙江衢州先后在上海、杭州、北京、深圳等地创建了六大"科创飞地"，取得了诸多探索经验和阶段性成效。

2021 年浙江省继续落实"八八战略"，浙江省政府办公厅印发了《关于进一步支持山海协作"飞地"高质量建设与发展的实施意见》，明确山海协作"飞地"是指衢州市本级、丽水市本级和山区 26 县（飞出地）到省内其他地区（飞入地）开展异地投资建设的经济实体，包括产业、科创、消薄三类"飞地"，致力于增强山区 26 县内生发展动力、开辟税源增收渠道。建设"飞地"是我省实施长三角区域一体化国家战略和推进"四大"建设的内在要求，是解决区域发展不平衡不充分问题、推进"两个高水平"建设的有效途径。

衢州探索"科创飞地"的经验表明，飞地可以视作城市的小型片区，同样绕不开"人、钱、地、体制机制"的"四大难题"，其中人才引育、资金资本、土地空间是发展的"果实"，而体制机制是土壤下的"根系"。飞地经济因其独特的发展方式，需要梳理并破解更为复杂的体制难题，包括飞入地＋飞出地的政策、办事、数据打通问题，联络处（如原衢州"驻杭办""驻京办"）的多头管理、缺乏统筹问题，跨省跨市的财政体制结算问题，科创企业从孵化到落地的引、育、奖、留问题，资产所有权和经营管理权的代理人问题，园区考评考核的专业性问题，人才享受飞入地公共服务和子女教育问题，等等。衢州发展"科创飞地"的成果及提升空间为飞地经济下一步的发展提供了参考和借鉴。

延伸阅读

1.《省发展改革委关于省政协十二届五次会议第 122 号提案的答复》，浙江省发展和改革委员会网站 2022 年 11 月 8 日。

2. 张梦月：《杭衢牵手十六年"创新飞地"成效斐然》，浙江在线 2018 年 6 月 13 日。

执笔人：刘畅

衢黄南饶"联盟花园"

衢州地处浙皖闽赣四省边际，素有"四省通衢"之称，2021年衢州联合毗邻黄山、南平、上饶三市合作共建浙皖闽赣（衢黄南饶）"联盟花园"，打造浙皖闽赣国家生态旅游协作区。

衢黄南饶"联盟花园"一体化建设是衢州市区域协同发展的重点项目，是以《长江三角洲区域一体化发展规划纲要》为蓝本，倡导浙皖闽赣生态旅游协作，建立健全衢黄南饶"联盟花园"的生态旅游项目，实现不同地区的跨区域交流，充分利用和发挥各自的区位优势，全面打造长三角绿色美丽大花园，构成了长三角一体化发展的"最佳实践"。例如：衢黄南饶"联盟花园"确定logo为"四叶草"形象，象征着"联盟花园"幸福、幸运、爱情、吉祥，其整体又像一朵花，寓意着"联盟花园"回归自然、多姿多彩的美丽景象，践行"两山"理念，开出生态富民、共同富裕之花。

衢黄南饶"联盟花园"在人与自然和谐共处中推进共同体建设。衢黄南饶"联盟花园"充分利用人文优势和自然优势，共同推进不同地区的生态旅游协作，形成了衢黄南饶"联盟花园"。衢黄南饶"联盟花园"借助山水相依、风俗相近、人缘相亲的天然优势，形成了全国旅游发展条件最优越的区域之一和省际旅游一体化发展的核心区。《福建日报》2021年1月23日《南平联手衢黄饶三市打造旅游"联盟花园"》一文报道，衢黄南饶"联盟花园"现有世界文化和自然双重遗产2处、国家5A级旅游景区9个、4A级旅游景区82个。总的来说，衢黄南饶"联盟花园"体现了站位高远、立意深刻、目标宏大、实践高效的特点，通过积极沟通、主动作为，建立起更加有效的区域协调发展新机制，形成了具有坚固内核和坚硬外壳的"联盟花园"结构体系。与此同时，衢黄南饶"联盟花园"不断提升区域影响力和对外传播力，积极打造长三角一体化协同发展体系，积极践行乡村振兴和共同富裕发展战略，通过生产、消费、分配的积极引导建立起良好的发展循环，使得衢黄南饶"联盟花园"成为长三角地区连接内陆地区的产业集聚地和物流大通道、旅游经济发展新的增长极，形成了衢黄南饶"联盟花园"共同体。2021年9月全线贯通的"95联盟大道"是串联衢黄南饶"联盟花园"优质旅游资源的旅游环线，一路尽览四省四市秀丽风光，沿途有不少古村、古镇，还有江郎山、黄山、武夷山等世界遗产。极具特色的联盟大道各个驿站已成为"95联盟大道"网红打卡点。

　　衢黄南饶"联盟花园"建立了开放、包容的协同发展体系。衢黄南饶"联盟花园"围绕协议通力协作，共同加快打造一批具有竞争力的旅游产品、策划一批具有影响力的营销活动、推进一批具有牵动性的重大项目、建立一套具有执行力的组织体系，努力把"联盟花园"打造成为新时代引领乡村振兴战略发展的重要品牌。《安徽日报》2021年1月25日在《浙皖闽赣四市共建"联盟花园"》的报道中指出，衢黄南饶"联盟花园"推进四市旅游市场一体化建设，推进市民待遇、媒体资源、展会平台等共享，鼓励旅行社客源互送共招、产品合作共推，实现了"产学研"协同发展。另外，衢黄南饶"联盟花园"积极鼓励四市旅游企业、旅行社、景区、酒店、民宿等市场主体建立多层次的行业发展联盟，形成了共同参与四市重大展会活动的盛大局面。

衢黄南饶"联盟花园"不仅仅是要实现经济的发展，更是要以高质量的经济发展形成长三角一体化发展的"最佳实践"。衢州、黄山、南平、上饶共同签订了《浙皖闽赣（衢黄南饶）"联盟花园"合作共建框架协议》，从法律层面保障了衢黄南饶"联盟花园"的未来发展，吹响了浙江、安徽、福建、江西四省跨区域一体协同发展的集结号。同时，衢黄南饶"联盟花园"致力于打造国家级旅游休闲城市群和世界级生态文化旅游目的地，充分发挥四省四市优质旅游资源，尤其是良好的生态旅游资源，倡导"生态优先、绿色发展、统一规划、一体打造、政府推动、市场运作、创新机制、共建共享"的发展原则，建立健全浙皖闽赣生态旅游协作机制。

衢黄南饶"联盟花园"以开放、包容的姿态深入推进了长三角一体化发展"最佳实践"，体现了开放自信、创新争先的新时代衢州人文精神，体现了"四海归家"的合作思想，实现了跳出衢州发展衢州、高质量发展建设四省边际共同富裕示范区的目标。

 考察点

"95 号联盟大道"

延伸阅读

　　徐双燕：《"联盟花园"打造浙皖闽赣"风景共同体"》，《衢州日报》2022年1月8日。

执笔人：罗文双、蒋超、张爱萍

浙江时代锂电：
拉开了衢州高质量发展序幕

    2021 年 7 月 18 日上午，在衢州智造新城举行了浙江时代锂电材料国际产业合作园项目（一期）开工仪式，这是衢州历史上单体投资最大的先进制造业项目，被列入省长工程和省重大产业项目（预选类）。这个项目由浙江时代锂电材料有限公司投资，是对新能源、新材料、新动力、新体系的全新尝试，并且建立起相关的配套设施，真正做到了人才为主、技术创新和观念先行，构建起政府、金融、企业三方合作的整体发展布局和协同结构，对推动衢州经济高质量发展起到了重要作用。

    浙江时代锂电的转型升级与创新发展具有深刻的现实背景，是衢州经济发展顺应社会主流的典范，秉承了创新、协调、开放、共享、绿色的新发展理念，揭开了衢州市整体推进高质量发展的序幕。不仅如此，浙江时代锂电还注重建立完善的协作机制，充分借助国家制造业转型升级基金、国家绿色发展基金、国新综改（杭州）基金、浙江省政府产业基金、衢州市政府产业基金的力量，深度开展与其他企业的合作。2022 年 6 月 30 日，在衢州举行了浙江时代锂电材料有限公司基金投资签约仪式，标志着浙江时代锂电66亿元基金投资正式落地。此外，浙江时代锂电还注重把握生产与效率的有机合一，努力构建各机构之间的有序合作，使各职能部门各司其职、密切协作，争分夺秒、速决速办，取得了不错的发展成效。浙江时代锂电材料国际产业合作园项目公司5天内完成注册，一周内完成土方平整和招标开工工作，从签约到开工仅用60天，刷新了衢州市重大项目从签约到开工的最快纪录，彰显了新时代"衢州速度"。此外，浙江时代锂电还注重服务体系建设，不断优化服务流程，全力做好后续服务保障，提供全方位全过程、最优质最高效的服务保障，有力带动了衢州新材料、新能源等相关产业发展，全面助力共同富裕，彰显产业担当。

浙江时代锂电打造专业化的创新产业体系。浙江时代锂电从人力成本、技术成本、生产成本方面积蓄了强大力量，推进了产业体系的创新发展，取得了不错的发展成效。"衢州发布"公布的相关信息显示，浙江时代锂电总投资高达479亿，规划布局40万吨锂电三元正极材料前驱体生产板块、30万吨高端正极材料生产板块、绿色精练板块等主营业务。

不仅如此，浙江时代锂电还注重企业文化建设，始终坚持和贯彻新时代衢州人文精神，把艰苦奋斗、勇于拼搏、敢于创新、敢为人先的新时代衢州人文精神全面融入浙江时代锂电生产发展的各个方面，整体推动了企业的发展，展现出理论的先导作用和经济成果转化功能。浙江时代锂电发挥榜样的力量，展现出伟大的奉献精神、强大的领导能力，对于政企双方的共同合作，其以完善的产业配套、开放的资源共享、优越的运行机制起到了重大推动作用。接下来，浙江时代锂电还要继续发扬新时代衢州人文精神，拉开衢州高质量发展序幕，做到空间规划先行、功能布局合理、项目有序展开，努力建设数字锂电企业、人文锂电企业、体系化的锂电企业，突出"工艺短程化、装备大型化、产线自动化、制造智能化、运营数字化、产业绿色化"创新发展。

衢州发挥勇于争先的时代精神全面推进高质量产业发展。浙江时代锂电发挥勇于争先的时代精神主要表现在明确任务清单、突出衢州发展速度、注重发展闭环，以及全面统筹企业合作方面。其采取"定期性会商、清单化推进、闭环式管理"机制，坚定不移、雷打不动，取得了浙江时代锂电发展的奇迹，展现出衢州的发展速度。

另外，衢州市近两年在布局锂电行业方面取得的成绩有目共睹，尤其在锂电池基础材料方面的优势明显。继续保持和发挥这种优势，甚至再去突破、去创造更大的优势是衢州当下努力的方向。具体来说，首先，浙江时代锂电通过加强与中科院、南科大等研究院和大学的联系，形成完整的生产、销售闭环，构建起"产学研"协同发展的结构体系，大大提升了浙江时代锂电经济发展成效。其次，浙江时代锂电依托衢州区位优势，积极开展能源合作，不断吸引外部投资，在数字普惠金融体系的助力下形成了动能充足、资金充裕、目标明确、机构优化的浙江时代锂电结构化体系，形成辐射浙江、安徽、江西的锂离子电池产业基地。最后，浙江时代锂电推动锂离子电池产业在衢州市的根植性发展。浙江时代锂电在注重自身建设的同时也不断增强企业的影响力，既注重向下游延伸，也强调企业向深入发展，形成上游和下游共同发展的新发展体系和格局，牢牢把握住了市场占有率。

浙江时代锂电的发展是对新时代衢州人文精神的全面继承与实践转化，展现了科技创新赋能衢州经济发展的科学路径，有利于推动新时代衢州新一轮的高质量经济发展。

考察点

浙江时代锂电材料国际产业合作园

延伸阅读

梅玲玲，汪耘：《百亿级大项目"电量满格"起航》，《浙江日报》2022年3月28日。

徐颖之：《浙江时代锂电材料国际产业合作园项目(一期)开工》，《衢州日报》2021年7月19日。

执笔人：罗文双、蒋超

巨化集团：
新时代创新引路

巨化集团有限公司原名衢州化工厂，成立于 1958 年 5 月，产品商标为"巨化"。1984 年 8 月，经国家经贸委和浙江省人民政府批准，衢州化工厂更名为衢州化学工业公司。1993 年 1 月，国家经济贸易办公室发文同意衢州化学工业公司更名为巨化集团公司。2017 年 4 月，省国资委发文同意巨化集团公司整体改制为有限责任公司（国有独资）。

衢州市委、市政府与巨化集团公司共商推进一体化发展，全力支持巨化全面融入衢州，实现双方共赢发展。巨化集团在一体化发展中实现转型升级、创新发展，有效应对了当前复杂严峻的经济形势，其多项指标增幅排在全省前列，展现出工作亮点。同时，巨化集团从改革发力，攻坚克难，有效解决了经济下行压力和产品价格持续走低等困难，为衢州经济社会发展作出了重要贡献。巨化集团转变发展理念，保护衢州生态优势、建设幸福衢州，认真抓好各项工作，践行"绿水青山就是金山银山"的衢州实践这篇大文章。从根本上来说，衢州和巨化是命运休戚与共的关系，巨化因衢州而生，衢州因巨化而荣，推进衢州巨化一体化发展，是实现双方共赢发展的现实需要。因此，衢州要进一步坚定信心，加快衢州巨化一体化发展步伐，谋求合作事业取得新成效。巨化集团公司要主动融入衢州发展大局，全面深化改革，加快转型升级，加大招商引资、以商引商力度，在加强生态保护、发展循环经济等方面做好表率，继续当好衢州企业的排头兵。

巨化集团在发展过程中不断破旧立新，形成了"自强、自信、聚力、聚合"新时代巨化精神。衢州和巨化是以创新和争先为主导精神的共生关系。衢州是巨化的本土和根基，巨化围绕衢州巨化一体化战略的实施，坚持贯彻执行创新、协调、绿色、开放、共享的新发展理念，走转型升级、创新发展之路，主动改革以适应经济新常态。正如巨化集团负责人所说，巨化始终以衢州为根基，秉承着生于衢州、长于衢州、融入衢州、服务衢州的宗旨，协同推进自身发展壮大与为衢州经济社会发展做贡献的科学发展观。现实证明，只有衢州好才能实现巨化好，只有贯彻巨化好才能推动衢州好。衢州和巨化已经成为你中有我、我中有你、共生共荣、共享共治的命运共同体、利益共同体、发展共同体，这彰显了破旧立新的时代精神与命运与共的和谐共生关系，衢州巨化一体化融合高质量发展，必然会有巨化的高质量发展与之同步，巨化的高质量发展又为衢州的高质量发展增添强大动力。

2020 年 4 月 30 日，衢州市下发实施《关于衢州巨化一体化融合高质量发展再造衢州制造业新优势的若干意见》（下文简称《意见》），《意见》提出，按照共生、共享、共赢的理念，统筹整合人才、科技、资金、平台等要素资源，精准施策，补链延链强链，推进巨化和衢州高新园区的新材料、新能源产业高端化发展。衢州巨化通过产城融合、创新要素共享、基础配套共用、产业数字化平台共建，为衢州产业发展赋能，为制造业转型升级助力。

巨化实现了转型升级，推动了衢州化工的发展。当下衢州实施"工业强市、产业兴市"战略，巨化作为衢州化工发展的代表，是衢州新材料产业链创新的基础和方向。衢州和巨化在一体化发展中，采取干部互挂方式，实现人才对接，智力互融。巨化在发展中注重引进和培育人才，通过培养技术骨干为企业创新升级奠定智力支撑，加快现代政府和现代企业建设，实现衢州区域发展战略和巨化企业发展战略的高度融合，并以衢州国家巨化高新区产业基础设施建设为目标导向。

2021 年 12 月 21 日召开的衢州巨化一体化融合高质量发展第 4 次例会上，关于推动衢州巨化一体化发展问题，衢州市委指出，围绕 2022 年衢州巨化一体化目标体系建设，认真编制工作和项目"两张清单"，压实责任、合力推进，在产业项目、基础设施、企业上市、重点改革、基金投资等方面打造一批标志性成果。巨化边干边谋大项目，想方设法做好要素保障，以高强度高质量的工业投资壮大新的增长点。巨化不断完善产业，做到产业链生态圈整体协同、系统高效，重点聚焦新材料、新能源产业，围绕拉长产业链，整体推进产业招商、产业发展、产业落地、产业集群。巨化坚持科技创新、人才强企，注重打造创新发展平台，建立一整套组织架构、工作机制，探索体制机制创新，共建共享创新研发平台、人才平台、产业数字化改造平台，全面提升科技创新能力。

巨化是衢州制造业发展的缩影，它通过创新实现传统产业改造提升、可持续高质量发展，同时，也承担起大型国企肩负的责任。2022 年 5 月，上海疫情防控形势严峻，巨化集团先后筹集了三批次氯酸钠消毒原液，并组织人员驰援上海，累计支援消毒液 24.1 吨，体现了"巨化作为国有企业的责任担当"，为疫情防

控贡献了国企力量。

 考察点

巨化集团有限公司　浙江省衢州市柯城区巨化中央大道

延伸阅读

于山，张隽，吴建银：《衢州巨化一体化按下"快进键"》，《浙江日报》2020 年 6 月 27 日。

徐颖之：《衢州巨化开启一体化融合高质量发展新篇章》，《衢州日报》2020 年 5 月 7 日。

执笔人：张爱萍、罗文双、蒋超

吉利"三电"系列项目：
奏响衢州发展新乐章

　　2022年5月28日，浙江吉利控股集团有限公司与衢州市人民政府签订了动力电芯、动力电池包及储能、电驱系列项目投资协议，计划固定资产总投资约150亿元。7月18日，吉利"三电"系列项目开工，再创"衢州速度"新纪录。吉利"三电"系列项目计划在衢州建设年产24GWh动力电芯、84万台套计约70GWh动力电池包及17GWh储能、121万台套电驱系列项目，其主要业务包括：动力电芯、电池、电驱、动力储能以及动力电池等。项目主要分为两个建设阶段：第一个阶段是争取在两年半时间内完成第一批产品并进行试运行；第二个阶段则是争取在4年内实现全面投产。相关部门介绍，"新能源汽车产业是当下最热的赛道之一"，吉利"三电"项目建设完成后，衢州将具备新能源动力电芯、电池包、三合一电驱系统以及储能系统的生产与供应能力，成为新能源汽车储能核心生产基地，对衢州新能源动力系统产业链构建和智能装备制造产业平台的打造具有里程碑的意义。

　　吉利"三电"系列项目推动衢州高质量经济发展，全面展现了衢州之进与吉利速度，推动了共享发展与企业之间的深度广泛合作，也为其他企业的发展提供了经验借鉴和成功案例。吉利"三电"系列项目围绕高质量经济发展进行挂图作战、清单推进、闭环管理，在确保施工安全、工程质量的同时，推动项目建设提质增效。不仅如此，吉利"三电"系列项目对衢州高质量经济发展的推动还体现在进一步深化配套产业招引，以及开展"双碳"领域合作，"在各领域深化合作，推进吉利与衢州深度融合，让吉利成为衢州产业乃至整个城市的一个鲜明标识"。

　　吉利"三电"系列项目对整个衢州企业发展起到了示范引领作用。吉利"三电"系列项目对衢州所有企业的发展起到的示范引领作用体现在内部运营方面。衢州市委市政府积极对接与全面推进吉利"三电"系列项目的实施，从内部发展与运营方面共同发力，推动企业的持续快速发展，在提升企业发展成效的同时，也在经济发展过程中全面融入衢州人文精神。例如：把南孔文化、创新精神积极融入吉利"三电"系列项目建设中，努力提升核心圈层品质，并取得了不错的发展成效，体现出厚实的内部物质保障和思想保障。

　　吉利"三电"系列项目对衢州企业的发展起到的示范引领作用还体现在外部保障方面。吉利"三电"系列项目以数字技术为支撑手段，全面实现企业发展的数字化转型，搭建起企业发展的适配平台，并建立健全完善的开发体系，构成了外部保障体系，起到了引领示范作用。另外，杭衢高铁也将进一步推动和保障吉利"三电"系列项目发展。杭衢高铁建成后，杭州与衢州的交通时间将缩短至 40 分钟左右，便捷的铁路交通网，更加保障了企业的发展成效。

　　吉利"三电"系列项目是推动衢州高质量经济发展的重要保

障，有利于建立创新、协调、绿色、开放、共享的新发展理念，有利于加快产业链、创新链、人才链、资本链、服务链"五链"融合，产生集聚集群优势，从而形成技术含量高、经济成效好、创新力充分的新发展体系，进一步推动"衢州延链补链强链、打造新能源汽车产业集群"，带动衢州经济的高质量发展。

"衢州和吉利的合作恰逢其时、未来可期"，吉利"三电"系列项目展现了开放、自信、实干、创新、争先的新时代衢州人文精神，并将这种精神化为现实动力融入提升城市跃迁的实践中。吉利衢州"三电"系列项目必将改变衢州的产业结构，同时使吉利牢牢占领中国乃至世界电动汽车产业的"制高点"。

 考察点

衢州市智造新城东港工业园区

延伸阅读

徐颖之：《深化合作深度融合 携手推动衢州新能源汽车产业高质量发展》，《衢州日报》2022 年 9 月 30 日。

执笔人：罗文双、蒋超

金星村：
奋力实现"人人有事做，家家有收入"的新农村

金星村是浙江省衢州市开化县的重要村镇，依山傍水，地势平坦，具有苏杭地区风景宜人和物产丰富的地域特色。

但以前的金星村尘土漫天，一到下雨天就满地泥泞，老一辈人常常用"晴天一身土，下雨两脚泥，一双雨鞋穿四季"来描述当时情景。不仅如此，以前的金星村还是生态环境遭到破坏的重灾区，村民常常为了获得一定的经济效益而去大力开垦树林，严重破坏了当地生态环境以及绿色发展。金星村的这些现象的背后反映的却是村民生活贫困和农村经济发展落后的问题，这些难题迫使村民以当地生态环境为代价来解决温饱问题和换取生产发展。但是，近些年来在村干部的领导以及村民的积极响应下，目前的金星村已经发生了翻天覆地的变化，不仅实现了农村经济发展和农民增产增收，而且与之相配套的农业农村基础设施也得到了大力发展。现如今，金星村实现了大变样，给人焕然一新的舒适感，"山好、水好、空气好"。现在走进村里，看到的是绿水

青山，干净整洁的美丽山村，路上遇到的村民们脸上都洋溢着幸福的笑容。金星村真正做到了"人人有事做，家家有收入"的新发展局面。

金星村的发展源于 2006 年，当年该村通过种植和加工"开化龙顶"茶叶实现了村民人均年 6000 元收入的建设目标，从此开始全面推动金星村的产业发展。金星村还出台了种茶补助政策，成立名茶专业合作社，鼓励村民种茶致富。种植和加工茶叶成为金星村发展的重要项目并延续至今，是金星村脱贫致富的重要方式，使金星村真正做到了"人人有事做，家家有收入"。在各级领导干部的科学带领和村民的不断探索发展下，金星村不断扩大茶园种植面积，茶叶种植面积从 300 多亩增加到 1000 多亩，实现了人均享有一亩茶园，户均增收 2.5 万元的目标。金星村在增加茶叶产量的同时，还利用数字媒体赋能产业发展，拓展茶叶销量，完成了村民收入逐年增长的目标。

除了茶产业成为推动金星村绿色生态经济发展的重要产业之外，金星村还依托有利的区位要素，在农业经济改革中形成了更加完备和更加绿色的"生态"产业结构，进一步实现了金星村产业结构发展的提质增效，让村民更加直观地享受到农业经济改革的发展成果。2008 年，金星村开始逐步实施集体林权制度改革，将集体的近万亩山林"分林到户"，不断激发村民的自主性，使村民成为乡村发展的主要动力。集体林权改革后，金星村的山林得到了更好的保护和开发，这也保障了村民的收入。除了绿水青山，金星村良好的空气质量为金星村实现经济发展与生态保护协同发展，实现乡村振兴提供了有利条件。金星村农村基层党组织在推动村里农业产业发展和农民经济创收的过程中发挥了重大引领作用，村委会深入贯彻落实了"创业创新、富民强村"战略，始终坚持党对人民群众的科学、全面、集中统一的领导，开展勤

金星村，建设美丽乡村、发展美丽经济，实现"人人有事做，家家有收入"，努力打造山区县共同富裕实践样板。

政、廉政、思想建设，充分发挥党员干部先锋模范作用，带领村民艰苦创业，使得村集体经济和各项事业取得了长足的发展，村民生产生活条件明显改善，经过全村集体多年奋斗，金星村逐渐成为宜居、宜人的榜样乡村。

2014年金星村依靠茶产业实现了农民人均收入14000元的目标，进一步丰富和完善了村农业产业结构，形成了金星村茶产业发展新业态。除此之外，金星村围绕打造"国家东部公园"的目标，坚持走"村美民富，自然和谐"之路，大力发展生态公园、生态农业、生态乡村，构建起了农业发展的绿色休闲长廊，香樟、银杏更是成为金星村建设绿色乡村和魅力乡村的重要景观，展现出金星村发展的活力和潜力，这些共同推动了金星村成为"秀美山水，休闲金星"，先后荣获"全国文明村""全国绿化造林千佳村""国家级生态示范村""中国美丽休闲乡村""中国淘宝村""浙江省首批小康建设示范村""省级特色旅游村"等多项荣誉。2020年，金星村成为衢州唯一入榜2020年中国魅力休闲乡村名单的乡村。

金星村除了重视农业产品和绿色农业建设之外，还善于吸纳外部投资来大力建设乡村旅游，成功实现了村民增收和绿色生态环境的经济效益转化，形成了新时代乡村振兴的科学路径，其成功的经验也为其他乡村的经济发展提供了榜样和示范。2016年，金星村的第一家民宿"深渡一号"开张，深受游客欢迎，让其他村民看到了民宿经济发展前景，于是纷纷投入建设"美丽经济"。到2022年，金星村已有23家民宿，形成了种类繁多和类型多样的民宿体系。不仅如此，金星村还注重建立与民宿相对应的配套设施，比如咖啡厅、娱乐厅、体育锻炼厅，构建起完善的生态旅游体系，大大推动了金星村的乡村振兴发展。"美丽经济"建设也让村民守在家门口做生意，在村里找事做，改变了过去大量村民外出务工的情况。

林权改革、生态农业、乡村旅游及相关产业的一项项改革促进金星村村民增产增收，村集体经济收入从 2006 年的不到 1 万元，发展到了 2021 年的 1133.22 万元，村民的人均可支配收入由不到 6000 元，提高到了 36000 元。

金星村还通过特色品牌建设，推动了乡村振兴战略发展。金星村努力发展茶叶品牌建设，不断扩大茶叶种植面积和全面提升茶叶质量，形成了强大的茶叶品牌产业。并且，金星村在做大做强做好茶叶品牌产业的基础上也发展相关副业，形成了覆盖全省、辐射全国的大产业。金星村善于利用数字媒体来营销绿色产品和推动绿色产业的发展，大大减少了农产品生产与销售之间的脱节问题，实现了生产与消费的有效对接。金星村村民在党员干部的领导下开启直播带货，形成了自媒体传播渠道，把旅游发展与自然美巧妙地结合起来，在推动产业销售的同时也大大宣传了金星村的绿色风貌和风土人情，让金星村的布局和环境更加和谐优美，取得了不错的成效。

总的来说，经过人们的不懈努力，金星村实现了村道更宽、更整洁以及村民更富裕的大好局面，逐渐发展成富有特色的"生态绿色"大产业。另外，金星村依托绿水青山发展乡村旅游，大力发展茶叶、民宿等特色产业，也由此成为远近闻名的美丽乡村和"绿水青山就是金山银山"的生动写照。

金星村在全面推动"人人有事做，家家有收入"的新农村建设中展现出了衢州人开放、自信的新时代精神风貌，在主动求新、求变、追赶跨越中实现了村容村貌的新变化，在追求共同富裕的道路上实现了物质精神双丰收。

考察点

衢州市开化县金星村

延伸阅读

本书编写组：《干在实处 勇立潮头——习近平浙江足迹》，浙江人民出版社 2022 年版。

执笔人：罗文双、蒋超

大陈村：
在村歌中唱响未来乡村新面貌

江山大陈村是被近代史学家、书画家余绍宋誉为"十里环山皆松树，天下应无第二园"的地方，也是中国的村歌发祥地。大陈村约有550户，1350人，享有水田783亩，以及旱地135亩。大陈村本身并不是富裕的村落，它的发展与成功经历了几代人的不懈努力，是在全村人民共同苦心经营的基础上才逐渐发展壮大起来的。时至今日，江山大陈村已经成为衢州市乡村发展的典范，也成为全省范围内有名的"在村歌中唱响未来乡村新面貌"的美丽乡村。

大陈村是一个拥有数百年历史的古村落，其三面环山，呈带状分布。来到大陈村的人都能感受到村民的热情、乡村的繁荣、村歌的嘹亮以及村貌的盎然。追根溯源，大陈村距今已有600余年历史，为徽州汪氏后裔聚居地。明朝永乐初年（1403），古徽州汪氏74世孙普贤公搬迁至此繁衍成族，其后裔苦心经营，创建了一个以徽派古建筑为特色的村落，并孕育出村歌繁荣的历史文化，使得大陈村形成了完备的村歌体系。

　　大陈村处于群山环绕之中，村落依山而建，保存较好的古建筑鳞次栉比，楼阁亭台，搭配有致。村中遗存了众多完整的清至民国时期古建筑，其中，省重点文保单位 16 处。这些人文景观和自然风貌共同孕育出种类繁多和层次多样的村歌体系。每当我们想到大陈村的时候，脑海中就会不自觉地出现这里的乡村风貌，耳边也会响起嘹亮的村歌。

　　大陈村中最为典型的古建筑为汪氏宗祠，它对大陈村村歌的繁荣和发展有着重大影响。汪氏宗祠的特点是外观气势宏伟，布局独特，用材讲究，精雕细镂，是为江山市祠堂类古建筑的典范。大陈村依山傍水，里巷村道青石铺缀，曲径通幽。公共建筑恢宏大气、民居小筑细致精美的汪氏宗祠建筑风格与特色也孕育出层次鲜明、韵律性强的大陈村村歌类型。大陈村大型实景音乐剧《你好江山》便是以汪氏宗祠为背景，以音乐剧的方式充分展示了江山的深厚历史文化底蕴和红色文化基因，使大陈村村歌的影响力不断提升。大陈村在 2012 年 6 月 18 日被浙江省政府授予省第四批"历史文化名村"。此外，江山绿牡丹茶、江山猕猴桃、江山黄精、江山白菇、太子神仙豆腐、江山绿牡丹也被写入大陈村村歌中，生动展现了大陈村发展新风貌。

　　江山大陈村坚决贯彻"绿水青山就是金山银山"理念，用"创新、协调、绿色、开放、共享"的新发展理念成功探索出"绿水青山"向"金山银山"的转化通道，大大促进了大陈村经济发展向全面绿色低碳化的转型升级，构建起人与自然和谐共处的乡村风貌，也演奏出和谐美丽的动人歌曲，推动了人与自然和谐共生的乡村现代化发展进程，形成了人民生活富裕的"桃花源"式生活。并且，大陈村大力提倡跨村联建、抱团发展模式，与邻村乌龙村、夏家村共同打造红色村庄发展联盟，修复红军路，将大陈红色主题统一包装，推出一系列研学游产品，大幅推动周边民宿、农家乐等旅游产业的发展。大陈未来乡村，成功入选浙江省首批未来乡村建设试点。大陈未来乡村幸福生活集，吸引了八方游客，文旅融合的特色新业态展现出强劲动能。

此外，大陈村大力发展传统村落与保护型村落，致力于在村歌中讲好大陈村发展故事。大陈村在保留传统建筑与传统文化的基础上进行修缮，深入倡导"原汁原味"的理念，在"变"与"不变"中推动新发展理念与传统优秀文化的有机结合，让老百姓在传承文化的同时也能增加收入。据统计，大陈村接待游客数量从 2015 年的 5 万人次提升到 2020 年的 30 万人次，旅游综合收入从 5 万元攀升到 1000 多万元。同时，大陈乡大陈村还创作出村歌《妈妈的那碗大陈面》和《你好，江山》，将"旧文化"的精华进行"新包装"，这个古村也完美转型成为江山旅游必来的打卡地，做好了"化旧为新"这篇大文章。

与此同时，大陈村注重在建设美丽乡村的基础上优化支柱产业带动型村落。大陈村针对资源和区位优势，在政策扶持、技术指导、人才引进等方面的全力推动下进一步激发了乡村发展的活力，提高了村民的生产积极性和自觉性，并以村歌为传播手段，借助数字技术的传播方式，成功带动了乡村资源的融合，以及乡村产业的发展，实现了优化支柱产业带动型村落的发展目标。大陈村在村歌中唱响了未来乡村新面貌，致力于实现乡村振兴战略，开创了开放、自信的新发展格局。

 考察点

衢州市大陈村

延伸阅读

　　杨绍华:《大陈村完美蝶变的故事》,《红旗文稿》2020年第
22期。

　　　　　　　　　　　　　　　执笔人：罗文双、蒋超

余东村：
从"种文化"到"带共富"

　　余东村是远近闻名的农民画村。20世纪70年代，毛老虎、郑根良、余统德等绘画爱好者参加衢县文化馆开办的第一期业余美术创作学习班学习绘画创作，他们一边谋生计，一边学画画，数十年坚持创作，成长为余东村第一批农民画家。"白天拿锄头，晚上拿笔头，卧室当画室，门板当画板"，这句话既生动描述了余东村村民的生活，也道出了余东村发展的两大特色——农业和文化产业。余东村在充分利用农业农村发展优势的同时，进一步提升乡村文化发展的影响力，实现了从"种文化"到"带共富"的乡村发展局面。

　　余东村是衢州市的重要乡村，是推进乡村振兴的典型示范村，是弘扬新时代衢州人文精神的重要阵地。余东村总占地面积为2.1平方公里，离乡政府所在地约1.5公里，村中拥有便捷的公路和水运，这些共同构成了余东村农业产业发展的优势。最为重要的是，余东村善于利用这些优势，不断探索农业种植的对外销售渠道，成功打通了一条乡村振兴之路，形成了农业种植、劳动输出、养殖业共同发展的农业产业格局。

余东村成功的关键在于全面把握新发展理念和新发展格局的动向，积极寻求农业产业发展的变化，致力于农业产业创新发展，全力构建余东村特色产业结构，形成品牌优势，从而被赋予了"全国十大农民画村""全国文明村""中国十大最美乡村""全国美丽宜居示范村""全国民主法治示范村""全国首批十大农民画画乡""浙江省美丽乡村美育村"等称号。不仅如此，余东村在推动自身农业产业转型升级和创新发展的同时，更是用整体思维、协同思维和发展思维来大力帮扶其他乡村的发展，全力打造浙江省首个以农民画为特色的"旅居型"未来乡村，并形成了乡村的"十大场景"（邻里、文化、健康、低碳、产业、风貌、交通、智慧、治理、党建）。此外，《余东实践：用数字化点亮乡村治理》被评为数字乡村最佳实践案例，其生动展现了余东村实现乡村振兴和共同富裕的画面。

余东村把"种文化"拓展到"众文化"，拓展了文化自信的内涵。余东村是衢州市推进乡村振兴的重要阵地，生动展现了传统文化与新思想的交融、传统种植业与新兴产业之间的碰撞、区域发展与共同富裕的有效衔接，形成了理论自信文化自信。时下，余东村没有停留在区域的发展之中，而是以更加宏大的视野不断探索从"种文化"向"大文化"的影响力传递，努力探索如何以文化产业赋能乡村振兴，构建起"强村富民"的康庄大道。不仅如此，余东村勇于创新，突破了自上而下的"文化下乡"模式的局限性，深度挖掘农民画文化，实现了从"送文化"到"种文化"的转化，继而带动周边 8 个乡村"众文化"联动成片、差异化发展，生动展示了社会主义现代化促进传统文化创新性重构的美好图景。

余东村以农民画为产业基点，推动农民物质生活发展。余东村继承了传统文化的艰苦奋斗和勤劳不屈的精神，数十年如一日坚持创作"种文化"，成为美丽乡村建设中的独特风景和"文化符号"。据统计，全村共有村民 800 人，其中会画画的村民有 326 人。2021 年，余东村仅依靠农民画及文创产品创造的产值就超过 3000 万元，带动村民人均增收 5500 余元，村民人均纯收入达到 4.03 万元，农民画文化带动农民走上了物质富裕之路。不仅如此，在促进种植业发展的同时，大力提倡艺术发展，形成了具有余东村特色的文化培育特色微产业，并且注重产业之间的协同和相互带动作用，把乡村旅游和农业产业发展、艺术建设有机结合起来，余东村生动地诠释了艺术产业的经济效能和经济价值。近几年来，余东村积极拓展村集体的农民画线上交易平台，利用网红直播销售农民画及版权，并与浙江万事利集团、中国美院合作开发农民画工艺品、纺织品、纪念品等百余种文创衍生品，与华为技术有限公司合作开发农民画手机端产品，进驻"华为主题商城"；同时还建设农耕文化园、露营基地、青年旅社、民宿、艺术地球村等一批文旅融合产品和研学基地。

余东村在以文化获得感为旨归全力保障物质富有的同时，致力于更高层次的精神富有。余东村不仅注重传统"种文化"的基础保障作用，更是善于结合当下的民情，积极利用"乡愁"情怀，通过人与人之间的共情心理，来构建余东村精神富裕和物质富裕的重要动力，来助力新时代余东村产业经济的发展。乡情乡愁让"三乡人"（原乡人、归乡人、新乡人）形成集体认同，既能看得到文化、留得住乡愁，又能够引得进人才和产业、带得动村民共同致富。

余东村的发展深刻体现了人才的重要性，正是基于全体村民的努力奋斗，以及农业科技人才、传媒人才、领导人才的共同发力才铸就了余东村精神富裕和物质富裕的辉煌。余东村"众文化"生动地展示了一幅艺术精致、生态和谐的乡村"富春山居图"。

余东村的共同富裕不仅是物质的富裕，更是精神的富裕，要利用文化引导功能促进良好乡风民风的发展。余东村在文化环境的熏陶下，不良风气逐渐消失，从而获得了"全国文明村"的荣誉，而且各类文化活动丰富，村民集体意识、个体意识内在协调，孕育了更加良好的乡风民风和道德风尚。

余东村重视文化的经济转化力，构建起乡村振兴的良好风貌，镌刻出共同富裕的美好蓝图。余东村始终聚焦文化价值转化，实现了文化带共富。这是因为文化是美丽乡村的灵魂，余东村要把乡村的传统风貌、民俗风情等文化"特色"做成"景色"，挖掘乡村文化基因，走从"种文化"到"众文化"的发展模式，转化文化价值，激活乡村经济。同时，余东村立足特色"微产业"培育，探索差异化抱团发展路径。特别是乡村"微产业"培育，突破了狭隘的地方保护主义，坚持在差异化发展基础上探索村际联盟。此外，余东村还注重营造文化意境，打造精致闲适的未来乡村集群。文化是有记忆的，农民也是有记忆的，只有深刻融合和培育余东村村民的文化凝聚力，才能形成强大的经济转化力，从而凝聚共同体意识，铸牢余东村发展的共同体结构，推动村民共同价值的形成与发展，建设好精致闲适的未来乡村集群。

余东村的乡村振兴发展推动了全体人民共同富裕的实现，并建立起开放、自信、创新、发展的新发展格局，全面保障了人民群众对美好生活的需求。

考察点

衢州市柯城区余东村

延伸阅读

程天赐：《乡村未来社区"画"中来》，《农民日报》2021年7月13日。

执笔人：罗文双、蒋超、张爱萍

非物质文化遗产:
龙游宣纸制作技艺

　　浙江省龙游县的皮纸生产技术，迄今已有一千四百余年的历史，在明万历《龙游县志》中有"多烧纸，纸胜于别县"之誉，2011年被列入第三批国家级非物质文化遗产名录。

　　根据中国非物质文化遗产网对皮纸制作技艺（龙游皮纸制作技艺）的介绍，龙游皮纸以山桠皮、野棉皮、青檀皮等为主要原料，生产过程分为两个流程共三十余道工序。一是加工皮材的过程，大致包括了砍条、蒸料、脱皮、蒸皮、踏洗、摊晾、成皮坯、剥选、蒸熟、揉洗、挤出、摊晾、水洗、打料、选皮、水洗、晾干、袋料等过程；二是成品制作过程，包括了榨料、将皮材入槽、划槽、加汁、混合、捞水、榨纸、焙纸、检纸、切纸、打包等过程。在生产中使用了烧山刀、刮皮刀、铡刀、蒸锅、水帘、帘床、槽角等五十多种具备不同特点的刀具。龙游皮纸的生产，基本凭经验手工操作。目前龙游县西部山区的民间作坊还保留了完整的手工制作山桠皮纸和野棉皮纸的传统工艺，只是规模较小，亟须保存。

　　龙游传统手工纸具有源远流长的历史传统，龙游的造纸业一直繁荣不衰，且龙游是浙江主要的纸产区之一。龙游位于金衢流域，气候湿润，阳光充沛，衢江、灵山河、芝溪等纵贯县境，西部山地有大量的山桠皮、雁皮等，为发展龙游皮纸业提供了丰富的自然资源。早在唐代当地就开始制作"藤纸""竹纸"等，其间手工抄造竹纸类"元书纸"则被作为贡品，主要用来撰写诏敕、经书。明代进士、浙江省右参政陆容的《菽园月刊》记载，"浙之衢州，民以抄纸为业，每岁官纸之供"。与其他传统造纸术相比，龙游传统手工造纸技术具有特殊的工艺，这在《新唐书》《龙游县志》中都有记述，而龙游溪口也素有"浙西纸乡"之称。明代著名科学家宋应星在《天工开物·杀青》中设专篇记述造竹纸法，而龙游竹造纸与其所记截然不同，龙游竹造纸已不需要火煮这一工艺环节，全部使用石灰腌烂竹材，再加上捣春制成竹浆，相比之下，龙游竹造纸工艺技术更为先进。

　　明朝万历年间《龙游县志》（卷四物产）已有关于龙游制纸的记载。到了清代，龙游的手工纸制作技术提升，纸制品种类繁多，龙游纸业已具有一定规模。民国时期，龙游生产的纸张因薄匀、白净、挺韧而声名远播。1916 年省政府于溪口建立改良手工纸生产传习坊。《龙游商帮研究》一书记述，1929 年龙游共有纸槽 317 条，槽工 1802 人，1940 年达到 350 条，如灵山乡步坑源村就有 9 家 11 条纸槽，年产达八千担。

　　龙游皮纸原材料数量充足，主要产品有画仙纸、笺纸、国色纸，等地方特色纸张三十余个品种。龙游皮纸除应用于传统绘画之外，还在书籍装帧、包装、家庭装潢等领域中具有越来越广阔的应用空间。由龙游辰港宣纸有限公司制造的皮纸制品，远销日本、韩国、新加坡和欧美各国，其"寿"牌书画纸曾获全球农博会"知名商品"、我国文房四宝"十大名纸"等殊荣。

　　龙游皮纸的生产既是对我国古代造纸术的继承和发展，也传承了中国龙游造纸术的历史和传统，承载着深厚的文化历史。近年来，龙游县政府十分重视对龙游皮纸生产技术的保护与继承工作，加强了对传统工艺、原料配方和传统造纸工具等龙游皮纸相关制作工艺的保护力度。2004 年龙游县组建了龙游皮纸生产技术保护小组，对传统技术加以保护、继承与开发；对新老工匠，实施技术或传承性补贴奖励制度，使其进一步地起到继承功能，以培育新型的龙游皮纸生产技术。为了维护天然生态环境，还在龙南山区建设原料生产基地 15 万亩，保证了传统皮纸生产原料的稳定供应。

　　2016 年底，浙江省非物质文化遗产代表作丛书的《龙游皮纸制作技艺》出版发行，书中介绍了龙游皮纸的品种及特征、制作材料和工具、制作工艺流程、制作技艺的传承与保护等，对推广宣介龙游皮纸大有裨益。龙游县档案局还举办非遗信息征集、典藏活动，将关于龙游皮纸生产工艺的有关文章、照片、录像等信息征集进馆，长期保管。

　　2017 年，国家级非遗项目代表性传承人，已制作龙游皮纸 40 多年的万爱珠，为更好保护、传承与弘扬中华民族传统造纸手工技艺，通过她创办的浙江龙游辰港宣纸有限公司投资打造了龙游皮纸非遗博物馆。通过介绍古代制纸生产作坊、传统生产工具、传统造纸技术和皮纸生产的历史人文故事，博物馆让人们参观了解和亲身感受传统的手工制纸生产技术，"不仅要让大家参观造纸的过程，更要让人们参与实践，投入工序中，自己做一张纸，自己带回家"。

考察点

龙游皮纸非遗博物馆　衢州市龙游县灵江园区祥云路 17 号

延伸阅读

1.吴建国，徐荣伟，张博编：《龙游皮纸制作技艺》，浙江摄影出版社 2016 年版。

2.吴建国：《龙游皮纸制作技艺》，《浙江档案》杂志 2018 年第 8 期。

执笔人：刘畅

理论先锋

崇贤有礼
开放自信
创新争先

总结衢州经验，打造新时代实践样本

　　新时代衢州人文精神在衢州实践中孕育而生，衢州经济社会发展的经验总结是其形成与发展的基础，具有重大的价值意蕴。在衢州经济社会发展过程中形成的新时代衢州人文精神，是以中华民族优秀传统文化为理论内核，成功地实现了时代精神和民族精神在新时代的实践转化，是在实践基础上的理论创新，以及理论在实践运用过程中的深度发展，从而成为实现衢州奋进新时代的重要指导理论。因此，总结衢州发展经验、凝练新时代衢州人文精神，对于更好地打造衢州后续发展建设的实践样本具有重要意义。

　　总结衢州发展经验，打造实践样本，需要秉持人民至上的理念，讲好衢州故事，传播好新时代衢州人文精神。在打造衢州实践样本的过程中要始终坚持以人民为中心的实践理念，不断加强中华优秀传统文化的理念创新，自觉增强铸牢中华民族共同体意识，努力实现城乡共同富裕和乡村振兴的奋斗目标；此外，对于新时代衢州人文精神的推广与传播，需要立足于衢州本地的特有文化，在详细梳理和深入挖掘衢州特色文化资源的过程中打造实践样本，并通过"8090新时代理论宣讲团"加强对外传播。"8090新时代理论宣讲团"成员自身具有专业的素养，他们既是新时代衢州人文精神的践行者，同时也是传播者，是新时代衢州人文精神对外宣传的重要理论团体。"8090新时代理论宣讲团"发起于衢州龙游县，后在全市域推广，他们的宣讲事迹甚至被《光明日报》大力报道和宣传，被誉为"衢州做了一件大事，龙游做了一件好事，宣传部门做成了一件难事"。"8090新时代理论宣讲团"的成长成熟经历蕴含着崇贤有礼、开放自信、创新争先的新时代衢州人文精神，已经成为衢州的一张金名片。来自不同行业、不同领域的宣讲员，通过名师工作室、青年创业先锋宣讲团，以及青年村社书记组成的"领头雁宣讲团"等特色宣讲团队，开展内部的集思广益、团结协作、学习宣讲，达成了思想和行动上的高度统一。与此同时，"8090新时代理论宣讲团"的自我文化建设亟待增强，自身实力的强大是有效对外传播的重要保障。

总结衢州发展经验，打造实践样本应充分发挥"8090新时代理论宣讲团"的主体作用，立足理论创新和实践成果转化的传播方式，坚持从点到面的发展逻辑进行全覆盖和协调有序地推进。比如，打造50个精品讲师、50个精品课程、50个精品场景等具体点的传播，但又不能局限于点的传播，而要以关键点的发展来带动整体的发展，提升整体格局，也就是说，现在的宣讲主要是在农村、社区、企业，今后还可以拓展到更多领域，比如商场、街区、学校、景点等等，要针对讲授的不同特点、不同人群、不同场景，因地制宜、因时制宜，做到新人辈出、场景更新、故事新颖，不能每次都是那几个点、那几个人、那几个故事。另外，还要坚持开放的大格局，实施走出去战略，通过

"8090 新时代理论宣讲团"的影响力和实践传播力，把龙游精神传播到世界各地；既要保留传统文化的理论内核，也要积极融入新思想和新理念，在思想碰撞中产生更大价值的新理念和新精神。正如 2022 年 4 月 10 日，中共衢州市委八届一次全会结束后，新当选的市委书记高屹接受了市级媒体的联合采访表示，衢州要"培育弘扬新时代衢州人文精神，打造物质富裕精神富有样板地"①

总结衢州发展经验，打造实践样本需要建设好队伍，需要利用好平台，讲好衢州故事，做好保障。西安高腔、东吴战马、南孔祭典、陶瓷制作、龙游皮纸、龙游发糕等物质和精神文化共同建构起了丰富多彩的新时代衢州人文精神，它们不但较好地保存了衢州本地的特色，更是为衢州文化的全国推广奠定了厚实的基础条件。

因此，新时代衢州人文精神的形成与传播需要以"四好"建设为着力点——建设好队伍、利用好平台、讲好衢州故事、做好保障，协同推进衢州实践经验的对外传播。具体来说，就是要深入贯彻"讲师团＋导师团＋顾问团"的理论宣讲模式，形成"体制内＋体制外""党内＋党外""市内＋市外"的联动协同。不仅如此，更要发挥生动案例的舆论引导和思想传播功能，让广大群众深受新时代衢州人文精神的浸润，使他们自觉地学习和践行新时代衢州人文精神，激发广大群众的积极性，形成覆盖面广、影响力大、层次高的实践样本，生动阐述伟大思想，并真正讲好衢州发展故事。

总结衢州发展经验，打造实践样本需要坚持"宣讲＋育人"的传播模式。衢州发展经验和成功模式深受社会的广泛关注。

---

① 徐颖之：《嘱托在心 忠诚见行——新当选市委书记高屹接受媒体采访》，《衢州日报》2022 年 4 月 11 日。.

2022 年 6 月 20 日，中国共产党浙江省第十五次代表大会召开，大会上多次提及"衢州元素"，如"支持衢州创新省际合作建设四省边际中心城市"、8090 新时代理论宣讲、南孔文化、金衢丽现代产业带。而"浙江有礼·衢州先行"，政务服务"跨省通办"数字化改革等，更是为浙江发展提供了衢州经验。在新时代开拓创新、实干争先的衢州实践孕育生成了新时代衢州人文精神，而新时代衢州人文精神助推衢州不断突破原有封闭保守思想的束缚，不断打破自身局限，扩大开放格局，加速发展。接下来，我们要继续弘扬、培育和践行新时代衢州人文精神，进一步引领衢州高质量发展建设四省边际共同富裕示范区。

延伸阅读

《牢记殷殷嘱托 加快追赶跨越 为高质量发展建设四省边际共同富裕示范区而不懈奋斗》，《衢州日报》2022 年 4 月 12 日。

执笔人：蒋超、罗文双、张爱萍

解码衢州文化基因，实现文化破圈生长

解码衢州文化基因，实现文化破圈生长是推进新时代衢州人文精神在新时代实践转化的理论基础。新时代衢州人文精神是以南孔文化为理论资源，逐渐在后续的文化融合中形成和发展起来的。南孔文化的精神内核和文化基因，是解码衢州文化基因的重要依据。受到南孔文化的深刻影响，蕴含着"礼"的衢州人文精神逐渐形成。解码"礼"的价值意蕴，我们不难发现"礼"的价值基础是"仁"，"礼"的作用是调节各种关系，使之达到和谐。"礼"调节的对象无所不包，具体而言，包括：个人的衣食住行及身心关系、人与人之间的关系（包括家庭关系、朋友关系、师生关系等）、人与社会的关系、人与自然的关系等等。同时，衢州文化中的"礼"还蕴含更加丰富的内容，蕴含了对历史有礼、对自然有礼、对社会有礼、对未来有礼的深厚内涵，上述几个方面的内容包含着纵向与横向两个维度，历史与未来相对，自然与社会相对。"衢州有礼"在实践中的创新发展和价值指向则表现为实施"礼仪之城"建设行动，实施"全域好礼"培育行动，实施"全民有礼"提升行动，实施"礼行天下"传播行动。并且，衢州的健康快速发展有力地证明了"南孔圣地·衢州有礼"的人文精神落实到了各个层面，是真正实现了文化的破圈生长，其重要举措包括加快南孔古城复兴，举办"衢州有礼"文博会，努力完善《"南孔圣地·衢州有礼"品牌建设实施方案》，建设"衢州有礼"全域旅游信息平台，推广"衢州有礼"标准规范，实施乡风文明提升行动，构建"衢州有礼"创建体系，举办"南孔圣地·衢州有礼"全国公益广告大赛，举办"一带一路"国际经贸活动，参加省级"一带一路"对外交流活动，推广"南孔圣地·衢州有礼"城市品牌等。

解码衢州文化基因，实现文化破圈生长，需从人文地理层面分析衢州发展的优势。就自然环境条件而言，衢州南接福建南平，东交金华、丽水、杭州三市，北邻安徽黄山，西连江西上饶、景德镇，是四省边际中心城市，具有有利的区位优势和便捷的交通设施。不仅如此，衢州善于把自身的区位优势转化为经济优势，成功实现了衢州文化的破圈生长。凭借自然地理环境的独特优势与文化历史的丰厚资源，衢州逐渐发展成为享誉全国的历史文化名城和人们喜爱的旅游城市，不断吸引大量外来游客。习近平总书记在浙江工作期间曾8次来衢州考察指导，对衢州文化工作作出了战略性、前瞻性、针对性的重要指示。[1] 由此可见，正是衢州重要的战略地位和优越的人文地理环境孕育出了伟大的新时代衢州人文精神。深层解码衢州的文化基因就可以清楚地看到新时代衢州人文精神的形成与发展并不是历史的偶然，而是历史发展的必然产物，这一点从理论维度、历史维度和现实维

---

[1] 徐敏,丰莉莎,陆剑秀：《传承发展，铸就新时代衢州人文精神》，《衢州日报》2022年4月11日。

度都是被证明了的。由此，未来衢州在文化创新发展以及推广中更是要树立理论自信和文化自信，实现文化破圈生长，这主要应从引入社会化媒体，提高公众参与度，创建宣传衢州人文和自然的音乐电视或纪录片，规范化"衢州有礼"授权商标使用，加快文化创意产品市场投放和持续推进《衢州有礼市民公约》等方面落实。

解码衢州文化基因，可以看到实现文化破圈生长要坚持共同富裕的逻辑主线。以生态文明建设促进经济转型升级，就是既要"金山银山"，又要"绿水青山"的新发展理念，这对于建设绿色衢州和经济富裕衢州具有深刻的指导意义。新时代衢州人文精神蕴含的科学文化基因和人文地理优势能够为自身城市发展以及社会的进步提供重要支撑，逐渐形成自身经济发展与外部经济帮扶协同并举，数字衢州、人文衢州、生态衢州和绿色衢州齐头并进的新发展格局，有效推动了浙江省乡村振兴战略的实施，为推动浙江省共同富裕示范区建设提供了精神动力和智力支撑。

事实上，新时代衢州人文精神是能够创造巨大经济价值的品牌文化。"南孔文化"吸引了众多外来游客，推动了乡村振兴的发展与衢州城市的现代化建设，与之相契合的是衢州文化带动了衢州陶瓷、衢州旅游、衢州丝巾、衢州区域公共品牌的进一步发展，生态民宿与人文民宿也带动了衢州经济的发展。可以说，新时代衢州人文精神及其文化的经济价值转化切实贯彻了共建、共享、共富的绿色发展理念，充分激发了衢州人民实现共同富裕的决心，汇聚起了衢州人民共富建设的磅礴伟力。

🌊 **延伸阅读**

1.刘霞君，黄紫依:《为"衢州之进"注入不竭精神力量》，《衢州日报》2022 年 5 月 17 日。

2.何显明:《凝聚高质量发展建设四省边际共同富裕示范区的强大精神动力》，《衢州日报》2022 年 8 月 21 日。

3.中共浙江省委宣传部编:《8090 说:"浙"里的共富故事》，浙江大学出版社 2022 年版。

执笔人:罗文双、蒋超

寻找衢州文化生长，使中华优秀文化基因融入日常生活

　　寻找衢州文化生长力，使优秀文化基因融入日常生活，需要以发展经济为根本路径来推动衢州文化的创新发展。经济基础决定上层建筑，只有不断夯实衢州经济的发展使衢州更加安全繁荣，才能从根本上为丰富和发展衢州文化提供保障。衢州的发展要纳入浙江经济发展之中，是属于浙江高质量经济发展体系的重要内容。《中共中央 国务院关于支持浙江高质量发展建设共同富裕示范区的意见》全面阐述了浙江经济发展对于推动全国共同富裕的重要性。其中，衢州作为浙江经济发展的重要组成部分也承担着巨大的责任。衢州人展现出顽强不屈和勇往直前、敢为人先、乐于助人的衢州精神和衢州品质，深入贯彻了以人为中心的发展理念，并以改革创新的时代精神和爱国主义的民族精神来统领经济高质量发展，为实现共同富裕的宏伟目标而不断努力。以此为战略背景，衢州文化的创新发展与对外传播也必须以习近平总书记关于浙江经济高质量发展的重要批示和方针为依据，通过

共建共享来全面建设美丽衢州，为衢州文化的繁荣寻找坚定的物质基础。具体来说，在经济高质量的发展中系统推进衢州精神的创新发展就是要更加全面细化落实发展目标，形成健全的体制机制和政策框架，成为经济发展的省域范例。并且，衢州经济的发展要以内生动力和外部示范的协同发展来实现文化破圈生长，激发衢州人民的主体动力，带动全省和全国人民进行改革创新和艰苦奋斗，凝聚起中华民族的历史主动精神。同时还要利用数字技术赋能经济发展，形成数字经济的完整体系，推动衢州文化生长力的发展，使优秀文化基因融入市民日常生活。

寻找衢州文化生长力，使优秀文化基因融入日常生活需要借鉴成功的经验。坚持和发展新时代"枫桥经验"，探索创新推进社会治理先行示范，构成了衢州文化生长力的重要依托，为衢州文化的创新发展指明了具体的发展方向和实施路径。这些成功的经验和发展方式对于新时代衢州人文精神的形成与对外传播具有重大指导和借鉴意义。在今后的实践中，衢州文化的创新发展和在日常生活中的实际应用需要遵循和贯彻"枫桥经验"的发展逻辑，继承其优秀的治理范式，但又不是对"枫桥经验"全部内容的照抄照搬，而是要根据衢州人文地理和传统文化的特有模式选择性和创造性地继承和发展"枫桥经验"的精华，为争创全国文明城市，为建设"重要窗口"提供精神动力。

延伸阅读

郭玲：《衢州实践：党史学习教育如何让全民关注》，《小康》2021 年第 33 期。

执笔人：蒋超、罗文双、张爱萍

打造衢州新时代文化高地，推进中国特色社会主义先进文化发展先行示范

打造衢州新时代文化高地，推进中国特色社会主义先进文化发展先行示范需要深入开展衢州的文化软实力建设。衢州市需要从战略和全局高度来认识浙江省委的战略决策，以务实的作风、实干的精神抓好落实，在打造衢州新时代文化高地过程中不断增强文化软实力。打造衢州新时代文化高地的前提是自身拥有先进和科学的精神文明内核，这种精神内核不仅符合社会主义核心价值观，且有利于丰富充实和健全全体人民的物质和精神生活，是真正造福于人的科学精神和时代精神，而不是造成人与社会、人与自身相对立的异己精神力量。

概而言之，打造衢州新时代文化高地，推进中国特色社会主义先进文化还是要充分发挥"8090新时代理论宣讲团"的传播优势，从制度方面、指导理论方面、实践成果转化方面高质量地

开展衢州人文教育，实现地域文化的破圈生长，使精神之花、理想之树能够得到更多营养滋润，绽放出更加灿烂的人类文明之花。与此同时，要加强衢州家庭家教家风建设，形成高度集中的精神文明发展体系，推进衢州文化软实力建设。开展衢州文化软实力建设，打造衢州新时代文化高地还需要以中华民族优秀传统文化为理论资源，把衢州精神纳入中国共产党精神谱系之中，只有这样才能在打造民族文化和地域文化的同时进一步提升衢州精神和衢州文化的引领力，实现建设美丽衢州的目标。

打造衢州新时代文化高地，推进中国特色社会主义先进文化发展先行示范还需要全面深化衢州的硬件基础设施建设。打造衢州产业发展，培育特色产业集群的城镇经济是当前衢州硬件设施建设的根本路径。实际上，衢州经济发展也面临着一定程度的社会发展秩序不健康和经济结构不合理、思想层次不高等方面的问题。衢州善于总结经验和发现问题，积极进行改革，强化文化引领力建设，真正做到了"源头活水"，确保共同富裕"一个都不能少"。同时，衢州的发展再一次印证了辩证思维、系统思维和底线思维的重要性，在任何时候都注重"居安思危"，全面协同经济发展与文化、生态建设的有机合一，注重优势互补和资源优化配置，从而形成了强大的凝聚力和系统的经济结构，率先探索实现城乡区域协调发展的有效路径。

打造衢州新时代文化高地，推进中国特色社会主义先进文化发展先行示范需要协同发展实体经济和数字经济。随着社会生产力的发展，衢州人民的生产和生活方式发生了巨大的变化，经济变革产生的巨大影响力也引发了全社会范围内的社会变革，人工智能背景下的数字技术、计算机计算、算法技术、平台经济等作为新事物成功打破了衢州原有的经济秩序和产业结构，在引发新一轮技术革命的同时也衍生出数字经济新发展格局。在此基础上，"新"与"旧"秩序之间的有机交融与碰撞是不可避免的，这就引发了人们对衢州实体经济和数字经济辩证关系的进一步深入探讨。事实上，不管是实体经济还是数字经济都具有重大价值意义，都是中国特色社会主义市场经济发展过程中的重要组成部分，是关系国计民生发展的重要经济支撑，是打造衢州新时代文化高地和推进中国特色社会主义先进文化发展示范的重要基础力量。值得注意的是，不管是实体经济还是数字经济都必须坚持社会主义方向，坚持以人民为中心的发展要求，从生产和生活方面都能有效地满足人们的现实需求，共同推动衢州经济社会发展，努力实现全体人民共同富裕。

衢州依托数字化改革，利用云端"大脑"引导居民公共服务网上办、掌上办，主动参与基层群众自治，形成智能化、数字化、体系化的经济发展形式和社会稳定结构，形成衢州乡村生产生活方式和现代化数字基层治理新形态，在打造衢州新时代文化高地中实现了乡村与城市同频共振。同时，衢州对推进公共服务优质共享先行示范、城乡区域协调发展先行示范、社会治理先行示范、社会主义文化发展先行示范和生态文明建设先行示范等目标任务需要走实、走深、走细。

此外，直播电商凭借其互动性强的特点与优点成为农民销售农产品、脱贫致富的有效手段，如，"南孔直播群英·同心荟"就成为衢州农民直播带货的窗口，也为衢州文化宣传和推广提供了平台支撑。利用数字赋能，农民更加自觉和自主地利用数字平台和直播平台来增加自己的收益，带动衢州部分地区乡村振兴的发展，成功地由单一的消费者的身份转为既是消费者又是生产者的自媒体创作人，而创新本身也会带来丰厚的收益。但是，在掀起新一轮农村电商革命的同时也要注意对网络技术和网络风险的防范，警惕网络诈骗和网络对农民的精神操控。

延伸阅读

1.徐聪琳:《南孔文化:在新时代"流动"起来、"传承"下去》《衢州日报》2022年11月21日。

2.杨显岳:《推进南孔文化在衢州重重落地的思考》,《边疆经济与文化》2022年第9期。

执笔人:蒋超、罗文双、张爱萍

争做衢州乡村振兴示范，为共同富裕示范区建设铸魂塑形赋能

争做衢州乡村振兴示范，为共同富裕示范区建设铸魂塑形赋能，需要以数字技术赋能乡村振兴。衢州作为乡村振兴战略的重要主体，直接关系到整个浙江经济的高质量发展和共同富裕示范区建设，因此，衢州的乡村振兴具有深远的战略决策意义。

乡村振兴战略经历了长久的发展，其最初的目标是要缩小城乡发展差距，减少城乡二元对立发展模式，实现城市带动农村和农村反哺城市的策略和目的。并且，这些策略的实施也确实带动了衢州经济的发展，使得衢州成为整个浙江省发展的先锋和楷模。但是，由于受到经济发展条件和认识水平的制约，衢州的乡村振兴战略存在技术不够先进、基础设施保障不够完善、实施效果不理想等问题。但衢州的优势在于，其具有不怕困难、迎难而上的斗争精神，始终坚持实干精神，主动创新求变，以实现乡村振兴战略为逻辑主线，通过引入数字技术、人工智能技术、算法技术、平台经济为乡村振兴的进一步发展注入新的活力和发展契

机。衢州的乡村振兴战略与新时代的有机融合形成了更加科学和宏伟的目标，由原来的关注"三农"经济发展延伸到关注"三农"政治、经济、文化、社会、生态的协同发展，并把共同富裕纳入了当前新发展阶段的重要任务，在后续的实践中不断推进美丽乡村建设和美丽衢州建设，成功把数字技术运用到乡村振兴发展建设之中，真正做到了数字技术赋能乡村振兴，以及数据技术推动衢州整体布局建设的科学发展方式。

衢州经济的发展充分借鉴了诸暨"一双袜子"走天下的发展模式，其重要哲理在于立足本地特色和优势，找准乡村振兴和城市发展的着力点，从小处入手和从细处推进的科学发展理论。衢州的发展经历了从"手摇袜机、提篮叫卖"的"量的优势"向"质的优势"跃迁，构建起了乡村振兴和共同富裕的典型示范区，并且把发展干在实处，落到实处，结合自身发展特点打造出了衢州样板。伟大奇迹和伟大成功源自实践中的创造，而不是理论和观念上的虚构，因此，争做衢州乡村振兴示范，为共同富裕示范区建设铸魂塑形赋能，要充分继承和发展创新争先精神，通过实干实现振兴衢州经济发展，通过实干来推动乡村振兴建设，通过实干来创造衢州发展的奇迹，通过实干来实现衢州跨越式发展。

争做衢州乡村振兴示范，为共同富裕示范区建设铸魂塑形赋能，需要建立数字金融帮扶制度。衢州在推进乡村振兴方面是受到国家大力支持的，并以国家关于乡村振兴的宏观设计和制度建设为依据，逐渐在实践中探索出了一条汇聚衢州特色和衢州人文地理优势的乡村振兴科学发展路径。新时代的乡村振兴是与传统的乡村振兴紧密相连和内外契合的，它既继承了传统乡村振兴的政策优势、制度优势和帮扶优势，又实现了与数字金融的有机结合，旨在通过数字金融的大力支持来切实推进新时代衢州乡村振兴的发展。

经过长期探索和实践，衢州在推进普惠金融工作方面已经具有一定成功经验，在此基础上，衢州市财政局会同相关部门积极探索生态产品金融价值转化，持续深化绿色金融改革，创新性地打造碳账户金融体系，充分发挥财政资金引导撬动作用，如江山市"创新农户小额普惠贷款，促进农户增收致富"，常山提出"两山银行"生态储蓄单，助力实现乡村振兴。此外，衢州市委市政府还鼓励金融机构加大对小微企业、"三农"领域的支持力度，探索实现财政金融支持共同富裕建设。

在总结财政金融工作经验的同时，我们也看到现实中存在着一定的问题，主要包括原始征信金融数据的缺失、契合度不够、数字金融帮扶不到位等问题。接下来，为了更好地利用数字金融助力衢州乡村振兴建设，需要搭建农村层面的征信数据库，推出符合地方资源发展特色的普惠金融产品，不断优化衢州普惠支付结算，因地制宜，创新衢州数字普惠金融体系，形成体系化的数字金融帮扶制度，紧紧围绕共同富裕发力，开创数字乡村的新时代发展模式，并紧密依托物联网、人工智能、5G场景应用，融合古村、农耕、文创、康养等元素，孕育出家家和畅、处处智慧、人人幸福的田园图景。

争做衢州乡村振兴示范，为共同富裕示范区建设铸魂塑形赋能，需要聚焦治理现代化。习近平总书记强调："从中华民族伟大复兴战略全局看，民族要复兴，乡村必振兴。"治理现代化是推进衢州乡村振兴建设并实现共同富裕的重要手段。这里的治理现代化具有丰富的意涵，主要包括乡村振兴治理现代化、社会治理现代化、国家治理现代化，这三者之间是紧密联系的内外在统一体，在任何时候都不能孤立地看待它们各自的作用和功能。具体而言，首先要深化党对衢州社会发展的全面领导，推行"项目制"管理，把党委、政府决策部署具体化为一个个可操作的项目，优化量化和责任化管理模式；此外，坚持资源整合，强化基层党组织的统筹功能，从根本上提升基层政务服务的高效整合，破解"职能碎片化""政策碎片化""数据碎片化""资源碎片化""党建碎片化""信息碎片化"等治理"碎片化"困境，充分发挥"一村（社）一品""一镇（乡）一景"的特色品牌优势，坚持补齐短板，协同推进衢州经济的发展。并且，要坚持"杠杆效应"，抓住关键和重点，以实现"四两拨千斤"的效果。

延伸阅读

张金凤：《数字普惠金融支持乡村振兴发展模式研究：以衢州市为例》，《产业创新研究》2022年第9期。

执笔人：蒋超、罗文双

提升衢州产业自主创新能力，增强"创新争先"文化软实力

　　发挥新时代衢州人文精神，大力提升衢州产业自主创新能力需要发挥文化软实力的引导作用。随着科学技术的不断进步，人们逐渐认识到科学技术对于提升社会生产力和增强企业发展的经济效益具有重大作用，新时代的科学技术代表着当前最为先进的生产力，能够创造巨大的经济价值，更是能够大大提升衢州产业自主创新能力。发挥新时代衢州人文精神能够切实推动衢州产业自主创新能力的提升，形成衢州文化软实力的经济合力，从而带动数字衢州的创新发展。

　　文化的影响力是巨大的，新时代衢州人文精神作为重要的先进文化也会推动衢州产业自主创新能力的发展，其主要表现为，发挥新时代衢州人文精神能够实施好关键核心技术攻关工程，强化国家战略科技力量，为率先实现共同富裕提供强劲内生动力。同时，新时代衢州人文精神能够在新时代凝聚起强大的文化协同力，保障主流意识形态的指导地位，打造"互联网＋"的绿色网络

环境，从而实现高水平建设衢州自主创新示范区，深化数字经济创新发展试验区建设，并形成数字网络云端，构建数字红利，缩小城乡发展的数字鸿沟，保障不同群体更好共享数字红利的目的。

新时代衢州人文精神除了对于推进衢州产业发展具有重大的指导作用外，其本身也蕴含着丰富的经济价值，是文化事业的重要组成部分。2022年5月20日，《衢州日报》刊发署名为"信安平"的文章《衢州，逐梦共富新赛道》。文中指出，"物质富足，为'共富'之基；精神富有，乃'共富'之魂。在共同富裕中实现精神富有，在现代化先行中实现文化先行"。在追求共同富裕的道路上，必然要实现精神上的富有、文化上的先行，但是如何去实现？对于衢州而言，是以有礼推动凝心聚魂、引领文明创建、塑造城市形象、优化基层治理、助力文化赋能，打造文化文明双高地。因此，衢州正强力打造文化传播的硬件设施，加快文化艺术中心、体育中心、新时代文明实践中心、农村文化礼堂、乡村振兴讲堂、南孔书屋等建设，实现乡镇（街道）综合文化站和村（社）文化活动室的全覆盖。此外，衢州还举办多种多样的文化活动，大力增强文化传播的影响力，组织开展庆祝中国共产党成立100周年"永远跟党走"文艺演出、"百年峥嵘"美术作品展，举办农民艺术节、农民诗文化节，等等，通过一系列活动推动精神文明建设，通过实体载体让群众感受精神文明建设成果，展示新时代衢州精神风貌。

发挥新时代衢州人文精神大力提升衢州产业自主创新能力需要以科学创新为主要抓手。2017年4月12日，浙江省政府推进"最多跑一次"改革座谈会在衢州召开，会上，时任省委书记车俊充分肯定了衢州的经验做法，要求把衢州的好经验变成全省的"标配"。毫无疑问，衢州的改革发展已经成为浙江经济发展和产业创新的典范，具有重要的价值和启示。其主要经验是衢州在发展过程中充分发挥了人文精神对衢州产业自主创新能力的引导和助推作用，构建起了以科学创新为主要抓手的发展范式。

当前，数字技术、人工智能技术、算法技术、平台直播技术等发展成常态化的先进技术。要加强新时代衢州人文精神对衢州产业自主创新能力发展的推动作用，需要引进和应用当前最为先进的科学技术，强化"云上浙江"和"云上衢州"建设，充分调动数字经济的各项要素，形成多元主体联动的经济结构体系，同时打造"8090新时代理论宣讲"品牌，让党的创新理论"飞入寻常百姓家"，建设四省边际文明高地，推动"衢州有礼"成为"浙江有礼"的示范标杆，真正实现以新时代衢州人文精神引领衢州产业发展目的，落实自主创新和先进技术引进两条路协同并举的科学理念。

除此之外，提升衢州经济发展的自主创新能力还要密切关注结构性因素、制度因素、技术因素、人才因素，加强对市场的规范化管理，健全金融管理机制，提升数字经济政府治理能力，推动数字经济产业融合发展，构建数字经济核心产业新格局。另外，以新时代衢州人文精神促进衢州经济产业结构优化升级还需要积极探索校企合作模式，建立校企双方共赢的合作机制，提升岗位实践能力，激发创新创业的思维能力。

延伸阅读

1. 衢州市委宣传部；《在促进精神富裕中奋力跑出"衢州加速度"》，《政策瞭望》2022年第4期。

2. 于山：《衢州：牢记殷殷嘱托加快追赶跨越》，《浙江日报》2022年6月1日。

执笔人：蒋超、罗文双

以新时代衢州人文精神为引领，塑造衢州产业竞争新优势

发挥新时代衢州人文精神，塑造衢州产业竞争新优势需要打造自己的品牌，展现衢州产业发展特色。"衢州人民依靠自己的勤劳和智慧，形成了独具特色的衢州近现代地方文化"①衢州市委市政府作出决策，将"南孔圣地·衢州有礼"作为衢州全市域总的品牌，形成衢州经济发展的产业优势，拓展衢州文旅产业发展，打造新时代浙江省经济发展的示范基地。这是因为，衢州在经济文化发展过程中形成了独特的文化优势，构建起具有新时代特质的人文精神，并逐渐赋能衢州经济发展的各个方面，从而推动了衢州经济的优化升级与产业结构调整，形成了横向对比和纵向对比的产业竞争优势，进一步推进以新时代衢州人文精神提升衢州产业竞争优势，实现了以衢州品牌带动衢州发展的目的。受到不同环境、不同地域、不同文化的影响，每一个城市在日积月

① 占剑：《百年风云：衢州近代史(衢州文库)》，商务印书馆2016年版，第2页。

累中都会逐渐形成独具地方特色和优势的产业结构，这种独特性和地域性的产业标签恰是每个城市的竞争优势，因为具有自身鲜明特色的地方产业结构往往难以被模仿和超越。

新时代衢州人文精神是属于衢州人民特有的精神，是在经历了长久的发展，并将中华优秀传统文化与衢州本地发展进行有机结合的基础上形成和发展起来的伟大精神。在新时代衢州人文精神的助推下，衢州城市发展的产业结构逐渐形成，产业化、体系化的层次日趋完善，具有衢州产业发展特色的衢州品牌日渐增多，衢州产业竞争新优势逐步增强。比如，衢州每年举办"衢州有礼"文博会，开展礼品包装设计大赛，评选"衢州好礼"，搭建"衢州有礼"产品展示交易平台。与此同时衢州还加强"南孔圣地·衢州有礼"商标注册、培育、保护、监管力度，规范使用"南孔圣地·衢州有礼"区域公用品牌，拓展品牌适用范围，以品牌引领的"1+N"全产业链一体化服务体系为载体，以平台服务集聚效益为推动力，探索衢州特色产业生态化、标准化、品牌化、金融化、电商化发展模式，不断提升"南孔圣地·衢州有礼"城市品牌的知名度。

"人文精神是人类通过实践活动所体现出来的观念、风俗、生活方式和社会心理，是文化的'形而上'部分。人文精神不仅仅是人文学科的内在思想反映，而且是所有文化产品的思想映照。"[①] 衢州以人文精神为动力，不断打造具有鲜明衢州辨识度的特色产品和文创产业，打响"浙江制造"和"衢州制造"品牌。与此同时，衢州在经济发展和产业结构优化中深入贯彻新时代衢州人文精神，把敢于创新、勇于拼搏、乐于互助的民族精神积极融入经济发展中，注重第一产业向第二产业、第三产业的创新发

---

① 时伟,薛天祥：《论人文精神与人文教育》，《高等教育研究》2003年第5期。

展与深度转化，加快服务业数字化、标准化、品牌化发展，推动现代服务业转变发展理念、提升服务意识，同先推进制造业、现代农业的深度融合，畅通金融服务实体经济渠道，不断推动传统产业迈向高端化、智能化、绿色化，做优做强战略性新兴产业和未来产业。

在促进精神富裕中发挥新时代衢州人文精神，塑造衢州产业竞争新优势，跑出"衢州加速度"。衢州精神富裕的精神内核在于充分弘扬和践行新时代衢州人文精神，通过发挥新时代衢州人文精神创造的巨大经济价值，形成物质生活共同富裕和精神生活共同富裕的协调发展。

运用马克思主义的唯物辩证法分析共同富裕问题不难发现，共同富裕不仅包含物质生活共同富裕，也包含精神生活共同富裕，物质生活共同富裕是精神生活共同富裕的前提和基础，精神生活共同富裕则对物质生活共同富裕具有能动的反作用，是更具决定性意义的富裕。因此，实现共同富裕要通过大力加强社会主义精神文明建设，弘扬社会主义核心价值观，不断满足人民群众精神文化需求，不断实现人民对美好生活的向往。以此为基础，要实现衢州人民的精神生活富裕就需要在改革创新和经济发展中建立完善的精神富裕体系和稳定的基础保障。在当今信息化时代，应充分利用信息技术，以数字赋能衢州经济的发展，紧紧围绕精神生活富裕做文章，只有这样，才能使衢州掀开乡村建设新的一页。一方面，衢州以人文精神嵌入产业竞争发展，逐渐实现了在乡村治理中嵌入"智慧脑"。另一方面，数字化管理与村民生活也紧密相关，智慧路灯、智慧医疗、智慧家居、智慧产业、智慧乡村等便民服务一应俱全。

发挥新时代衢州人文精神，塑造衢州产业竞争新优势需要弘扬批判精神与创新精神，助力衢州产业更新升级。任何人的创新都必须站在巨人的肩膀之上，然而更关键的是要有"吾爱吾师，吾更爱真理"的精神。"爱真理"则始于批判精神，终于创新能力。这也是宋学的基本精神。钱穆先生曾论宋学云："宋学精神，厥有两端：一曰革新政令，二曰创通经义。"无论是"革新"还是"创通"，都是基于怀疑的创新。如有"宋初三先生"之称的胡瑗在学术上，虽然对传统思想多有继承，但在继承的同时也有怀疑。他不仅怀疑儒家经典文本的完整性，同时更加怀疑前人的注疏之学，然后在此基础上创造了以"义理"解释儒家经典的范式。有"千古文章四大家"之称的欧阳修亦是如此。其《易童子问》，不仅怀疑传统的解释，还怀疑圣人的神圣性，以此建构了自己的易学观，进而推动了宋代易学的发展。宋明理学之所以能够产生亦是基于此种批判精神。在南宋朝廷迁往杭州后，孔子部分后裔亦随朝廷南迁，最后定居于衢州，并逐渐形成了独具特色的"南孔文化"。衢州市政府近年通过打造"南孔圣地·衢州有礼"城市品牌建设、成立南孔文化研究中心等活动，在挖掘宋韵文化，尤其是挖掘宋韵文化精神上取得了瞩目的成绩。

近五年，在市委市政府及全体衢州人的共同努力下，衢州创新产业数量有了明显的增加，先后成功创建了浙江大学工程师学院衢州分院、浙江大学衢州研究院（简称浙大衢州"两院"），电子科技大学长三角研究院（衢州）以及衢州海创园和省高端化学品技术创新中心等创新创业单位。不过，在产业、产品的创新上衢州与世界最发达国家和地区相比仍有巨大的追赶空间，而宋韵文化中的批判与创新的精神不仅有助于推进衢州文化的增容扩充，而且有助于产业的更新升级。因为产业的每一次更新换代都得益于科学技术理念与手段的创新。

延伸阅读

陈植锷:《北宋文化史述论》，中华书局 2019 年版。

执笔人：蒋超、罗文双、张爱萍

激发内生动力，推动经济发展效率变革

　　发挥新时代衢州人文精神，提升衢州产业经济循环效率，需要贯通生产、分配、流通、消费各环节。提升衢州产业经济循环效率重在全面把握好生产、分配、流通和消费四个环节的相互关系，既要以发展生产力为根本保障，提升衢州经济的整体消费水平和消费能力。同时，也要关注对衢州产业经济中各个环节和各个部门的分配，通过建立合理有序的分配机制和深入贯彻供给侧调整政策来形成良好的生产和生活的流通效果，这些方面共同构成了衢州产业经济循环效率的内容。不仅如此，在整个过程中更是要体现和贯彻整体性和大历史观协同的思想，用共同体理念和意识铸牢衢州经济产业发展的共同体结构和格局，形成数字经济和传统经济共同发展、线上经济和实体经济协同发展、地方经济和民族经济共同发展的产业发展新局面，进一步夯实衢州经济产业结构。正如《中共中央 国务院关于支持浙江高质量发展建设共同富裕示范区的意见》指出的，"推动海港、陆港、空港、信息港'四港'联动"，"畅通城乡区域经济循环，破除制约城乡区域要素平等交换、双向流动的体制机制障碍，促进城乡一体化、区域协调发展"。

除此之外，新时代衢州人文精神在推动衢州产业经济循环效率的提升方面还需要发挥"8090新时代理论宣讲团"的理论宣传作用，以群众喜闻乐见的方式和典型事迹来激发和汇聚经济发展的群众力量，利用县级融媒体和市级融媒体推动衢州产业经济循环发展，这对于深化衢州数字经济建设具有重大指导价值。立足当下、展望未来，衢州市柯城区将继续利用大数据精准推送个性化宣讲、开设"宣讲直播间"孵化网红宣讲员、开办"云课堂"打造全天候党课，利用好衢州厚实的群众基础，建立覆盖面广的衢州经济产业，形成衢州经济文化广场，构建衢州数字经济发展的特色平台。另外，提升衢州经济循环效率还要积极鼓励地摊经济的发展，使其成为推动衢州经济发展的重要力量，用制度来进一步规范和激发地摊经济的内在动能，"科学合理地认识'地摊经济'的发展轨迹与发展逻辑是其重要保障"[1]。当前，地摊经济发展迅速，增加了就业岗位，提供了创业机会，促进了经济发展，然而不可忽视的是，残留垃圾污染环境、食品卫生无法保障等问题随之而来。因此，我们既要发挥地摊经济来助力疫情背景下的衢州经济循环发展，又要强化对地摊经济的有序监管，使其更加健康、有序、平稳地发展。

发挥新时代衢州人文精神，提升衢州产业经济循环效率，需要承继内省与实干精神，促衢州经济大力发展。"实干精神是中国精神的重要组成部分，也是中国现代化发展的精神支柱和价值引领，它在中国现代化发展中具有导向、凝聚、动力、保证等

---

[1]　蒙昱竹，姚旻：《"地摊经济"的理论逻辑与中国路径选择》，《华中师范大学学报(人文社会科学版)》2021第1期。

作用。"① 虽然以理学为代表的宋韵文化侧重强调主体的内在道德修养，但成就自己并非最终的目的，经世济民才是理学的最终追求。正如周敦颐所说："志伊尹之所志，学颜子之所学。""伊尹"是商朝名臣，治国兴邦的典范，"颜回"是孔子最得意的学生，以德行而著称。不过，在"实干"与"内省"两者中，程朱理学更侧重"内省"一方，因为他们认为"内省"功夫做不好，那么"外王"的"实干"事业肯定是做不好的。"治道亦有从本而言，亦有从事而言。从本而言，惟从格君心之非，正心以正朝廷，正朝廷以正百官。若从事而言，不救而已，若须救之，必须变。大变则大益，小变则小益。"这里的"格君心之非"就是要求把"内省"功夫做足，然后用来治国。即便是功利主义哲学，也颇为注重"内省"功夫，只是相对而言，更强调"实干"的一面。"南孔文化"既受到了洛学、闽学的影响，也受到了浙学的影响，即既强调"内省"又强调"实干"，既强调"义"又强调"利"。衢州经济的有机循环发展需要结合传统宣传平台和新媒体平台（如"衢州有礼"公众号等），大力宣传"南孔文化"，使其进入"寻常百姓家"，进而提升衢州人的内在修养和自觉修为。与此同时，还要通过《聚焦时刻》《有礼红黑榜》《有礼评论》等监督栏目对经济不法行为进行曝光、纠正，营造风清气正的良好社会氛围。

生产力是社会经济发展的决定性因素，生产力越发达，社会经济发展水平也越高，而生产力中人的素质至关重要。因此，要提升衢州经济发展水平，增强衢州经济发展循环效率，需要不断加强新时代衢州人文精神的创新发展与对外传播，大力提升衢州人的文明程度和综合素养，从而促进衢州社会生产力的发展，以及衢州经济的高质量发展。

---

① 贺才乐：《新时代实干精神的丰富意蕴与践行路径》，《人民论坛》2021第24期。

延伸阅读

　　杜英姿，常亮:《浙江省衢州市:品牌崛起铸强市"有礼"赋能拓坦途》，《中国城市报》2022 年 11 月 14 日。

执笔人：蒋超、罗文双

弘扬新时代衢州人文精神，构建衢州产业新发展格局

　　发挥新时代衢州人文精神，建设衢州产业新发展格局，需要深化政企合作。以新时代衢州人文精神建设衢州新发展格局，必须将坚持党的全面领导与衢州企业内部建设有机结合，通过党和政府的科学领导和顶层设计为新时代衢州产业的发展提供正确方向，同时加强企业内部建设，充分释放衢州企业发展新活力，强化企业的责任担当意识，建立和健全新时代衢州企业体系化的发展结构。从根本上说，以新时代衢州人文精神建设衢州新发展格局和建构政企合作是实现互利共赢的重要决策。近几年来，正是基于政企双方的互利合作，衢州市在实现企业经济发展和产业创新的同时，也推动了衢州供应链集成服务领域、衢州健康养老领域、高端制造业领域、金融领域、招商引资方面的全方位和多层次的快速发展。除此之外，衢州围绕更高层次和更深领域的目标打造产业新发展格局，其目的是通过深化新时代的政企合作，建构起新型的衢州产业发展综合体系。衢州产业在发展过程中曾面

临企业纠纷和结构紊乱等问题，如衢州市柯城区高新园区高新南社区建构"亲清助企中心、警务融治中心"治理模式，形成了线上和线下协同发展的衢州产业新发展结构。深化线上政企合作的衢州产业综合体发展模式主要分为三块大功能区域：衢州产业直播管理功能区、衢州产业区域链功能区、衢州数字经济功能区。这进一步夯实和完善了衢州经济发展的新发展格局，构建起"暖心园""同心园""安心园""舒心园"的整合合一示范模式。另外，深化线上政企合作的衢州产业综合体发展模式也分为多功能区，成功实现了助企服务、宣教体验、协会自治，有公安、园区服务中心、综合执法、人社等部门实体入驻。

　　发挥新时代衢州人文精神，建设衢州产业新发展格局，需要深化分配制度改革，不断提升居民收入水平。"构建以'内循环'为主体的'双循环'新发展格局是我国政府应对当前逆全球化与技术封锁威胁部署的战略举措。"①衢州产业新发展格局建设是全面构建新发展格局的重要一环，只有充分保障衢州主流价值文化、经济成果转化以及生态生产力，才能进一步激发衢州产业新发展格局的形成和发展，从而创造更多的就业机会和增加市场的人才容量。尤其是面临疫情防控的重要节点，整个城市的经济发展水平和社会稳定情况面临严峻挑战。由此，必须要想尽一切办法激发市场活力，保障社会稳定，充分发挥新时代衢州人文精神的引领作用，最大限度地推动整个衢州整体有序发展，彰显伟大的历史主动精神。

　　除此之外，发挥新时代衢州人文精神，促进衢州产业结构的优化升级，必须正确把握党的领导和人民主体的有机统一。一方面，要充分调动人民群众的积极性和主动性，培育他们对于新时

① 井润田：《"双循环"新发展格局下的中国企业全球化战略》，《社会科学辑刊》2022年第4期。

代衢州人文精神的认同感，逐渐增强人民群众的凝聚力，形成道路自信、制度自信、理论自信、文化自信。另一方面，要坚持党对衢州经济发展和文化建设的引领力，充分发挥县级融媒体和市级融媒体来建构主流意识形态的公信力和传播力，着力解决人民群众最为关心的物质生活需求和精神文化需求的问题，全心全意地满足人民群众对美好生活的需求。

2022 年 4 月 8 日，中国共产党衢州市第八次代表大会报告提出，今后五年，衢州要全面塑造新时代人文精神，成为物质富裕精神富有的样板地。具体言之，就是要高质量发展建设四省边际共同富裕示范区，发挥新时代衢州人文精神，建设衢州产业新发展格局；要深化分配制度改革，不断提升居民收入；并且大力弘扬以改革创新为核心的时代精神，把这种伟大精神始终贯彻到以人民为中心的衢州产业发展实践中，努力实现以新时代衢州人文精神推动衢州产业新发展格局建设的目标，充分发挥新时代衢州人文精神在创新发展以及衢州产业经济发展中的引领作用。

发挥新时代衢州人文精神，助力衢州经济结构的优化，还体现在充分利用数字技术赋能上。随着时代的发展，人工智能技术已经深刻影响着人们当前的生产与生活。无论是生产领域还是消费领域、分配领域、流通领域，以智能可视化技术、数据引流、算法推荐等人工智能技术为支撑的生产力变革已经渗透到衢州经济、文化、社会的方方面面，进一步带动了衢州传统产业结构的变迁。在此基础上，传统的生产方式和生产结构已经难以适应时代的需求，从而促进了衢州产业结构的调整与升级。尤其是在面对国际国内的百年未有之大变局，以及新冠疫情复杂形势的严峻挑战时，衢州的经济产业结构调整更加需要充分发挥新时代衢州人文精神，积极融入艰苦奋斗、勇于创新和敢为人先的精神品质来开拓新的市场，科学处理自身发展与外部发展的相互关系。并要坚持党对衢州经济发展的领导地位，牢固树立共同体意识，把握历史发展趋势，自觉将历史主动精神融入衢州经济发展体系的建设完善的实践之中。具体而言，就是要注重对衢州产业结构的优化升级，不断激发经济主体的内生动力，形成多元协同和内部互助的衢州产业共同体结构，增强对中小企业的保障力度，积极探索解决管理薄弱、人力资源管理不当、融资困难等问题的方法和路径。除此之外，还要优化融资格局，建立人力资源管理制度，积极鼓励技术创新，制定定性与定量相结合的管理考核制度，谋划科学可行的战略规划，加强农产品市场建设，全面提高农业科技水平，完善自由贸易试验区建设，优化产业结构和收入分配结构，提升外商直接投资水平，从总体上系统优化衢州经济结构。

延伸阅读

1.翁浩浩，于山：《建设四省边际中心城市争当"两个先行"示范窗口——访衢州市委书记高屹》，《浙江日报》2022年11月22日。

2.叶中华：《以新时代衢州人文精神赋能四省边际中心城市建设》，《中国城市报》2022年10月17日。

执笔人：蒋超、罗文双

以新时代衢州人文精神润泽城市发展

　　发挥新时代衢州人文精神，激发衢州各类市场主体活力，需要有序推进有效市场和有为政府更好的结合。衢州经济的发展从本质上讲是中国特色社会主义市场经济的衢州实践，必须坚持市场的主体性地位和充分发挥政府对市场的宏观调控功能，只有双管齐下地推进中国特色社会主义市场经济，才能更好地实现中国式现代化。在此背景下，以新时代衢州人文精神激发衢州各类市场主体的活力就必须增强市场的主体性和改革的系统性，不能单向度或者片面地进行产业结构建设与优化，而是要尊重市场经济发展规律，形成市场决定、政府调节和人民主体相结合的整体性思维，充分激发各类市场主体的活力，为实现和维护人民群众的根本利益而努力奋斗。在这一过程中，要以新时代衢州人文精神来促进衢州产业经济的发展，必须坚持公有制为主体、多种所有制共同发展，并在以按劳分配为主体、多种分配方式并存的社会主义市场经济制度下推动经济健康发展，逐步建立起有计划、有规范、有目标的衢州经济体系。

　　此外，也要加强反垄断和反不正当竞争监管执法司法力度，提升监管能力和水平，提高法治化水平，实现事前事中事后全链条监管，规范和引导资本健康发展，防止资本无序扩张。也就是说，发挥新时代衢州人文精神，激发衢州产业各类市场主体活力，必须用衢州精神来引领当前衢州各类市场主体活力。也只有发挥了新时代衢州人文精神的引领力、创新力和转化力，才能真正协调处理好产业发展中的各类复杂市场主体的关系，才能真正激发各类主体的活力，让他们在维护自身经济发展的前提下也能落实企业的社会责任感和使命感，形成强大的企业凝聚力，从而共同参与到社会安全的治理与国家经济安全的建设中来。不管在任何时候，衢州的发展都要跟党走，要有序推进衢州的有效市场和有为政府更好结合，逐渐提升新时代衢州人文精神的影响力，通过发挥"8090新时代理论宣讲团"的强大理论宣讲能力来宣传衢州有效市场与有为政府协同发展和齐头并进的光辉事迹。同时，衢州的发展要借助新时代媒体进行大力传播，发挥主流媒体的公信力、传播力和影响力来引导和实现衢州经济产业和人文精神的共同发展。"紧紧围绕'打造中国营商环境最优城市'目标，扎实推进企业社区化网格化服务、营商环境'清障'行动等工作，取得了较好成效。"①衢州经验的实践成效进一步论证了新时代衢州人文精神是科学的精神，能够切实激发衢州各类市场主体的活力。

　　发挥新时代衢州人文精神，激发衢州各类市场主体的活力，需要以宋韵文化润泽衢州城市。宋韵文化所蕴含的物质、精神、制度、生态等多个层面的内容皆充分展现了优秀传统文化的内在品格。其中宋韵文化精神是整个宋韵文化的核心，其内涵主要

---

① 郑菁菁：《优化营商环境 护航衢州高质量发展》，《衢州日报》2022年4月27日。

包括怀疑与创新的精神、包容与多元的精神、内求与实干的精神。新时代衢州人文精神应传承宋韵文化的核心和精神实质，并与新时代相结合，创造出具有独特精神风格和气韵的新时代衢州人文精神，从而不断推进衢州产业发展，激发衢州各类市场主体的活力。除此之外，"浙江省衢州市委、市政府高度重视儒学文化产业园示范创建工作"①，儒家思想对于深入推进衢州产业发展中的各类主体自身建设具有重大价值意蕴。具体来说，就是指衢州产业和衢州企业在发展过程中能包容不同的人或物。包容就意味着对世界多元性的认可，其经验基础在于"物之不齐，物之情也"，因此子思推出"万物并育而不相害，道并行而不相悖"之包容精神。道家也是承认事物的多元性的，并从哲学上进行了论述，如庄子看来，"通天下一气耳"，故"物"与"物"之间都是平等的关系。这些优秀传统文化在今天衢州产业发展过程中依然能焕发强大的生机和活力，推动产业的各类主体相互包容，实现合作共赢的目的。不仅如此，宋代的张载在消化吸收佛老思想后，在"气论"的基础上，提出了"民胞物与"的思想。在张载看来，无论人还是物，属于同根同源的，皆为"气"所生成，因此老百姓是我的同胞，而物与我们同类，所以要相互包容、彼此仁爱。这一思想也为二程、朱熹等理学家所吸收。以理学为代表的宋韵文化，从思想渊源上说，本来就是多元文化的统一，有儒、有道，也有佛。这些思想共同构成了新时代衢州人文精神的重要内核，为衢州经济发展注入了强大的精神动力。因多元而包容，这不仅是宋韵文化的特点，也是中国文化的特点，同时也是南孔文化的特点，这些优秀的文化基因构筑了新时代衢州人文精神的丰富内涵，引领着衢州产业升级与企业主体发展。衢州以

---

① 张婧：《衢州儒学文化产业园：让传统文化接地气、入人心》，《中国文化报》2022年5月7日。

"南孔文化"享誉全国，因为它不仅批判地继承了宋以前的儒学，而且批判地继承了以"义"为上的理学和重"利"的"事功"之学。放眼今天，衢州各部门通力协作，通过举办高水平南孔文化论坛、南孔祭祀文化节等活动使"南孔文化"成为衢州文化的名片，并逐步走向世界，多次出现在美国纽约时代广场。衢州文化不只是把优秀的"南孔文化"送出去，而且还把世界优秀文明引进来，比如衢州与全世界13个城市建立了友好城市关系，其主要目的之一就是要吸收世界先进的文明使衢州文化与时俱进，推陈出新，进而助力衢州产业的进一步发展。

发挥新时代衢州人文精神，激发衢州各类市场主体活力，需要以"衢州有礼"诗画风光带赋能经济"内循环"。"衢州是一座因水而生的城市，钱塘江在衢州境内呈'Y'形分布，两岸自然景观秀美、文化旅游资源丰富，并按照市域一体'串珠成链'的思路，谋划出一条长280公里、覆盖1000平方公里的'衢州有礼'诗画风光带，致力打造'绿水青山向金山银山'转化、生态富民的大平台。"[①] 习近平总书记的"绿水青山就是金山银山"理念为激发新时代衢州人文精神并带动衢州产业发展，激发衢州各类市场主体的活力提供了理论指导和方向指引，科学表达了生态文明蕴含的强大经济转化力和创新力，为利用生态建设带动衢州经济"内循环"深入发展奠定了理论基础。总的来说，衢州经济的发展始终以新时代衢州人文精神为内核，在实践中积极融入新思想、新理念，从而实现了地方特色与共同理念的深度交融，孕育出具有新时代衢州人文精神和衢州地方特色的城市风景，形成了"千村示范、万村整治"的工程发展模式，推进了美丽乡村、美丽城镇建设历史进程。衢州"美丽城市"建设和产业内循

---

① 赵凯怡，郑依霖：《"衢州有礼"诗画风光带赋能经济"内循环"》，《衢州日报》2022年6月28日。

环建设也为浙江省的整体发展提供了宝贵经验。衢州的发展彰显了人文精神的重要性，展现出生态、文化建设中蕴藏的重大经济价值，有利于推动乡村振兴和实现共同富裕，有利于打造具有衢州特色的文化产业结构和衢州经济体系。不仅如此，衢州在新时代还全力建设与经济发展相适应的交通、生态旅游、碳账户、数字金融体系、"产学研"研发基地，积极引进人才，不断壮大衢州人才队伍，形成了集人才、制度、文化、生态、社会保障、教育、卫生服务于一体的产业结构和体系，着力打造属于广大衢州人民的宜人、宜居的舒适环境，为人民群众建立了便捷的生产圈和生活圈，让广大人民群众过上了高品质生活。以此为基础，衢州在发展产业经济的同时不断提升人文精神，讲好乡愁古韵的城镇故事，积极贯彻新发展理念，履行自己的承诺和展现自己的担当。自从美丽城镇建设工作开展以来，衢州在自身的发展过程中不断探索适合新时代的创新发展路径，充分利用"乡愁""思乡""家风""家教"等传统文化因素赋能衢州经济发展，继续推动衢州人文精神与新时代精神的有机融合，获得了"诗画衢州""人文衢州""美丽衢州"的时代美誉。

总的来说，衢州作为江南文化名城，有着 1800 多年历史，在这漫漫历史长河中形成的独具魅力的地域文化滋养着人们的精神品格。衢州以新时代衢州人文精神推进衢州经济社会的发展，必须擦亮文化高地"金名片"，积极打造四省边际文明新高地，提升"8090 新时代理论宣讲团"的传播成效，坚持党对衢州经济发展与文化建设的全面领导，利用县级融媒体和市级融媒体赋能经济和文化发展，坚持守正创新与破立并举，充分利用"乡愁""爱国""家风""家教"等文化因素，构建起"产学研"一体化的经济发展模式，通过弘扬和践行新时代衢州人文精神，全面推动衢州经济的发展，以生产力的高度发展来保障物质富裕与精神富裕的协同发展，从而打造高质量的乡村振兴和高质量的共同富裕；与此同时，以新时代衢州人文精神推进衢州经济的发展，还需要树儒雅风范，传人文精神，既要保留衢州地方特色和推动地方经济发展，更要铸牢中华民族共同体意识，全面助力新时代共同富裕的目标，为全面建设社会主义现代化国家而努力奋斗；既要遵循知行合一，提振区域经济的服务性，更要彰显地域特点的职业性，形成双赢的局面，全力实现从建设"最美衢州"到实现"精神富有衢州"的新时代发展。

延伸阅读

1.杜丽燕主编：《中外人文精神研究（第十三辑）》，人民出版社2020年版。

2.许苏民：《人文精神论》，人民出版社2011年版。

附　录

新时代衢州人文精神研究报告

浙江省社科院新时代衢州人文精神课题组

　　任何一个国家、一个地区要克服其面临的种种不利条件，在现代化进程中实现超常规、跨越式发展，都必定离不开某种强大的精神力量的支撑。普惠性的人力资本投资和国民综合素质提升，向来被视为现代化最重要的主体性条件，但人力资本和国民素质的提升，从来都不是一个单纯的知识积累和技能训练过程，它同时也一个精神状态的塑造过程。强烈的进取精神、高亢的拼搏激情、坚韧的奋斗意志，可以充分调动人的各种潜能，赋予社会实践主体生机盎然的创造性活力。在浙江工作期间，习近平同志就强调指出："良好的精神状态，是做好一切工作的重要前提。领导干部在工作顺利的时候，保持良好的精神状态并不难，难的是在面对众多矛盾和问题时、遇到困难和挫折时，能够始终保持昂扬向上、奋发有为的精神状态。"[①]

　　进入新世纪以来，在"八八战略"的引领下，衢州市克服发

---

① 习近平：《之江新语》，浙江人民出版社2007年版，第60页。

展基础、区位条件和资源禀赋等种种不利因素的制约，坚持从地方实际出发，充分发挥生态资源的优势，探索欠发达地区绿色发展之路，逐步形成了城市赋能、乡村振兴的发展格局。进入新时代，全市上下更是奋力拼搏，拉开了转型发展、追赶跨越的历史帷幕。衢州干部群众的精神状态也在发展进程的历史性重塑中完成了一次革命性洗礼。凭借干部群众迸发出来的攻坚克难、开拓进取的干事创业热情和奋斗拼搏意志，近些年来衢州办成了许多具有历史性、开创性意义的大事。杭衢高铁等重大项目的高效推进，重塑了衢州发展时空格局、城市格局；引进总投资400多亿元的时代锂电项目，推动了产业格局的历史性变革；南孔文化、古城文化的全面复兴，显著地提升了城市辨识度、影响力；以"最多跑一次"改革、数字化改革为牵引的一系列重大改革的先行突破，打造了全省改革创新的众多标杆；最优营商环境打造和全国文明城市的创建，极大地提升了衢州发展的文化软实力。从某种意义上讲，新世纪以来三衢大地上发生的最深刻的变化之一，就是城市文脉的全面复兴、生态优势的全面彰显、发展格局的历史性突破、改革创新的使命担当等变革型实践，使衢州干部群众焕发出了一种前所未有的自信、坚定、争先的精气神，汇聚形成了大气开放、昂扬向上的精神状态。从"最美衢州人"现象享誉全国，到扎实推进精神文明高地试点建设；从"南孔圣地·衢州有礼"城市品牌的成功营销，到"浙江有礼"示范标杆的打造；从领跑全省的"最多跑一次"改革，到中国营商环境最优城市、中国基层治理最优城市的打造，无不充分展示出了新时代衢州人崇贤、有礼、开放、自信、创新、争先的精神风貌，彰显了衢州未来跨越式发展的强大内生动力。

衢州的追赶跨越发展，已然站在了全新的历史起点上。着眼高质量发展建设四省边际共同富裕示范区的宏伟奋斗目标，对照全省各地你追我赶、不争先就意味着落后的发展态势，正视衢州经济能级、城市能级提升和核心竞争力打造等方面存在的短板，新时代的衢州依然迫切需要进一步全面振奋干部群众干事创业的精神气，汇聚起全市人民奋勇争先的磅礴气势。正如中国共产党衢州市第八次代表大会报告指出的那样，唯有思想破冰才能实现发展突围，唯有主动改革才能赢得发展先机，唯有人民至上才能增强发展底气，唯有创新争先才能扛起发展重任。思想境界的突破，才是发展格局突破的终极源泉；精神能级的积蓄，才是城市能级提升的根本动力。在开启高质量发展建设四省边际共同富裕示范区新征程之际，衢州在全市掀起新时代衢州人文精神大讨论，不仅对扎实推进精神文明高地试点建设，在共同富裕中实现精神富有，在现代化先行中实现文化先行具有重要的先导意义，而且对激发跨越式发展的内生动力，确立四省边际中心城市地位，打造共同富裕和现代化的衢州范例，也具有极为重要的战略性意义。

一、区域人文精神的内在规定性

区域人文精神是特定区域中的人们在长期的社会生产生活实践中积淀形成并动态演化的精神传统，是体现在人们社会交往、价值追求等社会行为之中的具有区域性特征的精神面貌、精神气质。区域人文精神是特定的自然生存环境、人文历史传统，以及人们求生存求发展的社会生活实践相互激荡的产物，具有明显的时代性、传承性和实践性。

（一）区域人文精神的时代性

从空间形态上讲，一个国家内部特定区域的人文精神不可能是游离于民族精神、时代精神之外自主演化的封闭系统，而必然是民族精神、时代精神的共性特征与区域文化个性特征的统一。具体地讲，衢州人文精神是中国改革开放的时代精神和与时俱进的浙江精神在衢州的生动体现。改革开放的伟大实践推动中华民族的精神世界发生了最深刻的变革，市场化、工业化、城市化进程中社会生产方式、生活方式和社会交往方式的革命性变革，推动了中华民族的整个精神世界在一两代人身上发生了历史性重塑。正如马克思所指出的，在现代化的生产实践中，"不但客观条件改变着，……而且生产者也改变着，炼出新的品质，通过生产而发展和改造着自身，造成新的力量和新的观念，造成新的交往方式，新的需要和新的语言"①。改革开放实践的深远历史意义，不仅体现在它所创造的举世瞩目的经济社会发展成就上，而且体现在这一实践所激发出来的亿万人民朝气蓬勃的精神状态上，体现在摆脱了旧思想、旧观念、旧体制束缚的人们所迸发出来的创造激情上。浙江长期处于改革开放的最前沿，是市场化、民营化改革的先行地。集中体现在大众化创业实践中的浙江精神，具有鲜明的现代人崇尚自主、反对盲从依附，崇尚奋发向上、反对不思进取，崇尚求真务实、反对迷信虚妄，崇尚开拓创新、反对因循守旧的精神特征。在改革开放实践中，浙江人民基于强烈的自主创业精神，自觉地投身于现代化建设，大胆地放弃熟悉的生产经营方式和生活方式去从事新的事业，勇敢地走出祖祖辈辈生活的小天地，到陌生的世界建功立业，并由此不断塑造和表现出新的自我，生动地反映了人民群众在由传统农业社会向现代工业社会转变过程中精神世界所发生的深刻嬗变。习近平同志在总结浙江改革的历史经验时曾经深刻指出："浙江在没有特殊政策、没有特殊资源的情况下，之所以能取得今天这样的成就，一个很重要的原

① 《马克思恩格斯全集》第46卷[上]，人民出版社1979年版，第494页。

因就在于，浙江有着深厚的文化底蕴，而且浙江的文化传统非常适应市场经济的要求。浙江历史上各种文化的交汇融合，在改革开放中孕育和造就了'自强不息、坚韧不拔、勇于创新、讲求实效'的浙江精神，推动了文化与经济的相互交融，构成了浙江综合竞争力的软实力，极大地促进了社会生产力的解放和发展。"[①]

衢州人文精神作为与时俱进的浙江精神的重要组成部分，其演变发展呈现出了同浙江精神高度统一的轨迹，遵循着同样的实践逻辑。无论是广大人民群众摒弃安贫乐道、安土重迁的生活习惯，在努力摆脱贫困、追求幸福生活过程中表现出来的实干兴业的奋斗精神，还是广大干部群众打破因循守旧、固步自封的心态，大胆地突破旧体制、旧思想、旧观念的束缚，在推动体制机制创新上勇立潮头的精神气象；无论是基于文化优势、生态优势呈现出来的前所未有的社会自信心和城市文化认同感、归属感，还是主动融入杭州城市圈和长三角经济圈的包容胸怀，无不是与时俱进的浙江精神在衢州大地的生动体现。因此，梳理、总结衢州人文精神，必须牢牢把握改革开放的时代精神变迁的主基调，深刻感悟浙江精神发展演进的时代脉搏。

（二）区域人文精神的传承性

无论是民族精神还是区域人文精神，在历史演进的过程中总是传承着某些生生不息的文化精神传统，不断熏陶、复制着民族和区域的文化基因，塑造着民族和区域人群独特的文化性格。一方水土养育一方人。在漫长的历史进程中，衢州不仅传承着中华文化的精神传统，传承着浙江区别于中原文化的区域文化精神传统，而且在特定生存环境下的生产生活实践中塑造和传承着衢州

---

① 习近平：《干在实处　走在前列——推进浙江新发展的思考与实践》，中共中央党校出版社2006年版，第317-318页。

独特的区域文化传统，形成了衢州人文精神的传承脉络。衢江（古称瀫水）两岸及其山间盆地孕育了三衢大地悠久而灿烂的历史文明。以衢江流域为主体的区域，古称姑蔑、大末、信安，唐宋设衢州，元代设衢州路，明清设衢州府，至今已有 6000 多年的文明史和 1800 多年的建城史。衢州历史文化的一个显著特色是独特的地理环境以及由此塑造的生产方式、交往方式和生活方式，形塑了衢州多元化的文明形态。正是这种多元化的文明形态，给衢州文化的发展演变植入了多元的文化基因，赋予了衢州人文精神丰富的内涵。

从生存方式上讲，衢州区域文化传统具有农商并重的鲜明特征。一方面，衢江及其支流流经衢州的三大盆地，即金衢盆地（西段）、常山盆地、江山盆地，经过漫长的自然历史演变，在河谷两侧形成了大片冲积平原。亚热带季风性气候带来了丰沛的降水和充足的光照。这些都极大地促进了农业的发展，衍化出了衢州发达的农耕文明。这无疑是衢州人文精神最重要的文化底色。弘治年间《衢州府志》记载，衢州"居广谷大川之间"，"风土朴野，民俗淳庞"，展示出的正是农耕文明淳朴、务实、勤苦的生存性格。另一方面，衢州"府居浙右之上游，控鄱阳之肘腋，制闽越之喉吭，通宣歙之声"。衢州是一座以交通得名的城市，作为"衢通四省""五路总头"的要地，衢州的陆路、水路交通都非常发达，从而带动了边际贸易兴盛繁荣。在依赖水上运输的年代，衢江两岸埠头林立，诞生了航埠、华埠、辉埠等一批商贸重镇，呈现了"日望金川千张帆，夜见沿岸万盏灯"的繁华景象。两宋时期，衢州商业繁荣达到鼎盛状态，《宋会要·食货》记载，1077 年（北宋熙宁十年），衢州州城商税税收列浙江各州第二位，远高于越州、婺州、温州、台州，更是处州、睦州的四五倍之多。明清以来，衢州孕育出了全国十大商帮之一的龙游商帮，形成了"遍地龙游"的商业版图。概而言之，衢州山区与盆地并存的生存环境，造就了农商并重的生产方式和生活方式，形成了濲水南岸"乡民务耕稼"，北岸"尚行商"的格局，由此塑造出的衢州人性格既有"习尚勤俭""好勇而易驯"的一面，又有"尚气""健讼"的一面。

从社会价值观念角度讲，衢州区域文化传统又具有崇文与尚武并重的特征。南宋以降，因南孔圣地的诞生，衢州成为儒学文化在江南的传播重地，带动了衢州儒学的兴盛，孕育了衢州人注重耕读传家、崇文重礼的风气。与此同时，衢州自古为闽浙赣皖四省交通之门户，军事地位十分重要。自春秋战国以来的 2400多年间，这里曾发生过数以百计的战争。"东南有事，此其必争之地"，历代衢州都设有众多军事设施。时人总结说："守两浙而不守衢州，是以浙与敌也；争两浙而不争衢州，是以命与敌也。"受此影响，以江山为代表，衢州武举大兴，有清一代江山县共出了 41 名武进士，甚至还出了两位武状元。崇文尚武的价值取向，决定了衢州人的性格既有崇尚谦谦君子的一面，又有民风尚气剽悍的一面。

从区域精英文化的源流来讲，衢州区域文化有着三教并流的传统。衢州文化从历史源头来说属于吴越文化，但又受到周边徽文化、闽文化、赣文化的深刻影响。三国以后，佛教传入衢州地区并迅速兴盛开来，中唐以后至五代时期，衢州寺庙禅院林立，涌现出了一大批知名高僧。佛教文化在思想、文化、建筑，乃至人们的衣食住行等各个领域，都给衢州人的生活打下了深刻的烙印，天皇塔至今都是衢州人城市归属感的重要文化符号。衢州还有着极为丰富的隐士文化、道教文化资源，"王质遇仙"的传说就是其中突出的代表，由此树立了中国围棋文化的精神源头。孔氏大宗南渡之后，衢州更是儒风大盛。北宋 167 年间，衢州仅文科进士就达 252 人，在当时浙江各州中名列第一，远高于杭州、绍兴、宁波等地。由于私人讲学的发达，南宋时期衢州涌现出众多书院，朱熹、陆九渊、吕祖谦、王守仁、邹守益等大师名儒都曾纷纷前来设坛讲学。流风所至，西安县（今主城区）"士风益竞，名钜迭出"，深受儒学熏陶的百姓也"敦行古道，雅尚礼文"。嘉靖《衢州府志》称西安县"君子重廉耻，惜名节；小民畏刑宪，寡词讼"。儒释道三教并流，培育出了衢州兼收并蓄的传统，也赋予了衢州人文精神传统开放包容的文化基因。

无论是农商并重、崇文尚武，还是三教并流，都打破了许多区域文化传统因生产方式和文化渊源单一所导致的文化性格的刻板局面，给衢州人文精神植入了多元的文化基因，使得衢州人文精神具有极强的可塑性，能够随着社会生产方式、生活方式的变迁而发展出与时代精神相吻合的精神气质。

（三）区域人文精神的实践性

任何区域人文精神都是一个开放的系统。具有强大的现实生命力的区域人文精神传统，更是载承着时人根据社会文明进步需要不断注入的新内涵，体现着时人对多元文化传统的侧重、挖掘和提升。就此而言，任何一种区域人文精神传统，都是当代人理解和阐释的人文精神传统，具有鲜明的社会实践规定性。提炼区域人文精神，固然是要通过溯源区域文化传统生发、传承的历史脉络，彰显具有代表性的区域文化符号，来增强区域文化自信，促进区域文化的认同，但更重要的，是要根据新的社会实践的需要，正视和校正区域文化以及人文精神传统掺杂的同时代精神不相吻合的负面因素，赋予其新的时代内涵，推动区域人文精神完成历史性的跃升，为时代变革注入旺盛的精神活力。

世纪之初，与时俱进的浙江精神的提炼，为我们思考和提炼新时代衢州人文精神提供了生动教材。世纪之交，浙江省委在全面总结改革开放实践的历史成就和实践经验之际，提炼出了"自强不息、坚韧不拔、勇于创新、讲求实效"16个字的浙江精神。习近平同志到浙江工作之际，长期走在改革开放前列的浙江正遭遇着一系列"成长中的烦恼"，粗放型增长暴露出来的种种弊端，迫切要求浙江以壮士断腕的勇气实现凤凰涅槃、浴火重生。为此，习近平同志在浙江工作期间，不仅积极回应浙江经济社会发展面临的新挑战，制定实施了推动浙江新发展的"八八战略"，而且提炼概括了"求真务实、诚信和谐、开放图强"的与时俱进的浙江精神。如果说"自强不息、坚韧不拔、勇于创新、讲求实效"，侧重于总结改革开放以来浙江千军万马闯市场的创业实践表现出的最可贵的创业精神的话，那么，"求真务实，诚信和谐，开放图强"12个字，则深刻地反映了走在前列对浙江干部群众精神世界变革的新要求。一方面，要推进浙江模式全面转型升级，就必须大力培育与成熟的市场经济体系、完善的法治社会等相适应的思想观念和社会心态。另一方面，要落实中央对浙江提出的"走在前列"的要求，切实肩负起"探路者"的角色，为全国贡献更多的浙江经验，"更需要作为文化核心价值观的浙江精神的引领和激励，支撑我们在未来的实践中奋发图强，励精图治，与时俱进"。[①]习近平同志指出，走在前列，"首先要有争先精神，始终保持昂扬向上、开拓进取的精神状态，努力在更高起点上实现更快更好的发展。其次要创一流业绩，不仅要使浙江经济社会发展的主要指标保持全国领先位置，而且要在实践中善于创造性地开展工作，积极为全国提供有益的探索和经验。同时还要有世界眼光，瞄准国际先进水平，用国际先进标准来衡

---

① 习近平：《干在实处　走在前列——推进浙江新发展的思考与实践》，中共中央党校出版社2006年版，第319页。

量和要求自己，发展和壮大自己"。①"求真务实、诚信和谐、开放图强"作为引领浙江人民精神世界变革的新坐标，着眼于激励浙江人民干在实处，走在前列，将弘扬改革开放以来浙江涌现出来的创业创新精神与走在前列的时代要求有机地统一起来，赋予了浙江精神新的时代内涵，为浙江坚持"八八战略"一张蓝图绘到底，在全面建成小康社会和社会主义现代化建设的道路上走在前列，提供了重要的精神引领。基于浙江在"八八战略"指引下取得的历史性成就，2018年习近平总书记又对浙江工作提出了"干在实处永无止境，走在前列要谋新篇，勇立潮头方显担当"的新要求。新时代衢州人文精神的提炼，同样需要着眼新的发展定位、发展战略，提出符合时代要求的精神品质，来引领干部群众精神世界的变革。

二、提炼新时代衢州人文精神的基本考量

基于区域人文精神的时代性、传承性和实践性的规定，我们认为，新时代衢州人文精神的提炼，必须充分考量以下几个因素。

（一）新时代衢州人文精神的提炼，要充分彰显衢州区域文化传统独特的精神魅力，增强人文精神的文化辨识度

"问渠那得清如许，为有源头活水来。"区域人文精神传统始终根植于优秀传统文化的沃土之中。衢州拥有多元的文化传统、文化资源，但毫无疑问，南孔圣地是衢州最具有辨识度的文化符号，浩荡的儒风以及由此形成的崇儒重礼的传统，是衢州最重要，也最为厚重的思想文化根基。2014年，习近平总书记在纪念孔子诞辰2565周年讲话中深刻地指出："孔子创立的儒家

---

① 习近平：《干在实处 走在前列——推进浙江新发展的思考与实践》，中共中央党校出版社2006年版，第127页。

学说以及在此基础上发展起来的儒家思想，对中华文明产生了深刻影响，是中国传统文化的重要组成部分。儒家思想同中华民族形成和发展过程中所产生的其他思想文化一道，记载了中华民族自古以来在建设家园的奋斗中开展的精神活动、进行的理性思维、创造的文化成果，反映了中华民族的精神追求，是中华民族生生不息、发展壮大的重要滋养。"南宋建炎三年（1129），孔子第四十八世嫡长孙衍圣公孔端友率族人扈跸南渡，寓居衢州，是衢州儒学兴盛的标志性事件。元至元十九年（1282），"孔洙让爵"，开启了孔氏南宗从庙堂走向民间的历程。700多年来，孔门子弟或著书立说，或传道授业，使衢州成为儒学的江南传播中心，被誉为"东南阙里，南孔圣地"。新时代衢州人文精神的提炼突出儒家尚德重礼的精神传统，完全符合弘扬中华优秀文化传统的要求，也是全面贯彻落实习近平总书记对衢州文化建设重要指示的必然要求。

儒学思想最核心的价值信念是仁爱。"仁者爱人"。正是儒家优秀传统文化的长期滋润，使"南孔圣地"涌现出了一大批"最美衢州人"，造就了社会主义核心价值观念传承和社会主义精神文明建设的"衢州现象"，生动诠释了儒家仁爱思想的传播、熏陶在衢州大地结出的精神硕果。2018年5月，衢州市委正式将"南孔圣地·衢州有礼"城市品牌纳入市委发展战略体系。"南孔圣地·衢州有礼"城市品牌，立足南孔文化的宝贵资源，深度融合了衢州最具特色、最富代表性的文化元素，深度契合了衢州人民尊敬历史、热爱现实、向往未来的积极心态。衢州的城市品牌建设之所以能够在短短的几年内有力拓展衢州在全国的知名度、美誉度，是同这一品牌体现的厚重的文化底蕴，特别是其彰显的衢州所拥有的具有高度辨识度的南孔文化符号密不可分的。因此，新时代衢州人文精神的提炼和弘扬，应当充分借助"南孔圣地·衢州有礼"城市品牌传播的效应，赋予"南孔圣地·衢州有礼"城市品牌仁爱、崇贤的内在精神气质，形成人文精神与城市品牌宣传的联动效应，充分彰显衢州仁爱之城、礼仪之邦的文化魅力。

（二）新时代衢州人文精神的提炼，要充分展示新时代衢州人民忠实践行习近平总书记殷切嘱托，拉高标杆，奋发向上的精神气象

习近平同志在浙江工作期间曾八次来衢考察指导，作出了一系列战略性、前瞻性、针对性的重要指示。这些重要指示，为我们提炼好新时代衢州人文精神提供了重要依据。

联系习近平同志在浙江工作期间就弘扬与时俱进的浙江精神发表的一系列重要论述，习近平同志对衢州干部群众提振精神状态的重要指示，有着鲜明的实践指向。概括地讲，就是干在实处，走在前列。"走在前列"，是习近平同志在浙江工作期间为改革发展各项事业确立的基本工作定位，它要求浙江各个领域各个部门都要对标一流，担负起为全国的改革发展探路的职责。2005年6月，在一次重要会议上，习近平同志明确指出，"保持先进，走在前列，就必须学习在先、调查在先、研究在先、实践在先，在实践中努力掌握新知识，积累新经验，增长新本领；必须胸有目标，脚踏实地，立足自身，不甘现状，追求更好，敢于突破；必须闻毁不戚，闻誉不欣，慎始如初，善作善成。保持先进性，就是要始终保持那么一股劲、那么一种精神，从我做起，从现在做起勇于走在时代前列。"①基于"走在前列"的使命感和责任感，习近平同志一再强调，走在前列，"首先要有争先精神，始终保持昂扬向上、开拓进取的精神状态，努力在更高起点上实现更快更好的发展。其次要创一流业绩，不仅要使浙江经济社会

---

① 习近平：《之江新语》，浙江人民出版社2007年版，第143页。

发展的主要指标保持全国领先位置，而且要在实践中善于创造性地开展工作，积极为全国提供有益的探索和经验。同时还要有世界眼光，瞄准国际先进水平，用国际先进标准来衡量和要求自己，发展和壮大自己”。[①]落实到衢州，那就是不能因为经济发展水平落后于发达地区，就自甘落伍，而是要立志“建设一流、创造一流、达到一流”，树立“干大事的气魄、创大业的胆识、谋求大发展的信心和决心”，敢于争先、勇于争先，主动拉高标杆，顽强拼搏，变不可能为可能。

“走在前列”绝不是轻轻松松就可以实现的，更不是空喊口号，弄虚作假，而是要始终立足于干在实处，靠苦干实干，靠永不懈怠的拼搏，以“钉钉子精神”，一步一个脚印，积小胜为大胜。落实到今天的衢州，面对发展基础薄弱、创新发展的高端要素稀缺等种种制约因素，要努力走在前列，更是需要大力弘扬创新、争先精神，树立“拼搏向上的昂扬之气”。

（三）新时代衢州人文精神的提炼，要聚焦高质量发展建设四省边际共同富裕示范区的新定位、新目标，充分展示新时代衢州人民大气开放、自信果敢、勇于创新的精神气质

提炼弘扬新时代衢州人文精神，不是要发思古之幽情，而是要将全市人民的思想统一到市委确立的奋斗目标上来，汇聚起全市人民奋力拼搏、追赶跨越的磅礴力量，为实现高质量发展建设四省边际共同富裕示范区的战略目标提供强大的精神动力。在党团结带领全国人民意气风发向着第二个百年奋斗目标迈进之际，习近平总书记赋予了浙江“努力成为新时代全面展示中国特色社会主义制度优越性的重要窗口”和“高质量发展建设共同富裕示范区”的光荣使命。浙江省委以强烈的政治责任感，绘就了浙江

---

① 习近平：《干在实处　走在前列——推进浙江新发展的思考与实践》，中共中央党校出版社2006年版，第127页。

建设共同富裕美好社会、争创社会主义现代化先行省的宏伟蓝图，并明确支持衢州建设四省边际中心城市。衢州迎来了前所未有的历史性机遇，如何用足用好今后五年、十年的黄金机遇期，走好走稳共富路，大步迈向现代化，已经成为现阶段最为重大的政治任务和时代命题。为此，衢州市委明确提出要高质量发展建设四省边际共同富裕示范区，全力打造四省边际中心城市，为与全省同步基本实现社会主义现代化打下坚实基础，为全国共同富裕美好社会建设先行探路、创造经验。实现这一奋斗目标，要求衢州必须在壮大经济实力、提升城市能级、增强创新能力、推动绿色发展、改善人民生活和强化党建统领上实现新的突破。

对照现实，我们必须清醒地看到，衢州的发展还存在不少短板，前进道路上还面临不少困难和挑战，如经济总量还不够大，区域竞争力还不强，中心城市能级和首位度还不够高，城乡居民收入与全省平均水平相比还有差距等。这些事关衢州发展的战略性、全局性、根本性问题，都需要一个个去破解。衢州的发展机遇前所未有，而把握好机遇，努力将发展机遇转化为发展优势，更是对衢州干部群众的精神状态提出了前所未有的高要求。为此，就迫切需要在全市强化"没有走在前列也是一种风险""没有争先就是退步"的争先意识，坚决破除"小富即安，小进则满"的小生产意识，以舍我其谁的勇气和自信，推动主要经济指标增速争先进位、重点工作争先创优；迫切需要确立"改革有阵痛、不改革就是长痛"的创新理念，破除"墨守成规、因循守旧"的保守习性，以"敢为天下先"的勇气打破制约高质量发展体制机制障碍；迫切需要全面强化开放格局，打破坐井观天、固步自封的盆地意识，以大气包容的胸襟吸纳域外的高端要素资源，以大开放促进大发展；迫切需要确立唯有创新才能稳步争先的意识，破除躺平、等待的消极心态，以"两勤两专"打造衢州干部"拼搏向上的昂扬之气"。

（四）新时代衢州人文精神的提炼，要充分吸纳社会各界提出的意见建议，增强干部群众的认同感和精神归属感

2022年4月20日，在市委的统一部署下，衢州市委宣传部、市委网信办、市社科联、衢报传媒集团、衢州广电传媒集团联合发起了"你心中的新时代衢州人文精神"关键词征集活动，面向全网征集新时代衢州人文精神关键词。活动受到了社会各界的广泛关注，截至5月5日上午10时，网友通过多个新媒体平台，提交了800多条关键词信息。加上其他渠道的征集，目前已征集上千条关键词信息。向全市各界公开征集人文精神关键词，本身就是一场新时代人文精神大讨论，不仅可以充分发挥各方面的思想智慧，而且可以将社会各界的注意力吸引和集中到市委的重大部署上来，形成同频共振效应，为弘扬践行新时代衢州人文精神奠定良好的社会舆论基础。

从各渠道征集到的信息来看，社会各界对新时代衢州人文精神核心内容的理解和概括，持有明显的思想共识，其中有礼、博雅、崇贤、仁爱、自信、开放、奋进、实干、创新、争先等关键词出现的频率是最高的。区域人文精神的弘扬，最终能否深入人心，在很大程度上取决于社会公众的认同感。这种认同感要求新时代衢州人文精神的提炼必须积极回应市民的关切，在内容概括上尽可能照顾到社会不同群体的认知，最大限度地凝聚社会共识，避免人文精神的提炼成为单向度的自上而下的过程，在文字表述上要力求通俗易懂，言简意赅，朗朗上口，避免一味追求古雅、文采而不利于大众化传播。

基于上述考量，我们认为，将新时代衢州人文精神表述为"崇贤有礼、开放自信、创新争先"是合适的，这一表述体现了人文精神时代性、传承性与实践性的统一，既遵循了习近平同志在浙江工作期间对衢州发展作出的重要指示精神，又顺应了新时代衢州高质量发展建设四省边际共同富裕示范区的内在要求。

"崇贤有礼"侧重表达衢州敬贤重士、德智一体的人文精神传统，突出了地方文化的辨识度。"崇贤"体现的是衢州在儒学仁爱思想传统的长期影响下形成的鲜明社会价值取向，集中反映了衢州作为南方儒家文明传播的高地，在儒风的长期熏陶下形成的明理崇德、见贤思齐的社会风尚，以及尊师重教、求贤若渴的社会文明进步水平。"有礼"，是衢州作为南孔圣地最具标识度的城市文化符号，体现了儒学的长期传播、教化形成的高度文明化的社会交往方式。显然，"崇贤"是"有礼"的内在精神追求，"有礼"是"崇贤"的外在行为表现，"崇贤"与"有礼"深刻的内在逻辑关联，共同表达了"衢州有礼"的丰富精神内核和深厚文化渊源。

"开放自信"侧重表达衢州人文精神在新时代实现历史性跃升的内在要求。"开放"聚焦衢州高质量发展建设四省边际共同富裕示范区的新定位、新目标，表明衢州既要主动融入全省建设共同富裕示范区的大局，又要致力于建设四省边际中心城市，发展格局的革命性变革要求衢州在塑造开放性的精神格局上要有大的突破。"自信"既体现了新时代衢州干部群众"干大事的气魄、创大业的胆识、谋求大发展的信心和决心"，也提示了站在新的发展起点上的衢州，要实现宏伟的奋斗目标，还需要进一步提升干部群众敢于和勇于追赶跨越、争创一流的胸襟。"开放"与"自信"是相互促进、相互转化的，衢州因"开放"而逐步变得"自信"，也需要立足"自信"而走向更全面的"开放"。"开放"与"自信"的统一，体现了新时代衢州人大气、包容、坚毅、果敢的精神面貌。

"创新争先"侧重表达的是勇立潮头、走在前列的时代要求。"创新"体现的是大气、开放、自信、包容的精神气质给衢州干部群众带来的创造性勇气。"争先",体现的是衢州干部群众不甘落后,"建设一流、创造一流、达到一流",奋发进取的精神状态。"创新"是衢州实现"争先"的根本动力,"争先"是推动全面"创新"的根本目标。"创新""争先"共同体现了习近平总书记对浙江"干在实处,走在前列"的定位,以及针对衢州提出的"横下一条心努力实现跨越式发展","要有一种拼搏向上的昂扬之气"的殷切期望。

三、新时代衢州人文精神核心内涵释义

(一)崇贤有礼

衢州素有"东南阙里,南孔圣地"之美誉,是南孔文化的主要发源地。一部儒家经典《论语》,蕴藏着传统中国的人文精神根脉。孔子创立的以"仁本礼用"为学术架构的儒家学说,以及在此基础上发展起来的儒家思想对中华文明产生了深刻影响,是中华优秀传统文化的重要组成部分。

作为南方儒学思想传播的重镇,儒家思想的长期熏陶,塑造出了衢州人对儒家仁爱为本的道德理想和价值信念的自觉追求,其最直接的体现,就是崇贤向善,形成了浓郁的崇尚贤良方正,以及贤贤易色、以德立人、见贤思齐的社会风尚。在儒家思想传统中,"贤"是德与智相统一的理想人格,流风所至,"贤"也成为有德之士与有才之士的通称。自古以来,"尊贤而重士"便是儒家治国思想的重要准则,"礼贤下士"则成为治国明主能臣的必备素质。今天衢州保留下来的众多地名,如礼贤门、礼贤街、礼贤村、礼贤桥、招贤镇等等,莫不寄寓着衢州人对贤人的景仰、向慕之心。

"人而不仁,如何礼?""仁"与"礼"之间有着深刻的内

在逻辑关联。只有充满仁爱之心，才会形成尊重他人、友善他人的有礼之举。"礼"字作为儒家思想体系中另一个核心观念，在《论语》中共出现了 74 次。在孔子以前，已有夏礼、殷礼、周礼。三代之礼，因革相沿，到周公时代的周礼，已经比较完善。在儒家思想体系中，"礼"不仅包含日常生活中待人接物的礼节或规矩，而且包括传统中国社会生活中各个领域的制度和规范，甚至还包容了与这些制度和规范相适应的思想观念或道德理性。孔子虽然重视"礼"的作用，但他从当时"礼崩乐坏、天下无道"的政治现实中，深切感受到道德仁心对于维系礼乐制度的重要性，认识到"礼之本在仁"这个基本道理。在孔子的思想逻辑中，政治的中心在人，治道的根本在树立道德之仁，而仁道源于亲情，并以尊贤为宜。所以，礼制的规范是以道德之"仁"为依据的。显然，"仁"是源于人情而又经过后天修养体悟的道德自觉，并且是主导建立人伦秩序——礼义的内在根据；"礼"是成全内在道德情感的外在伦理规范和制度。易言之，"仁"是本，是体；"礼"是末，是用。

连接"仁"与"礼"的关键，是将"仁爱"的价值信念，转化为"见贤思齐"的道德自觉。崇贤向善，以圣贤君子为榜样，自觉增强道德人格的修养，是儒家以德治国的基本逻辑，体现的是"仁爱"思想的社会化过程。与此同时，也只有在明了"自天子以至于庶人，壹是皆以修身为本"的治国之道，明了崇贤向善是为人处世的基本准则，才能形成"己所不欲，勿施于人"的人际交往准则，形成以诚待人、讲信修睦的行为自觉，将"有礼"作为待人接物的基本规范。因此，没有"崇贤"的内在道德自觉，"有礼"就是外在强制之下的被动之举，就会沦为丧失灵魂的机械动作，也就不可能持久。"礼者，理也"。"崇贤有礼"体现的是内在道德信念与外在行为的有机统一，是价值理性与道德情感的高度统一。

　　孔子在后世被尊称为"万世师表""至圣先师"，而"祭孔"活动则是历代帝王、士人民众表达对孔子崇敬之意的重大社会活动。作为有"宣圣正宗""先圣嫡派""先圣嫡裔"之称的衢州孔氏南宗，亦将祭孔典礼置于重要的地位。1949 年以前，衢州各界每年都要在孔子的生辰农历八月二十七日举行祭孔仪式。2004 年 9 月 27 日至 28 日，时值孔子诞辰 2555 周年，孔氏南宗家庙祭孔大典重新举办，随后在衢州市有关部门的努力下，"南宗祭孔"入选了浙江省首批省级"非遗"名录。2011 年，以"当代人祭孔"和"百姓祭孔"为特色的"南孔祭典"，又被列入第三批国家级非物质文化遗产名录。从某种意义上讲，当代衢州人正是以最为隆重的祭孔之礼表达着对儒家礼学的崇敬，叙述着"衢州有礼"的故事。

　　"仁爱"之道的宣传与"有礼"的文明实践，在衢州已经形成了重要的区域文化传统，为"崇贤有礼"的人文精神的弘扬奠定了良好的基础。一方面，得天独厚的儒家优秀礼文化的滋养，使"南孔圣地"涌现出了一大批"最美衢州人"，造就了社会主义核心价值观念传承和社会主义精神文明建设的"衢州现象"。自 2011 年始，一大批"最美衢州人"用他们的感人事迹、崇高精神感动了所有衢州人，生动诠释了儒家仁爱思想的传播、熏陶在衢州大地结出的精神硕果。从 2012 年开始的"最美衢州人"年度人物选树活动接力寻找"最美"，通过深入挖掘身边的典型、广泛宣传源于平凡的感动，衢州探索和构建了培育"最美"、选树"最美"、弘扬"最美"、践行"最美"、关爱"最美"五大宣传实践机制，有力地推动社会主义核心价值观在三衢大地的落地生根。2012 年衢州市委组织开展了"做最美衢州人——我们的价值观"大讨论。衢州社会各界人士通过座谈、演讲、辩论、问卷调查等形式，为"最美衢州人"画像，并最终确定了"诚信、责任、仁爱、奉献"的当代衢州人价值观核心词。从某种意义上讲，"最美衢州人"现象，就是今天的衢州人自觉传承中华优秀道德文化传统，大力弘扬和践行"见贤思齐"的道德风尚的生动体现。而"最美衢州人"人物选树活动，则通过打通社会主义核心价值观与儒家仁爱思想传统，成为推动传统优秀文化创造性转化和创新性发展的成功实践。

另一方面，区域发展战略的文化自觉，则有力地推动了"衢州有礼"的社会文明实践。2018 年，为了让"有礼"成为一种生活方式，衢州市委市政府发布了"南孔圣地·衢州有礼"的衢州城市品牌。"南孔圣地·衢州有礼"的城市品牌，立足衢州历史文脉，深度融合了衢州最具特色、最富代表性的南孔儒家文化元素，深度契合了衢州人民尊敬历史、敬畏传统、热爱现实、向往未来的积极心态，蕴含着"对历史有礼""对自然有礼""对社会有礼""对未来有礼"等丰富内涵。近年来，衢州全力打造"一座最有礼的城市"，并取得了显著成效。2020 年衢州以全国第四名的优异成绩荣获第六届"全国文明城市"称号，2021 年在全国文明城市年度测评中，衢州在 114 个地级市文明城市中排名第一，同时荣获"国家生态文明建设示范区"称号。

大力弘扬"崇贤有礼"的人文精神，是深入贯彻落实习近平总书记"让南孔文化重重落地"殷殷嘱托的重要举措。习近平同志在浙江工作期间，先后 8 次亲赴衢州考察调研，其中至少 3 次为衢州"南孔文化"点赞。习近平同志对衢州的"8 个嘱托"之一，就是"让南孔文化重重落地"。2022 年 4 月，中国共产党衢州市第八次代表大会报告明确提出要"开展新时代儒学文化研究，深化南孔北孔合作交流，让南孔文化成为'宋韵文化传世工程'的璀璨明珠"。在人文精神的提炼中突出"崇贤有礼"，就是要通过深入挖掘"南孔圣地·衢州有礼"城市品牌的思想文化底蕴，推动"衢州有礼"的文明实践走向思想自觉的境地。

弘扬践行"崇贤有礼"的人文精神，必须在全社会增强礼敬先贤、见贤思齐的道德自觉，将弘扬儒家以仁爱思想为核心的优秀道德文化，同践行社会主义核心价值观有机地统一起来，使崇贤向善、立德成人成为衢州打造精神文明高地最浓郁的底色。"崇贤"首先就是要礼敬儒家思想塑造的圣贤人格，崇尚儒家优秀的道德文化传统，推动优秀传统文化创造性转化和创新性发展。要进一步擦亮"最美衢州人"品牌，将"最美衢州人"选树、弘扬活动确立为新时代文明实践的重要内容，发展成为衢州光大儒家仁爱思想传统的重要载体，赋予社会主义核心价值观的弘扬践行以丰富的文化底蕴。要广泛宣传"南孔圣地·衢州有礼"城市品牌仁爱明理、崇贤向善的思想内核，树立衢州"礼仪之邦""仁爱之城"的良好形象。

弘扬践行"崇贤有礼"的人文精神，必须在全社会增强"求贤若渴"的紧迫性，大力营造"礼贤下士""选贤用能"的浓厚氛围。衢州是孔子嫡长后裔的世居地、伟人毛泽东的祖居地、围棋文化的发源地、针圣杨继洲的故乡，物华天宝，人杰地灵，众多彪炳史册的衢州贤士，都为衢州文化的繁荣作出了卓越的贡献。当前，衢州正处在加快发展的黄金机遇期，对人才的渴求比以往任何时候都更为迫切。衢州的资源优势需要各方面人才的创新性开发利用，才能转化为现实的发展优势；衢州的短板更是需要大量优秀人才的创造性转化来完成历史性的超越。要在全市大力树立人才是第一资源，是第一核心竞争力的观念，全面营造重才、尊才、惜才、爱才的体制环境和社会氛围，努力将衢州打造成为四省边际的人才集聚高地。

弘扬践行"崇贤有礼"的人文精神，必须在全社会增强"浙江有礼，衢州先行"的责任担当。2020年衢州一次创成、高位创成全国文明城市，并在2021年年度测评中荣膺第一，"有礼"已经成为衢州的个性标识。2022年2月，全省高质量发展建设共同富裕示范区推进大会明确提出要打造"浙江有礼"省域文明新实践标志性成果，以全面推进浙江全域精神文明建设。2022年4月，中国共产党衢州市第八次代表大会报告提出未来五年要"扎实推进打造精神文明高地试点，加快建设'五区一市'，在共同富裕中实现精神富有，在现代化先行中实现文化先行"。这就要求衢州进一步将"衢州有礼"的探索实践做实做细，打造"节简有礼"殡葬民俗品牌，推广"文明有礼"婚俗文化品牌，深入实施全域文明创建工程，把"衢州有礼"打造成为"浙江有礼"的示范标杆，努力把衢州打造成为物质富裕精神富有的样板地。

（二）开放自信

衢州是一座历史悠久的文化名城，衢通四省的水陆交通，造就了一个流动生息、开放多元的社会。"开放自信"，既是对衢州经济社会发展历史脉络的梳理总结，也是对其人文精神价值的呈现，更是对新时代衢州人文精神提升着力点的聚焦。

衢州的文化历史传统具有开放包容的文化基因。衢州因山得名、因水而兴。仙霞岭山脉、怀玉山脉、千里岗山脉将衢州三面合抱；马金溪、常山江、江山江、乌溪江、灵山江汇入衢江，成为钱塘江的干流。上古时期，大河上下，衢江南北，形成了众多文明聚落。春秋时期，姑蔑族和徐偃王后裔先后迁居浙西，构成了衢州早期先民的主体。秦以姑蔑旧地设大末县，开始了衢州地区建县的历史。由地理而人文，衢州即是流动、联通的山水之地，兼具开放、多元的人文神韵。

山水地理赋予衢州多元包容之"形"。衢州地处浙西盆地，居钱塘江之源，素有"四省通衢，五路总头"之称。山水相连中的衢州，既是四省边际，更是区域中心。春秋时开辟的吴越古道，串起了钱唐（杭州）—山阴（绍兴）—诸暨—太末—常山—玉山—福建等地的文明发展。从汉代直至明代，吴越古道一直是浙江中西部通向福建、两广地区的必经之路。常玉古道则搭建了衢州连通外界的交通要道，与会稽郡中心地带、闽越、南越地区建立起密切联系。唐末，仙霞古道开辟，南宋继而修整为由衢州水道经江山，至清湖渡舍舟登陆，由仙霞古道至福建浦城舍陆登舟，直至福州。从晚明开始，常玉古道改走仙霞古道，缩短了浙闽路程，使两地往来更为频繁。此后随着福州、泉州口岸开放，仙霞古道更是成为连接"海上丝绸之路"的重要纽带，衢州也成为八省（赣闽粤桂滇黔蜀湘）通衢重地。水陆通道的开放和连接，成就了衢州的水路川会、通商要地。萌发于南宋，兴盛于明代中叶的龙游商帮，其尊崇儒家的价值趋向性，农商并重、义利并举的先进性，海纳百川的包容性，鲜明地体现了衢州文化多元并蓄的特点。

古往今来，南来北往东西客的交往交流，成就了衢州多元包容之"势"。自姑蔑族裔南迁浙西之后，西晋末年直至南朝时期、"安史之乱"直至唐末、两宋之交，均有大批北方居民南迁衢州。世家大族的迁入有力地促进了技术交流、文化交融。三国以后，大量山地越人纷纷下山，福建山越也迁入衢州龙游、开化、衢江等地，"畲民"之称在南宋时始见史书。清初"三藩之乱"后，江西、福建、安徽移民大量涌入龙游、常山、开化。多元社会也包含着群体文化的差异，表现在衢州人亦柔亦刚的性格特质上。明《衢州府志》曾就衢州各地民风有所评品，如西安县（衢州市区）"敦行古道，雅尚礼文"，龙游县强悍而果决，江山境内"多崇山广谷"而"尚节气、励德行"，常山县地处"闽楚之会"则"习尚勤俭",开化"居万山中"并"尚朴而野"。总体上,衢州人"风土朴野,民俗淳庞""务学""尚气",其柔如水、刚如山的性格特征正是衢州作为移民社会,经过长期的文化交流交融塑造出来的。

文化如流动之长河,包容汇集,不断地吸纳涵养,多元并蓄,赋予了衢州文化多元包容之"韵"。姑蔑人由夏入夷,复由夷而夏,汉越融合。其坚韧不拔、骁勇善战的精神为后人所继承,留下了徐偃王信仰。历史上第一个为文献记载的衢州人——隐士龙丘苌,因其仁德,被龙游人尊奉为乡贤之祖,而仁德正是儒家所倡导的。魏晋南北朝时佛教传入,掀起建寺高潮。东晋永和年间"烂柯传说"进入史册,"忘忧"精神因此留存。至此,越文化、儒家文化、佛教文化、隐士文化共同构成了衢州第一次文化高峰。唐五代时期,衢州佛教高僧辈出,佛学思想在佛教史上占有一席之地。法载禅师追随鉴真大师东渡日本,为传播佛学和中华文化作出了贡献。孔氏大宗南迁,更是衢州历史上的大事,为中国儒学的南渐、南宋理学的传播奠定了基础,为传统儒学的区域化发展作出了重要贡献。衢州州学是浙江最早创办的五所州学之一,并建立了从县学到州学、从义塾到书院的教育体系。北宋衢州文科进士名列浙江各州第一,名臣辈出。这是衢州历史上的第二次文化高峰。

衢州的历史深刻地表明,独特的交通枢纽地位塑造出来的发展空间和多元文化碰撞、融合的局面,以及由此形成的开放、包容的文化格局,始终是衢州经济文化繁荣兴盛的奥秘所在。衢州历史上经济文化发展的两次高峰,都出现在区域之外的人口大量流入和新的文化元素大规模传入之际,这绝不是偶然的。正是这种开放性的文化格局,以及由此滋润、培育出来的足以产生全国性影响的经济文化繁荣,在历史上打开了衢州人的视野,增强了衢州人的文化自信。

必须承认，时代的发展有其因缘际会。随着交通格局的重塑，特别是现代铁路、航空逐步取代传统的陆路、水运成为主要交通运输渠道，衢州的水陆交通枢纽地位一度受到了很大的削弱，演变为相对封闭的内陆农业区域。作为传统农业地区，衢州人受传统农耕文化的影响，思想观念日趋保守。在建市之初的物资短缺年代，衢州将自然资源作为制定经济发展战略的出发点和立足点。随着改革开放的深入，衢州逐步深化了对开放发展重要性的认识。1998年全市开展"解放思想，开放兴衢"的大讨论，着力破除封闭排外观念，树立开放开明观念，明确提出了"开放兴衢"战略，强调要"用大市场的眼光看问题，从长远利益定政策，开大门户主动吸纳人流、商品流、资金流、信息流；营造宽松的舆论环境、政策环境、服务环境，热情欢迎外地人前来衢州办企业"。2002年市委提出了"跨越式发展"的指导思想，并在当年的7月提出了"工业立市，借力发展"两大战略，按照"立足浙江省，依托长三角，辐射闽赣皖，面向中西部"的原则推动各项工作，积极打造四省边际中心城市。

进入新时代以来，交通条件的快速改变，推动衢州发展进入了大开放的轨道。2017年，衢州市委、市政府提出，将紧紧抓住交通先导、城市赋能、产业创新三个事关衢州未来发展的重大问题。随着九景衢铁路、衢宁铁路开通运营，断航半个多世纪的钱塘江上游航道恢复通航，衢州机场迁建选址成功，衢州作为区域交通枢纽的地位得到了重塑，具备了以大开放促进大发展的现实条件。也正是在城市发展空间格局历史性重塑的过程中，衢州人确立了从世界看衢州、从全国看衢州的大视野，逐步增强了从全国改革发展的大局中寻找衢州改革发展方位的底气和信心。在"最多跑一次"改革、数字化改革中创造的多个省级示范标杆，使衢州干部群众深刻意识到经济发展相对落后的衢州，同样能够在改革创新上走在全省前列。从"最美衢州人"到"最美浙江人"，从"衢州有礼"到"浙江有礼"，更是预示着衢州已然站在了全省精神文明建设的高地上。而中国营商环境最优城市、中国基层治理最优城市的成功打造，全国文明城市测评地级市第一名的成绩，则深刻地表明奋发进取的衢州正在不断创造着全国一流的业绩。"南孔圣地·衢州有礼"城市品牌的成功营销，以及南方儒学传播中心和中国围棋文化圣地蕴含的厚重文化底蕴的呈现，更是极大地增强了衢州人的文化自信。可以说，衢州干部群众的精神状态从来没有像今天这样大气、自信。

弘扬开放自信的人文精神，是落实习近平同志在浙江工作期间为衢州量身定制的奋斗目标的内在要求。在浙江工作期间，习近平同志曾明确要求衢州树立"大转折孕育大机遇、大开放促进大发展"的观念，勉励衢州"做好开放兴衢的文章"，强调"不仅要衢通四省，而且要衢通上海、衢通长三角、衢通全世界"，把开放视为衢州实现跨越式发展的根本之道。这些年来，衢州之所以发展的路子越走越宽，一个关键的原因，就是坚定不渝地遵循习近平同志的战略指引，坚持以开放促改革，通过走出浙江、走向四省边际、走向全国，塑造出了全新的开放发展的大格局。习近平同志在浙江工作期间还曾专门勉励衢州干部，"干好衢州的工作，首先要自信"。实践充分证明，只要树立了自信心，衢州同样能干大事，能干成大事。站在新的发展起点上，衢州要实现宏伟的奋斗目标，更需要坚持观大势、谋全局，以更大的力度推进全方位的高水平开放，以志在必胜、干则必成的自信果敢，成就新时代以大开放促进大发展的历史伟业。

要提升开放自信的精神格局，就必须塑造海纳百川的雍容气度，全面强化沿海意识，树立"市外就是外"的理念，坚持"引进来"和"走出去"相结合、对外开放和对内开放同步走，对外经贸和对内经贸并举、引进外资与引进内资并重。要全力构筑现代化交通体系，深度融入长三角一体化发展国家战略，全面形成"融杭联甬接沪"开放新格局。要努力打造新时代山海协作升级版，深入推进"联盟花园"建设，持续深化市域一体化，努力打造四省边际中心城市，构建区域协同、一体发展的省际中心城市空间格局。要进一步完善人口集聚新政，广纳青年人才，保持人才资源总量持续增长，努力打造四省边际科创和人才高地。

要提升开放自信的精神格局，就必须坚持跳出衢州发展衢州，更加主动地将衢州的改革发展纳入全省乃至全国的大局，聚焦高质量发展建设四省边际共同富裕示范区，切实肩负起衢州在全省高质量发展建设共同富裕示范区、打造"重要窗口"中的重要责任。要围绕国家所需、浙江所能、群众所盼、未来所向，积极谋划衢州所为，勇于担当，善于担当，将昂扬向上的自信心转化为干事创业的激情，凝聚起新时代衢州大开放、大发展、大跨越的澎湃动力。

要提升开放自信的精神格局，就必须切实增强"建设一流、创造一流、达到一流"的信心和底气。要坚决克服自居"浙尾"、不敢争先的保守心态，坚持拉高标杆，以一流标准激励自我、提升自我，以思想观念的跨越式转变推动经济社会的跨越式发展。要牢固树立事在人为的理念，以走在前列的自信和勇立潮头的气魄，不断增强创造一流业绩的毅力和恒心，拿出"遍地龙游"的开拓勇气和敢打敢拼、坚毅果敢的品格，以踏石留印、抓铁有痕的干劲，开辟高质量发展建设四省边际共同富裕示范区的新境界。

（三）创新争先

"道虽迩，不行不至；事虽小，不为不成。"实现高质量发展

　　的新跨越，必须大力弘扬"创新争先"精神。"创新"，就是要勇立潮头，敢为人先，以观念、技术、制度、战略的创新，营造衢州新的发展优势；"争先"，就是要不甘人后、不落下风、勇争一流，形成比学赶超、追赶跨越的发展态势。

　　自古以来，"创新争先"的文化基因就已刻进了衢州人的骨子里，融入了衢州人的血液中。衢州地处浙江西部、钱塘江上游，独特的地理位置，秀丽的一方山水，姑蔑文化、吴越文化的独特基因，孕育了一代代衢州人理性务实、励志图强的精神气概。《史记》记载，楚越地区的先民们根据南方水田的特点，采用了"火耕水耨"的耕作方式，这既是在刀耕火种基础上迈出的一大步，也是一种与北方旱田作业完全不同的耕作方式，对人的吃苦耐劳提出了很高的要求。唐代的"安史之乱"引发北方移民大量迁入衢州，使得衢州人口有了较大增长，进而推动人们以自己的勤劳和智慧不断开发围田或圩田、山田，扩大耕地面积，并兴修水利，提高粮食亩产量，从而推动了农业生产的纵深发展。衢州还有悠久的陶瓷制作历史，发明制作了世界上最早的原始青瓷。发展至唐朝，婺州窑被"茶圣"陆羽评定为全国民窑"第三"。两宋时期，衢州制瓷业抓住与域外海上交通、贸易发展的契机，在继承中革新，创烧出了器型规整、制作精致的青白瓷、彩绘瓷和黑釉瓷、乳浊釉瓷，产品行销国内外。

　　足迹遍布天下的衢州商人的身上同样展示出了"创新争先"的精神气质。衢商通四海之有无、济世人之余缺，世代相传，历久而弥盛。明清时期，江浙一带出产的丝绸、瓷器、棉麻、茶叶等大宗货物唯有经衢州、常山或江山运往福州、广州才能出口，这为龙游商帮走向历史舞台创造了历史机遇。龙游商帮以从事长途贩销活动为主，他们常常不辞辛劳，深入山西、陕西、云南、四川等西北、西南僻远地区，留下了"遍地龙游"的赞誉。龙游商帮不像晋商手握巨资，经营票号，在金融市场上显山露水；也不像徽商垄断盐鹾，声名显赫；其经营方式的显著特点是埋头苦干，不露声色。凭着这样一种诚信、实干的经营之道，龙游商帮在珠宝古董、印书刻书贩书，以及海外贸易等行业中都曾创造了自己的辉煌。

改革开放以来，衢州历届党委、政府始终立足本地实际，认真贯彻落实中央和省委、省政府的决策部署，坚持谋发展、惠民生，扎实推进社会经济文化建设。进入新世纪以后，衢州全面贯彻落实"八八战略"和习近平同志对衢州工作的重要指示精神，克服发展基础、资源禀赋、区位条件等的不利因素，一张蓝图绘到底，一任接着一任干，生动地彰显了衢州人民创新争先的可贵精神品质。多年来，正是靠着一股子奋发进取的劲头，衢州坚持不懈地推进工业转型升级，培育壮大高质量发展动能，发展成为全省经济发展新的增长点和新的特色亮点；坚持不懈地走高质量绿色发展道路，努力打通"两山"转化通道，在建设浙江生态屏障的基础上全面推进了大花园核心景区的打造；坚持不懈地深化"最多跑一次"改革，撬动全方位、各领域、深层次改革，全面推进了中国营商环境最优城市、中国基层治理最优城市的打造。也正是靠着一股子创新争先的劲头，衢州实现了经济的又快又好发展，"活力新衢州，美丽大花园"正在从蓝图走向现实。2021年，衢州12项主要经济指标增幅全部位列全省前六，8项列全省前三；一般公共预算收入增长16.3%，增幅列全省第二；城乡居民人均可支配收入分别增长10.7%和11.3%，增幅分列全省第一、第二。

跳出衢州看衢州、对标一流争一流。发展不充分仍然是衢州当下最大的实际。2021年，衢州GDP为1876亿元，在全省11个地级市中位列第九，仅排在丽水和舟山之前，总量约为排名第八的湖州市的一半，差距较为明显。与此同时，各县（市、区）城镇普遍面临产业层次偏低、产业转型升级不易、新业态培育迟缓等挑战；农村工业发展相对落后，农产品仍主要处于粗加工状态，农产品精深加工业和物流业较为薄弱，缺乏真正具有市场竞争力和区域影响力的公用品牌，产品附加值较低。对照习近平同志在浙江工作期间提出的"衢州要成为全省经济发展新的增长点""成为全省经济向中西部邻省拓展的一个桥头堡"的要求，对照市第八次党代会提出的"在壮大经济实力上实现新突破"的目标，衢州唯有大兴"创新争先"之风，才能奏响工业强市主旋律，建设高能级大平台，加快产业高质量发展；才能做活乡村振兴大文章，做强乡村产业，加快农业农村现代化。

对标省内先进，衢州城市发展的短板和不足依然明显，衢州的城市能级不够高，城市的首位度和影响力总体还偏低，县域经济实力还不够强。2021年，杭州市和宁波市有7个县（市、区）GDP超过2000亿元，衢州6个县（市、区）中GDP最高的柯城区为595.54亿元，最低的开化县GDP仅为169.44亿元；2021年衢州城镇化率为58.1%，与全省72.7%的平均水平差距较大。对照习近平同志在浙江工作期间对衢州"打造四省边际中心城市"的殷殷嘱托，对照中国共产党衢州市第八次代表大会提出的"在提升城市能级上实现新突破"的目标，衢州必须以更加务实的眼光、更加有力的举措，优化空间布局，提升功能品质，促进人口集聚，打开城市发展新空间，加快推进新型城镇化；纵深推进数字化改革，推动重大改革集成突破，加快推动市域治理现代化，推动山区县城乡融合发展。

在全省高质量发展建设共同富裕示范区的大背景下，我们必须清醒地看到，衢州城乡居民收入与全省平均水平相比还有一定差距，城乡收入差距依然较大。2021年，衢州城乡居民人均可支配收入为 4.27 万元，与丽水基本相当；就农村居民的人均可支配收入而言，嘉兴、湖州等地已超过 4 万元，衢州还在 3 万元以下。从城乡收入比来看，嘉兴、湖州的城乡可支配收入比均小于 1.7，衢州市的数值为 1.86。与此同时，衢州城乡发展鸿沟依然较为明显，基本公共服务不均和城乡公共资源配置失衡的问题较为突出。在教育方面，农村教学硬件条件不足，教学资源的数量和质量都与城市差距甚大；在医疗卫生方面，城镇居民享有的医疗卫生资源配置明显高于农村居民；在养老方面，农村缺乏市场化、社会化的养老服务；在基础设施方面，农村道路建设的"最后一公里"问题突出，基础设施建设进程明显滞后。对照高质量发展建设共同富裕示范区聚焦解决地区、城乡、收入"三大差距"的任务，对照中国共产党衢州市第八次代表大会提出的"在改善人民生活上实现新突破"的目标，衢州唯有勇闯深水区、敢啃硬骨头，把改革作为最大的原动力，打破思想桎梏、工作惯性、路径依赖，打好富民惠民组合拳，织密社会保障网，才能蹄疾步稳地朝着高质量发展建设四省边际共同富裕示范区的目标迈进。

百舸争流，唯有弄潮儿能勇立潮头；风过隘口，唯有奔跑者能乘势而上。创新是引领发展的第一动力，"唯创新者进，唯创新者强，唯创新者胜"。中国共产党浙江省第十一次代表大会明确提出，要"着力推动全面转入创新驱动发展模式"，"形成制胜未来的新优势"。我们必须清醒地看到，受历史上农耕文明及佛教文化的某些文化因素的影响，衢州人身上或多或少还存在着同"创新争先"的时代召唤不相符合的思想观念、精神状态，其突出表现有三：一是"不想争先"的消极心态。小富即安、小进即满，满足于衢州目前已经取得的成就，不愿再继续奋发拼搏，信奉随遇而安、知足常乐、与世无争的人生哲学，得过且过，热衷于过安逸的小日子，干事创业劲头、热情衰退。二是"不敢争先"的畏难意识。改革开放 40 余年，衢州的改革发展取得了令人赞叹的成绩，但总体而言，与杭州、宁波等省内发达城市相比，差距还较为明显。于是乎，"追不上，超不过"，干脆"躺平"的思想观念，在部分干部群众中还有一定市场。三是"争先"的本领欠缺。面对新形势、新挑战，部分干部原地踏步、踟蹰不前，满足于当"太平官"。对照高质量发展建设四省边际共同富裕示范区的战略目标，衢州必须冲破思想障碍、破除观念藩篱，以思想观念的跨越式转变，充分调动和激发干部队伍的积极性、主动性、创造性，锻造一支敢打敢拼、能征善战的铁军队伍，开辟干在实处、走在前列、勇立潮头的新境界。

弘扬创新争先的新时代人文精神，首先需要大力锻造积极作为、拼搏向上的精神状态。要坚决克服"小富即安、小进则满"的小生产意识，破除"不想争先"的守成心态，消除等待观望和"躺平"意识滋生的土壤，树立"没有争先就是退步"的观念，在全社会营造出奋发进取的精气神。要努力汇聚"干大事的气魄、创大业的胆识、谋求大发展的信心和决心"，向着打造高质量发展建设四省边际共同富裕示范区的奋斗目标，"咬定青山不放松"，千难万险不回头，不达目的誓不罢休。要善于科学研判"时"与"势"，辩证把握"危"与"机"，以强烈的事业心和责任感真抓实干，分秒必争地拼，虎口夺食地抢，踏石留印地干，保持定力、敢于担当、善于破难、勇争一流。

弘扬创新争先的新时代人文精神，需要在全社会树立创新是引领发展的第一动力的观念，勇立潮头，汇聚大气磅礴的改革创新气势。衢州这些年来之所以能够在"最多跑一次"改革、最优营商环境打造、"县乡一体、条抓块统"改革、"大综合一体化"改革、碳账户体系建设等方面走在全省乃至全国前列，靠的就是勇于创新的拼搏精神。面对全省各地你追我赶的发展态势，衢州既需要通过创新，勇闯"无人区"和"新赛道"，先人一步地发现和驶入"新蓝海"，更需要通过观念、技术、制度和战略的创新，闯出自己的新路，变"红海"为"蓝海"。要纵深推进数字化改革，推动重大改革集成突破，不断擦亮营商环境金字招牌，努力为数字化改革贡献衢州案例、衢州经验。要深化现代生态文明体系建设，积极探索生态产品价值实现机制，全面推进产业生态化和生态产业化，加快绿色低碳转型，努力打造高质量绿色发展的标杆。要深入挖掘以"两子文化"为核心的特色文化内涵，打造西周姑蔑文化金名片，不断推动传统文化创造性转化和创新性发展，为讲好中国故事，向世界打开中国的文化之窗，让世人更好感知中国韵味、东方风度提供更多的衢州元素。

弘扬创新争先的新时代人文精神，就必须拉高标杆、追赶跨越。要破除"不敢争先"的畏难情绪，以高目标激发斗志、焕发潜能，推动主要经济指标增速争先进位、重点工作争先创优，使创新争先成为衢州干部最鲜明的标识。要努力克服"不会争先"的本领恐慌，以舍我其谁的勇气和担当，凝聚起爬坡过坎、滚石上山的磅礴力量，保持迎难而上的姿态，围绕重大发展问题、重大民生关切，精准聚焦、靶向发力，敢啃硬骨、敢拔硬钉，以改革创新引领共富先行，奋力走出一条具有衢州特色的共富之路。

四、弘扬新时代衢州人文精神的几点建议

弘扬和践行新时代衢州人文精神，不同于城市品牌的营销，更不是一种单调的思想观念灌输，而是一场基于文化自觉和文化自信的社会变革实践。要让新时代衢州人文精神所体现的昂扬向上的精神气质，弥漫在衢州清朗甜美的空气中，浸透在每一个衢州人的灵魂深处，展现在衢州人为人处世的生活细微之处，使新

时代衢州人文精神像空气一样无所不在、无时不有。为此，就必须将弘扬和践行新时代衢州人文精神同衢州大开放、大发展战略的实施有机地结合起来，创造出推动新时代衢州人文精神落地生根的有效载体。

（一）围绕打造精神文明高地试点，进一步深化"南孔圣地·衢州有礼"城市品牌建设，不断增强衢州"崇贤有礼"的文化软实力

一是要深化"衢州有礼"文明实践，树立"浙江有礼"的示范标杆。经过多年实践，"做文明有礼衢州人"已经成为257万衢州人民的共识，"一座最有礼的城市"已经成为衢州最鲜明的个性标识。从"衢州有礼"的先行探索到"浙江有礼"的全省性实践，"富而好礼"已经成为浙江现代化文化先行、文明先行的重要载体。作为有礼实践的发源地和先行地，衢州市下一步可以围绕深化"八个一"有礼系列行动，常态化开展有礼指数测评，推动有礼实践渗入社会生活的各个领域，形成"浙江有礼"看衢州的生动场景。

二是做强"南孔圣地·衢州有礼"城市品牌，将衢州打造成区域重要的文化传播中心。要聚焦"千年儒学府、江南朝圣地"目标定位，立足南孔古城·历史街区建设，深入挖掘南孔文化内在价值，积极开发南孔特色文创产品、研学游线路、动画作品等，扩大南孔文化的影响力和辐射力。要以"衢州有礼"诗画风光带建设为载体，努力打造城乡融合、农旅融合、文旅融合、三产融合的大平台，带动文化产业的大发展大繁荣，不断增强衢州在四省边际城市群的文化势能。

三是要将崇贤有礼、仁爱明理的人文精神的传播落实于中国营商环境最优城市的打造实践中。孔子援仁入礼、以仁释礼的文化创新启示我们，礼是仁爱之心外在的身体语言表达，只有内心充满仁爱之心、崇贤向善之气，充满尊重、谦让他人的诚意，才会在生活中处处体现出"有礼"的行动自觉。对于投资主体来说，城市中每个市民都是营商环境，他们正是通过营商和生活中所接触到的每一个人，来感知、体会这座城市的温情和友爱。这就要求我们在打造"营商环境最优城市"过程中，着力倡导和普及以诚待人的仁爱之心，在尊重每一个人的基础上，设身处地地为他人着想，为投资主体和游客提供最贴心、最便捷的服务，使他们如沐春风，最大程度地感受衢州这个礼仪之乡的古风和善意。崇贤明理者必有信。早在 2002 年衢州市委就提出了建设"信用衢州"的战略决策，特别是 2019 年召开的全市"信用示范之城"动员大会制订实施"信用示范之城"三年行动方案之后，衢州大力推进政务、商务、社会、司法公信四大领域的诚信建设，社会信用体系建设工作走在了全省乃至全国前列，涌现出了大量契合时代发展趋势的信用管理体制机制创新成功案例。下一步应当将新时代衢州人文精神的弘扬，同"信用衢州"建设有机结合起来，以仁爱之城、有礼之城彰显衢州信用建设的诚心、恒心。

（二）立足高质量发展建设四省边际共同富裕示范区，大力营造共建共享的干事创业氛围，全面增强全市人民奋发进取的精神面貌

一是要在全社会大力弘扬共建共享的创业精神，努力形成"人人有事做，家家有收入"的全民创富局面。社会财富不会从天上掉下来，只有人人参与、人人尽力，才能创造出日益丰富的可供共享的发展成果。浙江之所以能够成为全国居民收入水平最高的省份，成为全国唯一的共同富裕示范区，最根本的一条，是改革开放以来通过率先推进市场化、民营化改革，充分调动起了全体人民创业致富的积极性，汇聚成了一浪高过一浪的大众创业创新浪潮，造就了规模庞大的创富大军，形成了共享效应最为明显的老百姓经济格局。衢州城乡居民收入水平，以及城乡居民之间的收入差距，同全省平均水平相比还有一定的距离。为此，要把弘扬践行新时代衢州人文精神同深化共同富裕示范区建设有效机制的探索有机地结合起来，大力健全尊重劳动、尊重知识、尊重人才、尊重创造的体制机制，进一步调动城乡居民创业创新的积极性、主动性和创造性，努力造就新时代衢州大众创业、万众创新的生动局面。

二是要进一步健全公平竞争的市场秩序，为各种市场主体平等地参与市场竞争创造公平公正公开的社会制度环境。要通过营造一流的营商环境、打造最公平规范的市场秩序、实施最有效的产权保护制度，来消除"躺平"意识和仇富心理滋生的土壤，真正形成一切劳动、知识、技术、管理、资本的活力竞相迸发，一切创造社会财富的源泉充分涌流的局面。

三是要加大普惠性人力资本的投入，切实增强全体人民，特别是低收入群众参与社会财富创造的现实能力。要通过巩固扩大"双减"成果，实施"县中崛起"工程，完善终身教育体系，构建全民全程健康服务体系，提升公共卫生保障能力等，进一步提高公共服务供给水平，全面提升全体人民的人力资本。同时要通过适度强化社会竞争机制，建立健全向人力资本倾斜的分配机制，切实保障创新者的权益等各种有效措施，形成鼓励学习的社会压力机制与激励机制，引导人们加强人力资本的投入，全面提高参与市场竞争、参与社会财富创造的能力素质，促进人的全面发展。

（三）着眼构建大开放格局，将开放自信作为推动衢州人文精神历史性跃升的着力点，全面提升新时代衢州人民大气开放、自信果敢的精神品质

交通条件的革命性变革，重塑了衢州时空格局，推动衢州驶入了开放发展的快车道。但严格地讲，衢州干部群众精神的开放意识和自信品格还不完全适应以大开放促进大发展的局面。因此，拓宽发展视野，提升开放意识，增强自信底气，塑造开放包容、自信果敢的精神格局，毫无疑问应当成为新时代衢州弘扬、提升区域人文精神的重要着力点。要以海纳百川的胸襟和气度，拥抱开放的世界，大力塑造"衢通天下"的开放包容气质和敢于争先、勇于争先的精气神。

一方面，要以加快构筑现代综合交通枢纽为抓手，拓宽对内对外开放大通道，全面融入国内大循环和国内国际双循环，加快开放型经济发展。要积极主动地融入长三角一体化，通过打造杭衢山海协作升级版全面融入杭州都市圈、创新生态圈，加速杭衢同城化、一体化，加快推进义甬舟开放大通道西延行动，努力吸纳市外高端要素资源和创新发展元素，将衢州打造成四省对接和融入长三角经济圈的重要门户城市，以要素资源的大流动、大集聚，来推动衢州人民思想观念和行为习惯的开放化变革。

另一方面，要牢牢把握衢州成为长三角经济圈辐射力西延扩散的"桥头堡"的历史性机遇，切实增强打造四省边际中心城市的战略自信。要深化四省边际区域协作，深入推进"联盟花园"建设，将浙江最突出的优势与衢州实际紧密结合起来，借势登高，借力赋能，有效扩大衢州在四省边际中的影响力、辐射力。要充分利用好数字经济这张浙江金名片，迅速抢占杭衢高铁建成后形成的与杭州同城化的区位优势，借助杭州和浙江数字经济优势，奋力打造四省边际数字经济发展高地。要充分发挥浙江营商环境的整体优势，深化中国基层治理最优城市探索，以市域治理体系和治理能力现代化来不断提升营商环境建设水平，以最具安全感的城市生活环境和一流的公共服务，来吸引人才流、资金流的涌入，将衢州打造成四省边际重要投资高地。

（四）聚焦关键少数，突出"两勤两专"，锻造富有"创新争先"的朝气、勇气、锐气的衢州铁军，带动全社会形成拼搏争先、昂扬向上的精气神

要在全体党员干部中牢固树立"没有争先就是退步"的观念，以主要经济指标增速争先进位、重点工作争先创优，在全省"保五争三拼第一"为基准，拉高工作标杆，形成常态化的"跳一跳才够得着"的工作压力机制。要突出创新争先的用人导向，以"对党忠诚、两勤两专、担责担当、纪律严明、勇创一流"为准绳，建设一支堪当现代化先行和共同富裕示范重任的衢州铁军队伍。要推动干部资源一线集结，让党员干部在重大战略、重点工程、重大项目中冲锋在前、担当作为，在攻坚实战中检验考察干部、培养锻炼干部。要完善干事担当的容错免责机制，解除干部开拓进取、创新破难的后顾之忧。要健全争先创优的比拼机制，常态化开展市级部门工作"比晾晒"、乡镇（街道）书记季度工作交流，营造"唯实唯先、善作善成"的团队文化，使拼搏争先、昂扬向上成为衢州干部队伍最具辨识度的精气神。

课题组组长：何显明

课题组成员：袁顺波、张宏敏、徐伟兵

《新时代衢州人文精神研究报告》由中共衢州市委宣传部提供

后　记

2022 年 7 月 20 日，中共衢州市委八届二次全体（扩大）会议举行，正式提出"崇贤有礼、开放自信、创新争先"的新时代衢州人文精神。这既是对衢州过去发展的概括和总结，又是对衢州现在和未来的精神风貌的共识和期许。

新时代，站在全力打造四省边际共同富裕示范区、实现"两个先行"奋斗目标的新起点上，衢州人的精神面貌发生了深刻的变化，展现出了追赶跨越的精气神。

为更好地弘扬、培育和践行新时代衢州人文精神，中共衢州市委宣传部基于与衢州学院的马院共建机制，委托衢州学院马克思主义学院张爱萍老师为主编，组织编写新时代衢州人文精神普及读物《崇贤有礼 开放自信 创新争先——新时代衢州人文精神面面观》。本书沿着历史的时间脉络，通过一个个具体、生动的故事彰显了衢州人文精神在新时代的继承和发展，展现了衢州自身独特的历史底蕴、文化沉淀以及奋发进取的精神面貌。读者在阅读中品味古人今人的浩然正气、感受衢州深厚的文化积淀和浸润于独特的南孔文化的过程中，静默无声地将新时代衢州人文精神融于心而化为行，为建设更加美丽的衢州助力。

本书得到了中共衢州市委宣传部和衢州市社会科学界联合会的大力支持。同时，本书的选题和编写也得到了各县（市、区）委宣传部以及各个案例相关单位、个人的支持和帮助。本书主编张爱萍承担了三章部分内容的撰述，以及各章的修改、补充及全书统稿工作，其中前后文字工作计版面字数 156000 余字。参与本书的编写者有衢州学院伍立志、刘畅、张立平、梅记周、敬坤、吴宏伟、刘小成，四川大学罗文双、蒋超、王穆堃。插画绘制蒋雨雯。因受时间与水平的限制，以及涉及部分历史资料考证难，书中定有诸多不足之处，只能待日后逐一纠正了。

感谢钱道本、葛志军、魏俊杰、沈小龙等诸位社科专家对本书编写提出意见建议。本书章节内容还参考和借鉴了占剑、刘国庆、刘高汉、陈定睿，吴锡标、崔铭先、鄢卫健等诸多专家学者的研究成果，以及各个报刊、网站平台公开报道文章，由于篇幅所限未一一标注，借此说明并深表感谢。

在此谨对为《崇贤有礼 开放自信 创新争先——新时代衢州人文精神面面观》的编撰和出版工作提供帮助和支持的领导、专家和诸家单位、个人表示由衷感谢！